8 Dép^t

(conserver

AF309777

7647

Revue

des

Pyrénées

HISTOIRE

DE

LA RÉVOLUTION A TOULOUSE

ET DANS LE

DÉPARTEMENT DE LA HAUTE-GARONNE

PAR

ÉMILE CONNAC

Toulouse

L^z k
33588

LA RÉVOLUTION A TOULOUSE

BIBLIOTHÈQUE NATIONALE · IMPRIMÉS

ET

DANS LE DÉPARTEMENT DE LA HAUTE-GARONNE

I.

DES ORIGINES DE LA RÉVOLUTION A LA FIN DE L'ASSEMBLÉE CONSTITUANTE.

Le 18 mai 1788 Louis XVI tenait à Paris un lit de justice & adressait une sévère remontrance au Parlement en lui faisant exposer le plan d'une nouvelle organisation judiciaire. Au même moment, le comte de Périgord faisait transcrire sur les registres du Parlement de Toulouse l'ordonnance du roi divisant le ressort de la Cour en cinq grands bailliages ayant pour chefs-lieux Toulouse, Auch, Carcassonne, Nimes & Villefranche-de-Rouergue. Cette mesure répondait aux besoins du pays en rapprochant la juridiction d'appel des justiciables; mais la réforme souleva des tempêtes. La séance d'enregistrement dura depuis huit heures du matin jusqu'à cinq heures du matin suivant; la Cour fut envoyée en vacances.

Le Parlement se réunit secrètement & protesta. Toutes les juridictions inférieures joignirent leurs résistances à celles de la Cour supérieure. Des mémoires furent publiés, des suppliques furent adressées au roi. La noblesse de Toulouse présenta des protestations au comte de Périgord qui avait empêché la réunion d'un Conseil général de la ville, & profita de cette occasion pour gémir sur les ordonnances « que des porteurs

« d'ordres étaient venus faire consigner à main armée sur les
« registres du Parlement. » Cent trente-deux gentilshommes
avaient signé ces protestations. Les chapitres de Saint-Étienne
& de Saint-Sernin écrivirent au baron de Breteuil & à M. de
Fontanges, nommé archevêque de Toulouse, dans le sens des
protestations de la noblesse. Les uns & les autres prenaient
pour thème le préjudice porté à la ville de Toulouse par la
réforme judiciaire qui diminuait l'étendue de son ressort. Les
Capitouls joignirent leurs voix à ces nombreuses réclamations.
Eux aussi voyaient la fortune de la ville compromise. « ... Son
« unique ressource est le Parlement dont l'existence est liée à
« celle de l'Université. On a déjà ressenti que la révolution
« dans les tribunaux a détruit les études; cette double perte
« condamne le plus grand nombre des Toulousains à une
« indigence extrême... La consternation est générale. »

Le roi revint sur ses décisions; il suspendit le 8 août l'établissement de la Cour plénière, & le 23 septembre, en convoquant les États généraux, il ordonna que tous les membres des
Cours supérieures de justice exerceraient leurs offices comme
par le passé. Ces décisions furent accueillies avec hauteur par
les Parlements qui firent d'insultantes réserves dans leurs arrêts
d'enregistrement.

A Toulouse avait été publiée durant l'éphémère existence
des grands bailliages une pièce où étaient traînés dans la boue
ceux qui avaient consenti à siéger dans la Cour d'institution
nouvelle[1].

Les lettres du roi convoquant les Etats généraux furent da-
tées du 24 janvier 1789. Le 2 mars, le sénéchal de Toulouse
convoqua pour le 19 du même mois l'assemblée des trois ordres
de la sénéchaussée; mais la mise en mouvement de rouages
aussi compliqués retarda cette réunion au 26. Le procureur du
roi n'avait pu envoyer en temps utile les huissiers faire les
assignations dans les communautés.

Chacun des trois ordres rédigea son cahier. Le clergé inti-
tula le sien : *Doléances, remontrances, & instructions de la
sénéchaussée de Toulouse* & le divisa en deux parties; la pre-

---

1. *Revue des Pyrénées*, t. IV, p. 142.

mière partie était divisée en huit sections : 1° *Religion ;* 2° *Juridiction ecclésiastique ;* 3° *Collation des bénéfices,* 4° *Curés &
vicaires ;* 5° *Education de la jeunesse, établissements utiles ;*
6° *Intérêts généraux du clergé ;* 7° *Administration temporelle
du clergé ;* 8° *Administration de la Province.* La deuxième
partie n'avait que trois sections : 1° *Administration du royaume ;*
2° *Législation ;* 3° *Instruction.*

Ces doléances furent signées le 31 mars. M. de Fontanges,
archevêque de Toulouse, présidait ; M. Castilhon, curé de la
paroisse de Saint-Sernin, était le secrétaire.

La noblesse rédigea aussi son *Cahier de doléances concernant les instructions & le mandat par elle donnés à ceux de
son ordre qui seront députés aux États généraux.* Ce cahier
contient des instructions générales, puis une sorte de règlement divisé en vingt-sept articles. De 1 à 10 les articles traitent du clergé : les bénéfices ne devront plus être accumulés
sur une seule tête ; la résidence des dignitaires sera obligatoire ; la dîme sera rendue plus égale & moins onéreuse ; la
noblesse demande ensuite qu'on ne puisse plus être tenu au
payement des annates & autres taxes en Cour de Rome ; que
toutes dispenses puissent être données par les évêques ; qu'il
soit accordé un entretien décent & convenable aux curés &
aux vicaires ; que les droits casuels ecclésiastiques soient supprimés pour que toutes les fonctions curiales soient faites gratuitement. L'article 11 demande qu'on reprenne la recherche
de la noblesse, & l'article 22 insiste sur la nécessité de diminuer considérablement les anoblissements à prix d'argent. Les
articles 13, 14, 15 concernent les militaires. Le roi y est supplié de donner à son armée une constitution fixe & assurée,
une discipline qui ne contrarie plus les mœurs & l'esprit national si essentiels à conserver. L'article 16 traite de l'éducation : « Convaincus par une malheureuse expérience de l'im-
« perfection & des abus du régime actuel & de l'éducation
« publique, ils supplient Sa Majesté de donner au sein des
« États généraux une attention particulière à un objet qui
« influe si directement sur les mœurs & la prospérité de
« l'Etat. » L'article 17 demande la liberté des haras ; les articles 18 & 19 signalent l'incapacité des notaires & leur rapa-

cité ; l'article 20 réclame l'examen approfondi de l'édit de 1771 portant création de la charge de conservateur des hypothèques auprès de la sénéchaussée, notamment dans les pays de droit écrit ; l'article 21 demande la modération des droits de contrôle & la fin des exactions ; l'article 22 tend à la suppression des gabelles, &, si leur suppression est impossible, rendre cet impôt moins onéreux ; l'article 23 fait ressortir la nécessité du reculement des douanes jusqu'aux frontières du royaume & la suppression des droits de péage sur les chemins & les rivières ; l'article 24 demande que les monnaies ne puissent être altérées ou refondues sans la sanction de l'Assemblée nationale ; l'article 25 exprime le désir qu'il ne puisse être établi aucune banque, papier monnaie, billets, &c., qu'après l'examen le plus approfondi au sein des États généraux. Dans l'article 26 il est question de l'élection des officiers municipaux ; les villes & communautés du royaume, & particulièrement du Languedoc, doivent être rétablies dans le droit de les élire librement, sauf les droits du seigneur. L'article 27 demande la libre exportation des grains, sauf à les restreindre momentanément sur la demande des États provinciaux.

Le tiers état de la sénéchaussée de Toulouse délibéra comme les autres ordres & rédigea, du 30 mars au 3 avril, le *cahier de ses plaintes & doléances*. « Il remercie très humblement « Sa Majesté d'avoir rendu à ses peuples l'exercice de tous « leurs droits, la suppliant de vouloir bien recevoir avec bonté « les sentiments de respect & d'amour que l'ordre du tiers-état « consacre pour toujours à sa personne & à sa gloire. » Ce cahier est divisé en quarante-six articles. Il y est demandé que les députés du tiers aux assemblées nationales & provinciales soient toujours au moins en nombre égal à celui des deux autres ordres réunis ; qu'il ne puisse être expédié ni lettres de cachet ni ordres arbitraires émanés d'aucune autorité ni tribunal quelconque ; qu'une Commission prenne connaissance des citoyens détenus dans les forts ou prisons royales & de la cause de leur détention. La liberté indéfinie de la presse & la suppression de la censure sont ensuite réclamées. La nation a seule le droit de s'imposer, c'est-à-dire d'accorder ou de refuser l'impôt, d'en régler l'étendue, la répartition, l'emploi, la durée ; même d'ouvrir des emprunts ; il est aussi demandé de supprimer tout impôt distinctif & établir une égalité proportionnelle dans la répartition des impôts, de supprimer le centième denier sur tous les offices, ainsi que le vingtième d'industrie.

Le même cahier demande de sonder la plaie de l'Etat, prendre une connaissance approfondie des déprédations qui peuvent avoir été commises dans l'administration des finances & des domaines ; de retirer les domaines engagés en remboursant la finance, d'annuler les échanges de domaines faits depuis un siècle ; les forêts ne pourront être dénaturées. Le roi sera supplié de déterminer la somme nécessaire pour soutenir dignement la splendeur du trône ; les ministres seront responsables ; leurs dépenses devront être réglées par les États. Les Parlements ne pourront apporter aucune modification aux édits bursaux ni à aucune loi. Tous les citoyens devront être admis aux emplois militaires & civils, notamment aux charges de magistrature ; les ecclésiastiques du tiers-état seront admis aux prélatures & autres bénéfices consistoriaux ; l'instruction publique devra être perfectionnée.

De nombreuses réformes étaient encore demandées par ce cahier de doléances. On y demandait la suppression des milices, de toute banalité, corvée & servitude personnelles ; il y était exprimé le désir de soumettre à un Comité national l'examen approfondi du traité de commerce avec l'Angleterre ; on y trouve encore la demande de reculer les douanes à la frontière du royaume ; de la liberté de la culture du tabac & du commerce du sel ; de régler les intérêts des prêts & de créer dans les diverses villes du royaume des caisses d'escompte & de mont-de-piété.

Comme la noblesse, le tiers-état réclamait l'exécution rigoureuse des lois civiles & canoniques concernant la pluralité des bénéfices, la résidence, &c., l'amélioration des cures congruistes & des vicaires, la dîme uniforme.

Les préoccupations concernant le Parlement se font jour ; il y est demandé que les Parlements soient déclarés être des corps permanents & qu'il ne puisse être touché à leur existence sans le consentement de la nation ; il y est aussi question de l'inamovibilité des charges de la magistrature & du droit d'évocation. Enfin, le tiers-état sollicite le maintien de la ville de Toulouse « dans le droit immuable d'avoir le Par-« lement dans son enceinte, avec l'intégralité de sa juridic-« tion & de son ressort. »

Il demande ensuite la réunion tous les cinq ans des Etats généraux du royaume, déclare inconstitutionnels les Etats de Languedoc, & demande la permission au roi, pour tous les ordres de la Province, de s'assembler librement & électivement pour travailler à une nouvelle Constitution.

La réunion des députés des diocèses fut tenue dans l'église conventuelle des Cordeliers. Un grand tumulte s'étant produit aux premières assemblées, le lieutenant général de la sénéchaussée, André de Lartigue, rendit une ordonnance réglant que la main-forte qui devait protéger les opérations de l'assemblée électorale fermerait, le 1er avril, la porte principale de l'église, ferait vider la nef & les chapelles, s'emparerait des deux portes latérales des bas-côtés du chœur, ainsi que des portes du cloître. Des contre marques devaient être données aux députés des diocèses afin d'éviter que, comme les jours précédents, des individus sans mandat puissent s'introduire parmi les députés. L'esprit particulariste dominait dans ces réunions; on ne voulait reconnaître aucune suprématie aux députés de la ville de Toulouse. Les réunions préparatoires avaient été tenues sans leur participation.

La députation de la sénéchaussée de Toulouse fut composée de M. de Fontanges, archevêque de Toulouse; de Chabanettes, curé de Saint-Michel; Gausserand, curé de Rivière-d'Albigeois; Pons, curé de Mazamet; le marquis de Panat; de Maureins, président à mortier au Parlement de Toulouse; le marquis d'Avessens de Saint-Rome; le marquis d'Escouloubre; Raby de Saint-Médar, de Castelsarrasin; de Voisins, de Lavaur, avocat au Parlement de Toulouse; Monsinat, aussi avocat au Parlement; Campmas, docteur en médecine, de Monestiès; Fos de la Borde, docteur en médecine, maire de Gaillac; de Lartigue, lieutenant général de la sénéchaussée; Viguier, avocat au Parlement; Roussillou, négociant à Toulouse.

Les Etats généraux se réunirent à Versailles le 5 mai 1789 & se constituèrent ensuite en Assemblée nationale. Après avoir vaincu la résistance de la Cour, les députés, assemblés dans la salle du Jeu-de-Paume, prêtèrent le serment de ne pas se séparer sans avoir donné une Constitution à la France.

Un frémissement d'enthousiasme pour la liberté fit vibrer tous les cœurs; mais bientôt des désordres se produisirent, & pendant qu'à Paris on prenait la Bastille, dans les provinces éclataient un grand nombre d'échauffourées locales. A Toulouse, durant le mois de juillet, des hommes armés s'emparèrent d'environ 160 setiers de blé appartenant aux Grands-Augustins, les vendirent au marché à 15 livres le setier, & versèrent le montant de la vente dans les caisses de la ville[1].

Dans la nuit du 3 au 4 août, l'Assemblée nationale décréta des réformes qui préparaient l'avènement d'un régime nouveau & qui devaient changer la Constitution de la France : abandon de certains privilèges de la part de la noblesse & suppression des autres; taxe en argent représentative de la dîme; rachat de toutes les dîmes; accès de tous les citoyens aux emplois civils & militaires; établissement d'une justice gratuite; abandon des privilèges particuliers des provinces & des villes, &c.

Ces mesures, votées d'enthousiasme, furent suivies de restrictions mentales : chacun désirait bien des réformes, mais ne voulait pas qu'elles s'accomplissent à son préjudice.

A Toulouse surtout on sentait que le bouleversement des institutions séculaires allait léser les intérêts généraux & particuliers de la cité. Un semblant de résistance voulut tenter de s'organiser. Quatre-vingt-dix notables & quatre-vingts parlementaires s'assemblèrent le 10 octobre & engagèrent les autres

---

1. Lors de l'installation d'Abel comme trésorier de la ville, le 23 avril 1790, le procès-verbal nous apprend « que dans une boîte se trouvaient 2,399 liv. 16 s. 3 d. que les officiers municipaux avaient trouvé dans une des armoires du Petit-Consistoire, avec un extrait du verbal dressé par Manen, capitoul, le 27 juillet 1789, duquel il résulte que cette somme provenait de la vente de grains qui étaient dans un grenier du couvent des Grands-Augustins que nombre de jeunes gens avaient fait vendre au marché... »

ordres à se réunir « pour rendre à la religion son utile in-
« fluence, à la justice sa force active, au roi son utilité légi-
« time, sa liberté, & pour s'opposer à l'abolition des droits &
« franchises de la Province. » Les commissaires des légions de
la garde nationale qui venait d'être organisée se réunirent à
leur tour, désavouèrent ces tentatives & adhérèrent aux réformes votées par l'Assemblée nationale.

Les décrets relatifs à la division de la France en quatre-
vingt-trois départements furent rendus le 9 janvier 1790. Ils
ordonnaient une nouvelle division administrative de la France :
les provinces étaient supprimées & les départements créés ; leur
tracé fut déposé au Comité de la Constitution. Ce tracé, pour
le département de Toulouse, fut arrêté par vingt deputés[1].

Il fut divisé en huit districts : Toulouse, Revel, Villefranche, Grenade-Beaumont, Muret, Castelsarrasin, Rieux, Saint-
Gaudens.

Peu de jours après, une adresse fut envoyée à l'Assemblée
nationale. « Le premier sentiment que la ville de Toulouse
« s'empresse de manifester est celui de la plus vive & de la
« plus respectueuse reconnaissance pour les bienfaits que l'As-
« semblée nationale va répandre sur tout le royaume... » La
« respectueuse reconnaissance se manifeste ensuite par une
tentative de résistance à toutes les réformes.

« Par la nouvelle division, les liens antiques qui unissaient
« la Province de Languedoc vont être rompus ; la cité perdra
« plusieurs des avantages dont elle jouit. »

La réforme inévitable dans l'administration de la justice fait
redouter de plus grands malheurs. L'affluence d'étrangers qui
faisaient circuler l'abondance en vivifiant le commerce n'exis-
tera plus... Si la nécessité de diminuer l'étendue des ressorts
s'impose, on pourrait établir à Toulouse un deuxième tribunal
de cassation.

---

1. Il est fait sur une carte de Cassini, d'une façon assez grossière.
La carte, collée sur toile, est montée sur des bâtons. Elle porte la
signature des vingt députés, de quatre commissaires & le visa du comte
de Saint-Priest. Elle est aux Archives de la Haute-Garonne. — La formation du département de Toulouse fut décidée le 22 janvier. — Les
départements furent d'abord désignés par le nom du chef-lieu.

Se basant sur le décret de l'Assemblée nationale déclarant que la justice serait gratuitement donnée, l'adresse réclame les mêmes avantages pour les études & l'organisation de l'Université. « La faculté de disposer des biens du clergé offre de « grands moyens pour remplir cet objet important. »

Toulouse vit alors disparaître la magistrature municipale, qui depuis le onzième siècle avait, avec des fortunes diverses, administré la vieille cité. Après avoir traité d'égal à égal avec les comtes héréditaires de Toulouse, les Capitulaires ou membres du Chapitre étaient devenus des Capitouls, & le Capitoulat était resté pendant des siècles en grand honneur dans la bourgeoisie & parmi les gens de robe. Il eut des temps héroïques ; les Capitouls commandaient les milices toulousaines, alors qu'elles mettaient à la raison les turbulents voisins qui portaient atteinte à la liberté de son commerce. Ils aidèrent aussi Charles VII dans ses guerres contre les Anglais en Guyenne. Mais après avoir, au seizième siècle, subi l'autorité arbitraire du Parlement de Toulouse, le Capitoulat fut, dans les derniers temps de son existence, placé sous l'autorité directe du roi. Les Capitouls ne pouvaient même quitter la ville sans son autorisation [1].

Le décret de l'Assemblée nationale des 29-30 décembre 1789 ayant aboli & supprimé toutes les municipalités sous quelque titre que ce soit, les élections eurent lieu à Toulouse pour la constitution du corps municipal. Il se réunit pour la première

---

1. Une permission accordée par Louis XVI, en 1781, au capitoul Arexi, le menace de la privation de la noblesse s'il ne reprend ses fonctions à l'expiration de son congé. « De par le Roi, Sa Majesté a per- « mis & permet au sieur Arexi, capitoul de Toulouse, de s'absenter de « ladite ville pendant le mois d'octobre prochain, & ledit mois passé, « S. Majesté lui enjoint de retourner à Toulouse pour y reprendre « ses fonctions à peine d'être privé de la noblesse attachée au Capi- « toulat. Fait au château de la Muette, le 15 septembre 1781. Louis. « Amelot. — Le Capitoul inscrivait sur un registre la date de son départ & celle de la reprise de ses fonctions. Il signait même pour des absences de vingt-quatre & de quarante-huit heures. « Morel, « parti le 19 nov. 1783, rentré le 21 ; Bernard, sorti de la ville le « 29 septembre 1785, rentré le 30. » (Archives municipales, *Registre des arrêts.*)

fois le 28 février 1790. Rigaud, professeur de droit, était maire ; Bertrand Sabathier, Babor, Romiguières, Esquirol aîné, Vignoles, Bragouse, Méric aîné, d'Adhémar, Chauliac, Carol, Bellomayre, Saint-Raimond Sacarin, Gary, Malpel, Castaing & Boubée étaient officiers municipaux.

Le Conseil général de la commune, qu'on désignait par les mots *la Commune*, était formé de notables désignés par les électeurs, & en cas de démission, décès ou disparition, d'un officier municipal, la vacance était remplie en prenant un remplaçant sur la liste des notables par ordre du tableau, sans avoir besoin de procéder à de nouvelles élections.

Au lendemain de son installation dans la Maison commune, le 1er mars, la nouvelle municipalité eut à faire régler une difficulté soulevée par le Parlement. Un condamné à mort était dans les prisons de la ville ; la date de son exécution approchait. Le Parlement fit injonction à un officier municipal d'y assister en qualité de commissaire, ainsi que cela se pratiquait du temps du capitoulat. Les officiers municipaux s'appuyant sur le décret de l'Assemblée nationale des 29 & 30 décembre qui leur donnait la préséance sur tous les officiers, les corps civils & militaires, se trouvèrent offensés de cette injonction ; ils en écrivirent au garde des sceaux qui répondit le 15 : « Je viens d'écrire au Parlement de prendre des mesu- « res & de pourvoir au soin de cette exécution, de manière « que vous n'ayez plus de réclamation à former[1]. »

Le 2 mars, les officiers municipaux se rendirent à la halle au poisson, vérifièrent les instruments de pesage & renoncè- rent au droit impopulaire que prélevaient les Capitouls sur chaque saumée de poisson de mer arrivée à Toulouse & sur le poisson d'eau douce apporté au marché.

Douziech, chef de la garde nationale, se présenta le 7 mars à la séance de la municipalité & demanda la prestation du ser- ment par sa troupe, afin de se conformer au décret rendu au mois de janvier précédent par l'Assemblée nationale. La for-

---

1. Archives municipales, *Registre des délibérations prises par Messieurs les officiers municipaux* (du 1er mars 1790 au 26 octobre même année). Quatre pages au commencement du registre.

mule du serment était : « Jurer d'être fidèle à la nation, à la
« loi, au roi ; jurer de maintenir de tout son pouvoir, sur la
« réquisition des corps administratifs & municipaux, la Cons-
« titution du royaume, & de prêter pareillement, sur les mê-
« mes réquisitions, main-forte à l'exécution des ordonnances
« de justice & à celle des décrets de l'Assemblée nationale ac-
« ceptés & sanctionnés par le roi. »

La garde nationale était massée sur la place Royale en compagnie des dragons patriotiques ; mais M. de Rigaud trouva la
place trop exiguë & donna l'ordre de se rendre sur l'Esplanade. Là, les troupes se placèrent sur plusieurs lignes ; le
maire donna lecture de la formule du serment. A l'instant,
Douziech, commandant général, & après lui le chevalier
d'Olive, major général, & Bayssade, aide-major général, prononcèrent individuellement & séparément le serment en présence de la Commune. Les quinze légions & les dragons
patriotiques le prêtèrent aussi.

Les emprunts directs décrétés par l'Assemblée nationale
n'ayant pu fournir les ressources nécessaires, une contribution patriotique du quart du revenu de chaque citoyen fut
exigée. Ceux dont le revenu n'atteignait pas 400 livres
n'étaient pas imposés ; mais on ouvrit un registre sur lequel
ils étaient appelés à faire des dons volontaires. Plusieurs s'engagèrent à payer des sommes supérieures à 100 livres ;
d'autres, apportant leur faible obole, souscrivant pour 30 sous.
Plusieurs ecclésiastiques firent des dons de 5, 10 & 20 livres.
Il y a cent deux donateurs ; la première souscription est du
29 mars 1790 & la dernière du 8 mai[1].

Le registre contenant le nom des personnes dont le revenu
dépassait 400 livres a mille quatre cent huit déclarations ; la
contribution était du quart du revenu. Sous le n° 3, d'Abadie,
ancien capitoul, avait souscrit pour 200 livres le 6 janvier ;
le 30 mars, il vint déclarer que « depuis le 28 mars, les murs
d'enceinte de son château ayant été démolis par des malfai-

---

1. Archives municipales. *Registre des déclarations des personnes qui
ne sont soumises à aucune proportion.*

teurs, il est en doute de savoir s'il aura la faculté de payer sa souscription à l'époque dite.

Les officiers municipaux firent, au nom de la ville, un don patriotique de deux contrats de rente constitués originairement au principal de 250,000 livres & les arrérages qui pouvaient être dus[1].

Les décrets des 12-15 février 1790 concernant les maisons religieuses mettaient en émoi les différents partis. Les opposants à la Révolution commencèrent, par conviction ou par intérêt, à exploiter le trouble dont étaient agitées les consciences catholiques. Durant les mois d'avril & de mai plusieurs réunions furent tenues; quelques-unes devinrent tumultueuses. Une légion de la garde nationale, la 2ᵉ de Saint-Barthélemy, légion qui ne cessa de se mettre en opposition avec le régime nouveau, ne tenant aucun compte des décrets interdisant aux corps armés de s'immiscer dans les actes de l'autorité, prit, le 7 avril, une délibération injurieuse pour les officiers municipaux & la fit répandre à profusion dans la ville.

Pour protester contre cet acte, une assemblée de cent cinquante citoyens actifs, appartenant aux différents quartiers, se réunit le 10 avril aux Jacobins, sous la présidence de Trébos, procureur au sénéchal. Le délibéré de la 2ᵉ légion de Saint-Barthélemy y fut jugé sévèrement : « Il inculpe non seu-« lement les magistrats que nous avons élus, mais encore les « notables chargés de veiller à nos intérêts... Les termes peu « mesurés dont se sont servis les rédacteurs, les sentiments « séditieux dont ils font parade, le désir qu'ils semblent « témoigner de voir couler le sang..., ne peuvent qu'indigner « le patriote paisible. » Le président de la réunion fut chargé de dénoncer le fait à la municipalité, à qui ils demandaient d'en instruire l'Assemblée nationale.

Devançant le vœu de la réunion des Jacobins, la municipalité avait déjà transmis à l'Assemblée, comme délictueuse, la délibération de la 2ᵉ légion de Saint-Barthélemy.

---

1. Archives municipales. *Registre des personnes qui ont déclaré conformément à la proposition.* (Du 19 déc. 1789 au 11 mai 1790).

Le 12 avril, nouvelle assemblée de cette légion dans une des salles de l'Académie des Sciences[1]. Les membres, comme citoyens actifs, demandèrent la convocation du Conseil général de la Commune pour ordonner « une convocation expresse « de l'assemblée générale de ladite Commune, à laquelle seront « appelés tous les citoyens actifs. »

La municipalité écrivit aux députés de la sénéchaussée pour les prier de prendre sans délai « auprès de l'Assemblée natio- « nale les ordres & les instructions nécessaires pour la convo- « cation, formation & organisation de l'assemblée générale « des citoyens actifs. »

Les réunions se multipliaient. Le 14 avril, des habitants du faubourg Saint-Cyprien se réunirent dans l'église Saint-Nicolas. Le 18 avril, de Rigaud père, le comte Jean Dubarry-Cérès, le marquis de Caylus, &c., déclarèrent vouloir tenir ce jour, à cinq heures & demie, une assemblée aux Augustins, & continuer leur séance dans la journée du lendemain. Il fut exposé dans cette assemblée que « plusieurs quartiers de la « ville, animés du bien de la Religion, se sont déjà assem- « blés pour aviser aux moyens qui paraîtraient les plus con- « venables pour la conservation dans cette ville des corps « ecclésiastiques & maisons religieuses de l'un & de l'autre « sexe pour la plus grande gloire de Dieu & la conservation « de la Religion[2]. »

M. de Cucsac, écuyer, présidait, & M. Barada, avocat & procureur au Parlement, était secrétaire. Le lendemain 19, la séance se continuait par l'élection des commissaires, lorsque des citoyens étrangers à l'assemblée s'y opposèrent. Le 20 avril, nouvelle réunion ; elle fut tenue dans une des salles de l'Académie des Sciences, rue des Fleurs. L'agitation grandissait. On vota une pétition tendant : 1° à ce que la religion catholique, apostolique & romaine, soit déclarée par un décret solennel religion nationale & la seule religion de l'Etat,

---

1. Gez & Arbanère firent la déclaration de cette réunion. Arch. mu-cipales. *Registre des déclarations faites par les citoyens actifs pour les assemblées.*

2. Procès-verbal de l'assemblée des citoyens actifs de la ville de Toulouse. 40 pages in-8°, sans nom d'imprimeur, 1790.

comme par le passé; 2° à la conservation du siège archiépiscopal, des chapitres de Saint-Etienne & de Saint-Sernin ; de toutes les cures & annexes, des séminaires & de tous les établissements ecclésiastiques existant dans la ville & le diocèse; 3° à la conservation de tous les ordres & de toutes les maisons religieuses qui y sont situées ; 4° à prier messieurs les officiers municipaux de vouloir bien suspendre toutes les opérations dont ils pourraient être chargés relativement aux maisons religieuses.

La pétition se terminait par la demande aux officiers municipaux « de vouloir bien prendre en considération la situation « fâcheuse de la ville de Toulouse & le peu de ressources « qu'elle peut se promettre pour réparer les pertes immenses « dont elle se trouve menacée... »

Cette délibération ne fut certainement pas prise avec le calme que semble comporter sa rédaction, car le lendemain la municipalité empêcha la nouvelle réunion projetée[1].

La pétition fut déférée à l'Assemblée nationale par la municipalité.

Le 15 mai parut une *Réclamation des citoyens catholiques & actifs de la ville de Toulouse*, d'après le refus fait par la municipalité d'assembler la Commune. Envoyée à l'Assemblée nationale, elle était suivie d'une adresse au roi. Les noms de mille trente-neuf citoyens suivaient comme adhérents à la réclamation à l'Assemblée nationale & à l'adresse.

Un grand nombre de citoyens protestèrent. La municipalité ouvrit le 21 mai un registre sur lequel deux cent quatre-vingt-six citoyens déposèrent leur rétractation ou protestation[2]. Voici la rétractation qui ouvre le registre : « Du

---

1. Une note placée à la fin de la brochure de quarante pages citée ci-dessus explique l'interdiction : « Si une centaine de libertins « n'étaient venus, le sabre à la main, troubler l'assemblée qui se tenait « à l'Académie des Sciences, MM. les officiers municipaux n'auraient « pas rendu l'ordonnance qui défend de s'assembler. Sans ce trouble, « il y aurait eu dix mille signatures. »

2. Archives municipales. Registre non folioté. « Registre de rétrac- « tations ou désaveu des signatures surprises aux citoyens de Tou- « louse au bas d'un écrit intitulé : *Réclamation des citoyens actifs...* »

« 21 mai 1790, dans le greffe de la Maison commune, a com-
« paru le sieur Audol, maître menuisier de cette ville, & a
« déclaré qu'on lui a surpris & extorqué par de fausses insi-
« nuations sa signature au bas du susdit écrit ; qu'il la rétracte
« & proteste qu'il persiste dans l'intention où il a toujours été
« d'exécuter fidèlement les décrets de l'Assemblée nationale
« sanctionnés par le roi, & a signé. »

Quelques illettrés protestèrent par voie d'huissier.

Jean-Baptiste Dubarry-Cérès, colonel de la légion de Saint-
Sernin, vint aussi réclamer. Il n'avait assisté qu'aux deux
premières séances tenues aux Augustins ; il dément les accu·
sations portées contre lui & déclare que sa conduite a été
& sera toujours conforme au respect qu'il a pour les décrets
de l'Assemblée nationale.

Les réunions des citoyens actifs étant interdites par la municipalité, les confréries de pénitents & d'autres sociétés
établies dans différentes églises s'assemblèrent plusieurs fois
vers la fin d'avril & au commencement de mai [1].

Ces événements ne pouvaient laisser l'Assemblée nationale
indifférente. Un décret, sanctionné par le roi, arriva à Toulouse avec une lettre de M. de Saint-Priest :

« Paris, 14 mai 1790.

« Je vous envoie, Messieurs, une proclamation par laquelle
« le roi ordonne l'exécution du décret rendu par l'Assemblée
« nationale le 4 de ce mois, relativement aux assemblées qui
« ont été tenues dans votre ville ; vous voudrez bien la faire
« publier & afficher, en remettre des exemplaires aux curés
« de Toulouse, pour qu'elle soit lue aux prônes de leurs
« paroisses... [2]. »

---

1. Les pénitents gris délibéraient le 22 avril sur une invitation faite
par les pénitents noirs ; les bayles des tisserands & les bayles des fripiers assemblèrent leurs corporations ; la confrérie du Saint-Nom-de-
Jésus, établie chez les Dominicains, les confréries de Sainte-Croix &
plusieurs autres s'assemblèrent aussi ; mais les pénitents semblent
avoir eu la direction de ces réunions.

2. Archives municipales. *Lettres patentes & décrets.*

Le décret de l'Assemblée nationale porte qu'elle est douloureusement affectée des événements qui ont compromis la tranquillité de la ville: elle approuve la conduite prudente & pratique de la municipalité & invite tous les citoyens à la paix & à l'union que la religion & l'amour de la patrie prescrivent à tous les bons Français.

Durant ces agitations, les officiers municipaux cherchaient à renouer les traditions qui avaient uni les capitouls & les Sociétés savantes. Le 15 avril, ils firent une visite officielle à l'Académie des Sciences avec un cérémonial concerté. Les officiers municipaux se rendirent dans le local de l'Académie avec la troupe du guet, précédés des trompettes, tambours & clarinettes de la ville; ils furent reçus à la porte de l'hôtel de la sénéchaussée par deux académiciens; quatre autres[1] les attendaient dans la seconde cour; puis ils se rendirent dans la salle des séances publiques, où ils prirent place sur des sièges égaux à ceux des académiciens & se placèrent à la suite sans aucun intervalle. L'officier commandant le guet restait à portée de la voix, afin de recevoir au besoin les ordres des officiers municipaux; le bedeau de l'hôtel de ville se plaça derrière le maire.

L'abbé Martin, président de l'Académie, ouvrit la séance publique par un discours très applaudi. Puis MM. de Lapeyrouse, l'abbé Saint-Romain & Floret prirent la parole[2].

Les choses ne se passaient pas d'une façon aussi courtoise avec l'Académie des Jeux Floraux. Le 26 avril, deux de ses membres, MM. Castilhon & Poitevin, se présentèrent à la Maison commune pour réclamer à la municipalité la somme que la ville avait l'habitude de donner pour les prix & les intérêts échus de deux capitaux que l'Académie avait sur la ville. La municipalité répondit avoir déjà déclaré à M. l'abbé Magi que la ville remettrait la somme destinée aux prix « pourvu

1. MM. de Turle, Lapeyrouse, l'abbé Saint-Romain & Lespinasse, commissaires de l'Académie.

2. Procès-verbal de cette visite dressé le 15 avril à la Maison commune. Archives municipales. — Ce procès-verbal contient aussi le mode de réception des membres de l'Académie lorsqu'ils venaient officiellement à la Maison commune.

« que préalablement MM. de l'Académie reconnussent les
« droits des officiers municipaux d'assister aux séances avec
« la dignité qui convient à leur place », droit qui a toujours été réclamé par les capitouls & se trouve incontestable-
ment établi par le décret de l'Assemblée nationale. M. Poitevin observa que l'Académie ne pouvait être instruite de cette
réponse, l'abbé Magi, malade, ne s'étant pas rendu à la
séance. Les officiers municipaux Vignoles & Marie répondirent qu'ils venaient de rencontrer l'abbé Magi se promenant
à la porte neuve Saint-Cyprien. La solution de cette affaire
traîna en longueur.

Bragouze exposait, le 10 juillet, à ses collègues « que
« depuis longtemps l'Académie des Jeux Floraux, s'étayant
« de prétendus titres contre la ville, cherche à se maintenir
« dans des privilèges qu'elle a usurpés & qui ne sont rien
« moins qu'abusifs & humiliants pour une ville telle que
« Toulouse; que sur le refus fait par la ville d'accéder en
« dernier lieu à plusieurs demandes de la part de ladite Aca-
« démie, les chanceliers d'icelle ont porté leurs réclamations
« auprès de M. le garde des sceaux; à raison de quoi il con-
« vient de terminer les différends avec l'Académie, & de le
« faire d'une manière où la dignité & la gloire d'une seconde
« ville du royaume ne soient pas compromises. »

Bragouze rédigea ensuite un mémoire destiné aux députés
de la sénéchaussée, afin de les mettre à même de discuter près
du garde des sceaux les intérêts de la ville de Toulouse en
même temps qu'ils prendraient la voie de la médiation.

L'organisation du nouvel ordre de choses remplaçant l'ancien régime, la mise à exécution des décrets de l'Assemblée
nationale & la résistance aux obstructions des citoyens qui,
par intérêt ou par conviction, s'opposaient aux réformes sou-
haitées par la nation, forçaient la municipalité qui avait le
dangereux honneur de présider à l'administration de la ville
de Toulouse à multiplier ses travaux.

Le recensement des maisons religieuses ordonné par l'Assemblée nationale commença le 4 mai; il occupa les officiers
municipaux durant vingt-quatre séances. Chaque greffier
d'office reçut pour cette opération 72 livres.

Le maire, M. Rigaud, & M. d'Adhémar recensèrent les Tierçaires & les Cordeliers ; MM. Bertrand & Bellomayre, les Minimes & les Chartreux ; MM. Bragouze & Babard, Saint-Antoine-du-Salin & les Grands-Carmes ; MM. Carol & Sabathier, les Feuillants, les Capucins, les Jacobins ; MM. Esquirol & Boubée, les Grands-Augustins, les Trinitaires ; MM. Malpel & Castaing, les Carmes déchaussés, les Petits-Augustins ; MM. Vignoles & Sacarin, les Bénédictins de la Daurade.

La commission donnée par le roi, le 9 mars, à MM. d'Adhémar, Malpel, officiers municipaux de Toulouse, & Balsac, avocat, habitant de Beaumont-de-Lomagne, pour la formation du département de la Haute-Garonne, fut enregistrée par la municipalité le 7 mai [1].

Les réunions tenues par la garde nationale qui, à Toulouse, avaient créé une agitation heureusement réprimée par l'énergie des officiers municipaux causèrent de graves désordres à Montauban. Les catholiques & les protestants entrèrent en lutte ouverte. La faction catholique y massacra deux des officiers protestants, arrêta cinquante soldats, les dépouilla de leurs vêtements, &, dans cet état, les conduisit devant la principale église où ils durent faire amende honorable. La municipalité de Toulouse, répondant aux vœux exprimés par les légions de la Pierre & de la Daurade, après avoir reçu communication d'un délibéré des officiers municipaux de Bordeaux, décida : 1° de donner asile, sûreté & protection aux citoyens de Montauban ou d'ailleurs qui, ne se croyant pas en sûreté dans leur patrie, voudraient se retirer à Toulouse ; 2° de défendre à tous les habitants, citoyens ou étrangers, de

---

1. Il fut publié, à l'occasion de la formation du département, une notice faisant ressortir les défauts de l'ancien régime relativement à Toulouse & faisant apparaître les bienfaits de la nouvelle division. On y lit des raisonnements appuyés d'un grand bon sens & donnant la clé de plusieurs intrigues dont était entourée la municipalité, seule autorité jusqu'alors constituée. — On y démontre aussi la possibilité, pour les départements, d'exécuter de grands travaux dont Toulouse devait bénéficier d'une manière directe. Parmi ces travaux, on signale la nécessité de créer un canal en deçà de l'embouchure du Tarn pour améliorer la communication des Deux-Mers. Le canal Latéral a depuis réalisé ce désir.

porter d'autre cocarde que celle aux couleurs de la nation ;
3º de former un détachement de la garde nationale pour se
rendre à Montauban & y arriver en même temps qu'un détachement envoyé de Bordeaux.

La 2ᵉ légion de Saint-Barthélemy mit des entraves à la formation de ce détachement, qui, étant parti, ne dépassa pas la
limite du département & dont le voyage devint sans objet,
Montauban étant pacifié.

Une séance publique tenue le 26 mai par la Commune,
dans le grand Consistoire, manifesta la volonté d'adopter le
projet de la majorité des légions de la garde nationale, de former une confédération entre les gardes nationales du département & aussi avec la milice de Bordeaux.

M. Delmas, colonel de la légion de la Pierre, fut chargé
d'aller à Moissac où était encore le détachement des gardes
nationales bordelaises envoyé vers Montauban, d'y remettre
la proposition à M. de Courpon, major général de la garde
nationale de Bordeaux, & de le prier de faire agréer le vœu
des légions toulousaines & de la Commune de Toulouse par la
municipalité de Bordeaux. Avant de quitter Moissac, des
commissaires bordelais vinrent fraterniser avec les Toulousains ; ils arrivèrent le 2 juin & le 3, les légions réunies de
Toulouse leur offrirent un banquet. Quatre officiers municipaux, MM. Rigaud, maire ; Bragouze, Marie, Babor & le
procureur de la Commune y assistèrent comme représentant la
ville. Le 5 juin, Douziech, général de la garde nationale,
informa les officiers municipaux que Bordeaux acceptait la
confédération avec Toulouse.

Mailhe communiqua à la municipalité un projet d'adresse
où toutes les troupes armées du département étaient invitées à
former une confédération civique. Elle fut adoptée & envoyée
à toutes les municipalités de la Haute-Garonne & aussi aux
principales municipalités du royaume.

La fête de cette fédération fut célébrée à Toulouse le 4 juillet : y assistaient les gardes réunies ou des détachements de la
Haute-Garonne, de la Gironde, du Lot-&-Garonne, du Gers,
de l'Aude, du Tarn, du Lot, de l'Ariège, de l'Aveyron & autres.

La garde nationale toulousaine avait envoyé un détache-

ment à Bordeaux, dont la fédération avait précédé de quelques
jours la fête de Toulouse ; elle y avait reçu un drapeau, hommage des légions bordelaises. On ne voulut pas rester en
arrière, &, sur la demande de la municipalité, l'Académie des
arts fit préparer deux drapeaux, l'un pour être offert à la ville
de Bordeaux & l'autre pour la confédération toulousaine[1].

Dès le matin, les officiers municipaux & les notables de
Toulouse, réunis à la Maison commune avec les officiers
municipaux de quelques communautés circonvoisines & les
députés de Bordeaux, signèrent cette formule de serment :
« Nous officiers municipaux & notables, réunis à jamais par

1. Le drapeau était carré, aux couleurs de la nation coupées en
deux bordures horizontales gros bleu & deux perpendiculaires gros
rouge, sur carré blanc au centre, le dernier carré chargé de la Nation
française sous la forme d'une guerrière ayant le casque en tête & son
armure décorée d'une fleur de lis & tenant à son bras gauche deux
drapeaux, celui de Bordeaux & celui de Toulouse. Elle brûle de l'en-
cens sur l'autel de la Concorde nationale soutenu aux angles par des
faisceaux de lances liées ensemble par un ruban national. Sur la face
de l'autel, on voit un soleil rayonnant qui éclaire deux mains unies.
Au-dessous, en demi-cercle, sont les deux noms de Toulouse & de
Bordeaux enlacés en autant de chiffres que de lettres.

Le casque de la figure qui représente la Nation est de forme grecque.
Il rappelle la fameuse confédération des peuples de la Grèce sous le
nom d'Amphictions. Il est décoré d'un diadème formé par des anneaux
unis ensemble. Le cimier du casque est de deux serpents, symbole de
la prudence & de la concorde entre les confédérés.

Une corne d'abondance, placée à côté de l'autel, désigne l'abondance dont la Constitution, qui a pour base la liberté & l'égalité, doit
faire jouir un empire. Sa devise : *L'Union augmente la force*, n'a besoin
que d'être indiquée à côté du bouclier sur lequel la corne d'abondance
est appuyée.

Au revers & dans le même cadre une grenade liée avec un ruban
à l'un des bouts duquel est Bx (Bordeaux) & de l'autre Tse (Toulouse).
Au milieu : Unis à jamais. La grenade, surmontée par le signe du
zodiaque, au milieu duquel un lion pour désigner le mois de juillet,
d'un côté un 4, de l'autre 1790.

Le drapeau pour Toulouse est de la même forme que celui de Bordeaux, avec la seule différence, qu'au lieu que de ne tenir que deux
drapeaux dans ses bras, la Nation tient tous ceux des troupes confé-
dérées, & qu'au lieu de Bordeaux & de Toulouse au pied de l'autel,
on lit : *Fédération de Toulouse*.

« les liens de l'amitié & du zèle le plus ardent pour la pros-
« périté publique avec les citoyens nos frères, armés pour
« la maintenir; adhérant au pacte fédératif qu'ils ont formé,
« nous jurons sur l'autel de la patrie d'être fidèles à la Nation,
« à la Loi, au Roi, & de maintenir de toutes nos lumières, de
« notre pouvoir & de toutes les forces qui sont à notre dispo-
« sition, la Constitution du royaume & les décrets de l'Assem-
« blée nationale acceptés ou sanctionnés par Sa Majesté. »

Un procès-verbal en fut dressé & inscrit sur les registres de
la Maison commune. Y signèrent les députés civils de cent
soixante-dix localités, les procureurs de cinquante-quatre communes & les officiers municipaux ou notables de cent trente-
huit[1].

Les députés militaires & les députés civils étaient logés chez
les particuliers. Les auberges servaient pour les étrangers non
députés. Etaient présents : Douziech, général de la garde
nationale de Toulouse ; Bayssade, aide-major général & l'abbé
Barthe, aumônier de l'armée fédérative ; le colonel-général de
la confédération de l'armée des Pyrénées ; des détachements ou
des députés de seize localités de l'Ariège ; une députation de
l'Aveyron ; des détachements & des députés de l'Aude ; des
députés de Montauban ; des députés de la Corrèze ; des députés
& des détachements de vingt & une localités du Gers ; des
détachements & des députés de treize localités du Lot ; de
treize localités de Lot-&-Garonne, de neuf localités du Tarn.

La fête eut lieu au Boulingrin, désigné pour la circonstance
sous le nom de Champ-de-Mars. Les députés civils y arrivèrent escortés de détachements de cavalerie & de dragons, le
cortège s'étant formé à la Maison commune. Marchaient en
tête les députés de Bordeaux à Toulouse & ceux de Toulouse
à Bordeaux ; puis venaient la municipalité de Toulouse, tous
les maires, officiers municipaux & procureurs des communes,
les notables.

On se rendit au Champ-de-Mars par les rues de la Pomme,
Boulbonne, la place Saint-Etienne, la rue des Nobles, la place
Saintes-Scarbes & la rue Ninau; sortant par la porte Mon-

—————

1. Archives municipales, *Registre des délibérations.*

toulieu, les arrivants entrèrent dans un cercle fermé par neuf lignes de troupes, sur trois hommes de hauteur chacune, & se rangea autour de l'autel placé au centre du Boulingrin. Cet autel, sur une élévation de 6 pieds de haut, « n'avait d'autre décoration « que les beautés de la nature. » L'abbé Barthe[1], entouré de prêtres assistants, prononça un discours patriotique dans lequel il fit l'éloge des gardes nationales, & affirma le droit qu'avait la nation de s'emparer des biens du clergé & de changer la distribution des évêchés & des paroisses. Les drapeaux, tenus l'un par le maire & l'autre par Douziech, furent bénis. Le maire gravit les degrés de l'autel &, ayant à ses côtés le général des gardes nationales, prononça la formule du serment :

« ... Nous jurons en présence de l'Être suprême qui est
« dans les cœurs & punit les parjures, de vivre & de mourir
« avec le titre de citoyens-soldats, de camarades & de frères ;
« d'être fidèles à la Nation, à la Loi, au Roi... »

Des cris d'allégresse éclatèrent aussitôt. Les femmes, les enfants, les prêtres, les moines, les officiers civils, les citoyens armés au nombre de 30,000, mêlés & confondus sans désordre autour de l'autel, ont donné « le spectacle le plus intéressant
« dont les siècles de despotisme & d'humiliation n'auraient
« jamais conçu l'idée. »

Douziech reçut une couronne civique & fut proclamé général du département.

Le cortège reprit sa marche à six heures par l'Esplanade, rentra en ville à Saint-Michel & se dirigea par les rues Sainte-Claire, des Couteliers, des Balances, la place Royale, la rue du Taur & la petite rue de ce nom (rue du Sénéchal), dans laquelle les députés de Bordeaux se mirent en bataille pour assister au défilé de tous les confédérés[2] qui, de là, traversaient la Maison commune, où la municipalité, avec les drapeaux au centre, reçut les acclamations du cortège sortant par la rue du Poids-de-l'Huile. Plusieurs soupers furent donnés.

---

1. Paul-Benoît Barthe, doyen des professeurs de la Faculté de théologie.

2. Les députés de Bordeaux avaient leur lieu de rendez-vous dans la maison de M. Bertrand, rue du Sénéchal.

Le plus nombreux, environ 800 couverts, eut lieu dans le couvent des Augustins.

Le lendemain, lundi, l'armée confédérée & les mêmes autorités se rendirent auprès de l'autel de la Patrie vers les onze heures du matin. Les dames furent admises dans le Boulingrin. Les étudiants de l'Esquile se placèrent sur les degrés de l'autel. Romiguières, fils de l'officier municipal, y déclama un hymne patriotique en seize strophes[1].

L'avocat Mailhe[2] prononça un discours & reçut une couronne. L'abbé Barthe entonna le *Te Deum* qui fut chanté par « cent mille bouches. » Le *Domine fac gentem, fac legem, salvum fac regem* « donnèrent de nouveaux degrés à la « sensibilité que l'armée & les députés avaient déjà si fortement « exprimée. » Il y eut ensuite des repas, des courses, des danses.

---

1. Romiguières fils devint avocat éminent, député pendant les Cent-Jours, procureur général à Toulouse après 1830; il mourut à Paris conseiller à la Cour de cassation & pair de France. L'hymne qu'il dit fut imprimé sous ce titre : « *A la Liberté*, hymne patriotique sur la « fédération générale du département de la Haute-Garonne, dédié aux « légions de la ville de Toulouse & de son département, prononcé « sur l'autel de la Patrie par M. Romiguière (*sic*), écolier de rhétorique, « au nom des étudiants du collège de l'Esquile. »
Nous ne retiendrons de cet hymne que deux strophes dont la première résume en quelque sorte la règle de conduite politique suivie par Romiguières durant toute sa vie :

> Qu'il ne s'éteigne plus le feu qui nous enflamme,
> Français, soyons unis, ne faisons plus qu'une âme,
> Réunis à jamais par la Fraternité,
> Jurons de maintenir, au mépris de la vie,
>   L'honneur de la Patrie,
> L'Egalité des droits, la Paix, la Liberté.
>
> Citoyens, gardons-nous d'altérer la nature
> De cette Liberté, si divine, si pure,
> Que nous ont mérité nos glorieux travaux.
> Vit-on jamais un fleuve altéré vers sa source,
>   C'est la fin de sa course
> Qui voit ternir l'éclat du cristal de ses eaux.

2. Mailhe devint procureur général syndic du Département, puis député à l'Assemblée législative & à la Convention.

Après son discours, Mailhe fut en quelque sorte porté en triomphe. La comédie, les bals, les sérénades offraient aux confédérés les distractions les plus variées. On quêta pour les pauvres.

Les travaux des champs ramenèrent dès le lendemain le plus grand nombre des gardes nationaux du voisinage dans les communes rurales.

Un banquet public, offert aux Bordelais, dans la salle des Illustres, réunit deux cents convives. Le jour de leur départ, des délégués de toutes les légions de Toulouse, ayant à leur tête Douziech, assistèrent à un déjeuner donné par M. Bertrand à la députation bordelaise qui fut ensuite accompagnée par de nombreux corps de musique jusqu'à l'Embouchure où elle devait s'embarquer. Les cris & les chansons en l'honneur des Bordelais les suivirent jusqu'au moment où leur bateau fut perdu de vue.

L'Assemblée nationale, se préoccupant des besoins du pays, avait décrété le 23 mars la création d'une administration financière provisoire dans l'ancienne Province de Languedoc, afin d'y assurer la perception & le recouvrement des impositions.

Les 16 & 17 avril fut rendu le décret concernant les biens du clergé dont les dettes devenaient dettes nationales & ses biens avec leurs revenus, biens nationaux. Deux jours après, l'Assemblée nationale créait pour quatre cents millions d'assignats, & le 30 elle faisait une adresse aux Français sur l'émission des assignats monnayés[1]. Une proclamation du roi portait sur le nombre des assignats créés. On créait 150,000 billets de 1,000 livres, 400,000 de 300 livres & 650,000 de 200. Ces premiers assignats devaient être des billets à ordre sur la caisse de l'extraordinaire, signés au bas par le tireur & au dos par l'encaisseur, l'un & l'autre nommés par le roi[2].

---

1. Archives municipales de Toulouse, 4ᵉ registre, arrêts, fᵒˢ 42c-429.

2. L'assignat avait cette suscription : « Domaines nationaux, hypo-« théqués au remboursement des assignats décrétés par l'Assemblée « nationale. » Les billets de 1,000 & de 200 livres étaient imprimés sur papier blanc ; ceux de 300 livres l'étaient sur papier rose. L'impression était en lettres rouges pour les assignats de 1,000 livres & en lettres noires pour les autres. On y voyait l'effigie du roi & un

Un décret du 19 juin sur la noblesse héréditaire était sanctionné par le roi le 23. Tous les titres furent abolis. « Aucun citoyen ne pouvait prendre que le vrai nom de « sa famille[1]. »

L'arrestation de M. de Toulouse-Lautrec, à Toulouse, provoqua la déclaration de l'inviolabilité parlementaire dont, après plus d'un siècle, jouissent encore les députés. Le 17 juin, la municipalité toulousaine avait décrété d'accusation M. de Toulouse-Lautrec, resté en visite au château de Blagnac durant cinq à six jours. Les pièces de la procédure furent adressées à l'Assemblée nationale. Le 24 juin, l'affaire fut envoyée au Comité des rapports ; le 25, elle fut rapportée & l'Assemblée eut connaissance des faits imputés au député de la sénéchaussée de Castres. Le marquis d'Ambey, maréchal de camp & député du bailliage de Reims, M. de Liancourt, député du bailliage de Clermont ne pouvaient admettre que M. de Lautrec fût un fauteur de guerre civile. Garat aîné, avocat au Parlement de Bordeaux & député du bailliage de Lavaur, reprocha à la municipalité de Toulouse & au procureur du roi leur précipitation. Robespierre conclut à ce qu'aucun membre de l'Assemblée ne puisse être soumis à un tribunal sans qu'après un examen fait par le Corps législatif il soit prononcé qu'il y a lieu qu'un tel ou tel membre sera poursuivi. Pétion appuya la motion de Robespierre.

Un membre, sur le reproche fait à la municipalité de Toulouse d'avoir décrété M. de Lautrec, exposa que nulle autre municipalité du royaume ne s'était conduite avec plus-

timbre aux armes de France avec ces mots : « La Loi, le Roi. » Trois coupons d'une année d'intérêts étaient placés au bas de chaque assignat ; chaque coupon était timbré aux armes de France & la ligne courant au verso portait ces mots : « Domaines nationaux, caisse de l'extraordinaire. » Le revers de l'assignat était divisé en plusieurs cases, dont la première portait la signature de l'endosseur ; les autres recevaient les signatures à mesure que le billet passait de main en main.

1. M. de Saint-Priest exécuta ce décret le jour même en ce qui le concernait : on ne trouve plus dans sa correspondance la signature de Saint-Priest. Il signa de son nom : Guignard.

de zèle & d'intelligence. Les officiers municipaux seuls ont
ramené le calme, la paix dans cette ville que sa situation
entre Nimes & Montauban[1] expose trop facilement à l'empire
des circonstances.

De là sortit le décret du 26 juin : « L'Assemblée nationale,
« réservant de statuer en détail sur les moyens constitutionnels
« d'assurer l'indépendance & la liberté des membres du corps
« législatif, délibère que jusqu'à l'établissement de la loi sur
« les jurés en matière criminelle, les députés à l'Assemblée
« nationale peuvent, dans les cas de flagrant délit, être arrêtés
« conformément aux ordonnances ; qu'on peut même recevoir
« des plaintes & faire des informations contre eux ; mais
« qu'ils ne peuvent être décrétés par aucuns juges avant que
« le corps législatif, sur le vu des informations & des pièces
« de conviction, ait décidé qu'il y a lieu à l'accusation.

« En conséquence, regardant comme non avenu le décret
« du 17 de ce mois contre M. de Lautrec, l'un de ses mem-
« bres lui enjoint de venir rendre compte de sa conduite à
« l'Assemblée nationale, qui, après l'avoir entendu & avoir
« examiné l'instruction commencée, laquelle pourra être
« continuée nonobstant la liberté rendue à M. de Lautrec,
« décidera s'il y a lieu à l'accusation, & dans le cas où l'ac-
« cusation devrait être suivie désignera le tribunal. M. le
« Président est chargé de faire connaître à la municipalité
« de Toulouse que son zèle patriotique a obtenu l'approbation
« de l'Assemblée. »

Comme la garde nationale, les clubs délibéraient sur les
questions du jour ; de là des dénonciations & des ingérences
de tout ordre. Le club des Amis de la Constitution, établi dans
une des salles de la Maison commune, entendit un rapport
disant : « Que M. Dirat, vicaire de la paroisse Saint-Etienne,
« a abusé des fonctions saintes de son ministère sur la chaire
« évangélique, en faisant prosterner les fidèles pour les péné-
« trer d'une prière adressée à la Vierge sur les malheurs de la

1. Nimes avait rédigé la protestation qu'avaient adoptée les catholiques de Toulouse contre les décrets de l'Assemblée nationale, &
Montauban, ainsi qu'il est dit plus haut, avait été troublé pour le
même sujet en mai 1790.

« nouvelle Constitution que nous avons juré de maintenir &
« en cherchant de soulever le peuple. L'Assemblée, convaincue
« de la vérité de cet écart, a arrêté que la conduite dudit
« M. Dirat, vicaire, sera dénoncée à toutes les municipalités
« du département pour qu'elles se mettent en garde contre
« les insinuations perfides dudit M. Dirat. » Cette dénonciation provoqua la démission forcée du vicaire.

La seconde légion de Saint-Barthélemy profita de cet événement pour entreprendre une campagne de dissolution des
clubs. Elle chargea une commission de présenter à la municipalité une résolution par laquelle elle demandait « la sup-
« pression de tous clubs, comités & autres associations de
« ce genre établis dans la présente ville ».

Ces faits se passaient du 8 au 22 août, durant la réunion
des électeurs appelés à nommer les administrateurs du Département. L'assemblée, après s'être occupée de la vérification
des pouvoirs & du jugement de plusieurs contestations survenues dans les assemblées primaires, procéda à la nomination
d'un président. M. Tatareau, maire de Saint-Gaudens, fut
nommé par 538 voix sur 740 suffrages.

Une certaine confusion régnait dans les assemblées électo-
rales & d'autres que les électeurs prenaient part aux délibérations. On dut encore distribuer des contremarques. Mailhe,
l'orateur de la Fédération, avait occupé provisoirement le poste
de secrétaire qui fut définitivement donné à M. Lamagdeleine,
maire de Verdun. Il obtint 558 voix sur 725 suffrages exprimés.

Dans ces élections, le parti pris contre Toulouse qui s'était
déjà manifesté pour les élections aux Etats-Généraux s'affirma
de nouveau. La division des partis dans la ville favorisait cette
tendance dont profitaient les ennemis de la Révolution & les
parlementaires.

Cette fois, c'était le district de Saint-Gaudens qui l'emportait.
Il avait, pour des causes diverses, la plus nombreuse représentation. La médiocrité du prix fixé pour la journée de travail
avait étendu au delà des bornes la base de la population
active, & l'étendue de son territoire donnait une plus nombreuse population effective. Ce district avait la prétention de
devenir chef-lieu de département; en attendant, il voulait

s'assurer une nombreuse représentation dans la Haute-Garonne.

M. d'Osmon, évêque de Comminges, & l'avocat Jamme, de Toulouse, menaient la campagne. On avait bien voulu choisir un scrutateur parmi les Toulousains. Bertrand, officier municipal, fut élu en compagnie de Cailhassou, maire de Revel, & de Perez, électeur du district de Muret. L'assemblée des électeurs réunie le 8 août, avait le 13 son président, son secrétaire & trois scrutateurs nommés. Le 14 août, le corps électoral fut divisé en sections ou bureaux ; les compétitions s'y firent jour. Trois lieux de réunion attiraient tous les soirs les électeurs : chez M. d'Osmon, aux Capucins & chez Mailhe. A la maison de M. d'Osmon, on donnait un mot d'ordre qui n'était pas toujours fidèlement suivi ; aux Capucins, on discutait sur le nombre de voix dont devait s'assurer la réunion pour avoir la majorité, mais les cent cinquante personnes qui la composaient ne s'entendaient pas sur la manière de former cette majorité ; chez Mailhe, on cherchait à affaiblir l'assemblée des Capucins ; les flottants y étaient attirés par les partisans de M. d'Osmon, qui se servaient du prestige qu'avait donné à Mailhe son discours aux légions de la garde nationale pour donner le change aux patriotes & à Mailhe lui-même, car celui-ci posait sa candidature au poste de procureur général syndic. Les coalisés de Saint-Gaudens lui faisaient des promesses qu'ils disaient ne pas vouloir tenir, « cette place étant « trop importante pour la confier à une personne équivoque. »

La majorité ne pouvant faire nommer des hommes hostiles à la Constitution porta ses suffrages sur des inconnus. Quelques personnalités émergèrent cependant, mais pas en grand nombre.

Les ennemis du nouvel état de choses tentèrent de faire échouer ces élections. Des placards menaçant de la lanterne les électeurs furent affichés dans la nuit du 19 au 20 août ; les électeurs s'apprêtaient à quitter la ville sans avoir rempli leur mandat quand la Société des Amis de la Constitution les rassura & les élections se terminèrent.

La représentation dans l'administration du Département était ainsi réglée : chaque district devait être représenté par leux citoyens habitant le district. Au-dessus de deux, les électeurs pouvaient choisir des candidats dans toute l'étendue du département.

Le district de Toulouse avait droit à cinq administrateurs. Furent élus : Romiguières, avocat & officier municipal ; Chambert, avocat ; Chauliac, officier municipal ; Adhémar, maire de Léguevin ; Marchant, négociant, ancien prieur de la Bourse.

Le district de Revel comptait quatre administrateurs : Cailhassou, maire de Revel ; Moriès, ci-devant seigneur de Saint-Félix ; Capelle, maire du Faget ; Laplagnole, habitant de Roques.

Les quatre administrateurs du district de Villefranche furent : Gabalda, Causse, Auréjac, notaire ; Saubat, avocat.

Au district de Grenade, cinq administrateurs : Dastarac, avocat de Cadours ; Lamagdelaine, maire de Verdun ; Dorliac, avocat, habitant de Toulouse ; Capela, maire de Saint-Nicolas-de-la-Grave ; Prieur, juge de Grenade.

District de Castelsarrasin, quatre administrateurs : Mieulet, de la Rivière ; Leygue, le jeune, avocat ; Daste, Forestié, avocat.

District de Muret, quatre administrateurs : Niel, avocat ; Abadie, bourgeois ; Despagnol, avocat ; Puntous, bourgeois.

District de Rieux, quatre administrateurs : Miramont, notaire ; Dupau, avocat ; Naves, Doumeng.

District de Saint-Gaudens, six administrateurs : Duran, Couzier, Dardignac, médecin ; Roude, maire de Salies ; Pelleport, maire de Boulogne ; Estaque, négociant à Saint-Béat.

Aux premiers scrutins pour la nomination du procureur général syndic, Malpel, Mailhe, Chauliac & Laviguerie réunirent un grand nombre de voix. Laviguerie & Chauliac se retirèrent ; il ne resta en présence que Malpel & Mailhe. Au troisieme tour, Mailhe fut élu.

Un représentant de chaque district formait le directoire exécutif du Département : Toulouse, Chauliac ; Revel, Cailhassou ; Villefranche, Saubat ; Grenade, Dorliac ; Muret, Niel ; Castelsarrasin, Leygue ; Rieux, Dupau ; Saint-Gaudens, Naves.

L'administration du Département était ainsi constituée[1].

Le Département occupait dans l'Etat la cime de la hiérarchie. Il avait un conseil qui, ne siégeant pas en permanence, était représenté par un directoire. Un procureur général syndic était attaché à l'administration départementale. Mailhe, qui occupa ce poste dès l'organisation du Département, fut dans la première période le véritable chef de l'administration. Les registres contenant sa volumineuse & intéressante correspondance[2] prouvent qu'il était le conseiller & le guide des procureurs des Districts & des procureurs des Communes. Le District, placé au-dessous du Département, avait un conseil élu, un directoire & un procureur. La Commune, enfin, avait un conseil général, une municipalité qui représentait d'une manière permanente ce conseil & un procureur.

En dehors de l'application des décrets du pouvoir central, l'administration du Département ne statuait qu'après avis de la Commune & du District. C'est à la régularité de ces rapports que le procureur général syndic du Département dut concentrer tous ses soins, alors que presque tous les membres de ces pouvoirs naissaient à la vie politique.

Le 23 août commencèrent les élections des membres des Districts.

Le directoire du District fut composé de Philippe Picot de Lapeyrouse, président; J. Cames, Sabathier cadet, Bâville de Villemur & Pin. Malpel, avocat au Parlement, cessa de faire partie de la municipalité de Toulouse pour devenir procureur syndic du District.

Le 25 août, l'assemblée départementale, unie à une députation de la municipalité, recevait, pour la placer dans la salle de ses séances, la bannière fédérative qui avait figuré à Tou-

---

1. Durant la réunion du corps électoral, il fut publié plusieurs écrits, entre autres une feuille intitulée : *Journal de l'Assemblée électorale du département de la Haute-Garonne* (11 numéros de huit pages) qui donne des détails précis sur ces Assemblées. Un autre journal parut aussi le 8 août sous le titre : *Le Conciliateur pour l'Assemblée des électeurs de la Haute-Garonne*. Nous ne connaissons que son premier numéro.

2. Archives de la Haute-Garonne.

louse le 4 juillet & à Paris le 14 avec la délégation toulousaine. Cette réception fut suivie d'un banquet servi dans le réfectoire des Grands-Augustins. Parmi les invités étaient les députés des gardes nationales accompagnant la bannière, quatre commissaires de chaque légion, tous les officiers du régiment de Lorraine, arrivé le même jour. La bannière fut placée dans la salle du banquet au bruit des tambours, de la musique & des cris répétés de : Vive la Nation! la Loi! le Roi!![1]

Les nouveaux administrateurs du Département durent pourvoir à tous les besoins administratifs des sept cent trente communes de la Haute-Garonne : application de lois nouvelles qui n'étaient quelquefois bien comprises ni des administrateurs ni des administrés; personnel entièrement inexpérimenté aux exigences du service de la chose publique; absence de papiers administratifs encore centralisés chez les anciens intendants, &c., tels étaient les éléments qui devaient constituer cette unité nouvelle désignée sous le nom de Département.

Les intendants avaient à diviser leurs archives, mais ne connaissaient pas exactement la nouvelle division territoriale. Boucheporn, intendant de la généralité d'Auch, écrivait, le 14 août : « La remise que j'ai à faire au directoire du Dépar-« tement de la Haute-Garonne des papiers qui intéressent le « Département exige que je connaisse avec précision la partie « de la généralité d'Auch qui se trouve aujourd'hui de votre « administration... Il sera fait dans mes bureaux un triage des « papiers, & l'envoi aura lieu dès que j'aurai été prévenu de « la mise en activité du directoire du Département[2]. »

La municipalité dut s'occuper de fournir les moyens d'existence à la population malheureuse de la ville, qui, privée des secours en nature qu'elle trouvait dans les maisons religieuses, fut aussi cruellement éprouvée, le 16 juin, par une crue de la Garonne. Un grand nombre de citoyens, bourgeois,

1. Archives de la Haute-Garonne, *Registre des délibérations.*
2. Boucheporn fut condamné à mort, à Toulouse, par le tribunal révolutionnaire, le 2 ventôse an II.

nobles ou gens de robe lui firent des prêts. Les dépenses, du 30 mars au 30 juillet 1790, s'élevèrent, pour les ateliers de charité, à 79,504 livres 13 sols 10 deniers[1].

Les besoins de l'hôpital de la Grave étaient devenus si pressants que la municipalité lui fit l'avance de 300 setiers de blé.

Malgré l'état de gêne que créait cet état de choses, la municipalité remit à l'Académie des Sciences la somme de mille livres prises sur les dépenses ordinaires de la ville.

La constitution civile du clergé, votée le 12 juillet par l'Assemblée nationale, fut, après bien des résistances, promulguée par le roi, le 24 août. Dans le titre Ier, il était créé 83 évêchés, un par département; ces évêchés devaient former dix arrondissements métropolitains : Rouen, Reims, Besançon, Rennes, Paris, Bourges, Bordeaux, Toulouse, Aix, Lyon. L'arrondissement de Toulouse était qualifié métropole du Sud ; il comprenait les évêchés de la Haute-Garonne, du Gers, des Basses-Pyrénées, des Hautes-Pyrénées, de l'Ariège, des Pyrénées-Orientales, de l'Aude, de l'Aveyron, du Lot, du Tarn.

Les décrets du 24 août concernant l'organisation judiciaire furent aussi promulgués.

Ce nouvel ordre de choses ne pouvait échapper à l'opposition des intéressés. Dans Toulouse, les parlementaires, le clergé régulier & séculier, tous ceux qui tiraient leur existence du Parlement ou qui vivaient à l'ombre de l'autel s'agitaient. Dans les Districts comme dans les plus petites communes, l'abolition des droits féodaux, des droits de pâturage, la réforme des impôts fournissaient des thèmes sur lesquels chacun exprimait une opinion intéressée. Les membres des municipalités avaient besoin d'être éclairés & dirigés afin d'éviter l'explosion de graves mécontentements. Montalègre, procureur syndic du District de Saint-Gaudens, écrivait au procureur général syndic du Département : « Plusieurs communautés semblent vouloir « recommencer les insurrections; il y a déjà quelque chose « dans quelqu'une. Elles ont pour motif, en partie, les droits « féodaux & casuels; nous devons tout craindre jusqu'à ce « que les affaires d'intérêt soient réglées. Il paraît essentiel

---

1. Archives municipales, *Registre des Délibérations*, 1790, fo 157.

« que vous voulussiez écrire des lettres-circulaires à toutes les
« municipalités. Elles doivent veiller, veiller avec le plus
« grand zèle à la sûreté des personnes & des propriétés... »

Les caisses de l'État étant vides, les biens nationaux n'étant
pas encore vendus & l'impôt dans sa nouvelle forme n'étant
pas encore réparti, les ecclésiastiques ne recevaient rien & ne
pouvaient vivre sans ressources. C'est encore du district de Saint-
Gaudens que vient le cri d'alarme. Le procureur syndic écrivait
à Mailhe, le 13 septembre, au sujet des prêtres qui réclamaient
des secours. Les fermiers des gros fruits prenant devaient verser
leur ferme dans les caisses des Districts, les fruits prenant ne
recevant rien, on ne paie ni les congrues ni les vicaires.

A côté des résistances intéressées, on avait aussi à lutter
contre le zèle ardent de certains patriotes qui, sous le prétexte
de retenir les subsistances dans leur pays, n'hésitaient pas à
essayer la destruction des voies qui pouvaient favoriser les
transports. Des attentats de ce genre s'étant produits contre le
canal de Languedoc amenèrent, le 1er octobre, une proclamation du roi : « Sur le compte qui a été rendu à Sa Majesté
« que, dans le département de l'Aude, sous prétexte de zèle
« pour le peuple & afin de lui procurer à meilleur marché
« des subsistances, des malintentionnés tâchaient d'inter-
« cepter la circulation des grains ; qu'ils ont fait plusieurs
« tentatives pour empêcher la navigation du canal de Lan-
« guedoc ; qu'ils ont incendié des ouvrages destinés à la retenue
« des eaux ou à leur étanchement ; qu'ils ont même essayé de
« démolir les parties de ces ouvrages construites en maçonnerie
« ou de les faire sauter en les ruinant... »

Les écoliers eux-mêmes voulaient avoir leur part dans les
réformes & réclamaient contre l'étude du latin. Un mémoire
des élèves de la classe de rhétorique du collége de l'Esquile fut
présenté, le 12 novembre, à la municipalité : « Dans les
« temps d'esclavage, on avait introduit la funeste habitude
« de ne donner des prix qu'aux compositions latines ; que peu
« à peu, à mesure que les sciences humaines ont pris un essor
« plus audacieux, on a modifié cet usage ; mais qu'il était
« réservé aux premiers magistrats municipaux de cette ville de
« mettre le dernier sceau à ce règlement, à raison de quoi

« lesdits écoliers demandent d'être dispensés de faire leur
« travail en latin. »

Pour compléter l'esquisse de l'état d'esprit à Toulouse
durant la seconde moitié de l'année 1790, il paraît bon
de mentionner une partie de la péroraison d'un discours
prononcé le 15 août dans l'église de la Dalbade, par Broquisse,
prêtre minime, aumônier de la légion patriotique de Sainte-
Foy-de-Peyrolières, ci-devant aumônier dans l'infanterie de
marine du roi, vicaire dans le diocèse d'Alet & membre de la
Société des Amis de la Constitution : « ... Ecoutez favorable-
« ment, Vierge sainte, l'humble prière que nous vous adressons :
« l'amour nous l'a dictée, la confiance anime nos timides voix.
« La France, cette brillante portion de l'héritage précieux qui
« vous est acquis par le sang de Jésus-Christ ; la France, cette
« terre de votre prédilection, gémissait depuis des siècles sous
« le poids accablant d'un esclavage affreux & d'une aveugle
« ignorance... Elle renaît parmi les flots de la contradiction
« & de l'égoïsme le plus furieux... Veillez, ô mère des Français,
« veillez sur l'important ouvrage de sa régénération, faites que
« la lumière de la vérité perce, malgré les efforts des ennemis
« cachés qui voudraient l'envelopper de ténèbres pernicieuses ;
« & s'il fut des ministres du sanctuaire dont le zèle imprudent
« & inéclairé anima le peuple à reprendre ses fers, donnez à
« l'Eglise gallicane, votre Eglise chérie, des zélés défenseurs
« qui, guidés par des principes plus sûrs, le ramènent à ses
« vrais intérêts. Dissipez donc, ô Vierge sainte, les ténébreux
« complots de ces hardis factieux qui travaillent sourdement,
« mais inutilement à ruiner l'édifice indestructible de notre
« Constitution..., &c. »

La cherté des subsistances fut le prétexte d'une délibération
du club des Amis de la Constitution. On y étudia les moyens
d'empêcher les accaparements. « Le club, assemblé dans sa
« forme ordinaire, à trois heures de relevée, sous la présidence
« de M. Molinier, vice-président, en l'absence du président...
« La séance a été ouverte par la lecture des nouvelles ; ensuite
« le comité a fait son rapport à l'assemblée de son travail & de
« son opinion relativement à la dénonce qui lui avait été
« renvoyée, à raison des accaparements de grains qui se font à

« Toulouse & dans les villes voisines. Il en est résulté :
« 1º qu'il y a lieu de présumer qu'il existe des accapareurs
« dans les villes & dans les campagnes qui font hausser les
« prix des grains ; 2º que les renseignements venus à la con-
« naissance du comité ne fournissent pas un corps de preuves
« suffisant pour faire connaître les coupables... Le présent
« procès-verbal sera envoyé à toutes les municipalités qui bor-
« dent la frontière d'Espagne & à tous les clubs connus dans
« le royaume... Tous les bons citoyens patriotes sont invités
« à surveiller les accapareurs...[1] »

Peu de jours après, le 24 août, les Parlements & autres
juridictions étaient supprimés. Ces cours de justice, le Parlement surtout, qui avait joui de si hautes prérogatives & tenu
quelquefois la puissance royale en échec, ne pouvaient disparaître sans essayer de résister au mouvement qui les entraînait.

D'après la nouvelle organisation, les juges devaient être élus
par le peuple ; le roi ne pouvait leur refuser l'investiture. Plus
de vénalité d'offices, plus de privilèges en matière de juridiction, gratuité de la justice ; séparation du pouvoir judiciaire
du pouvoir législatif & du pouvoir administratif. Le jury était
institué en matière criminelle. Les juges sédentaires étaient
nommés pour six ans. Un tribunal était institué par District.
Le droit d'appel s'exerçait d'un tribunal à l'autre. Les commissaires (ministère public) devaient être nommés à vie par le
roi ; mais l'accusateur public, investi du droit d'exercer l'action
publique, devait être élu par le peuple.

Les membres des chambres des vacations des Parlements
devaient cesser leurs fonctions le 15 octobre à Paris & le
30 septembre dans le reste du royaume.

Ces lois & décrets, envoyés à la chambre des vacations du
Parlement de Toulouse, provoquèrent une éloquente protestation des membres qui la composaient &, le 25 septembre, fut
rendu l'arrêt célèbre qui occupa d'abord l'Assemblée nationale

1. Imprimé sans nom d'imprimeur. En tête, un écusson : La Nation,
la Loi, le Roi ; autour, une branche de laurier ; en dehors, en cercle
& longeant la branche de laurier : *Clup* (sic) *du Café des Amis de la
Constitution*, & au-dessous, comme sur un ruban, *de Toulouse.*

& plus tard fit monter sur l'échafaud les magistrats qui l'avaient rendu.

Le 29 septembre, les greffiers, convoqués par une lettre datée du consistoire de la Maison commune, étaient à leur poste & recevaient les officiers municipaux auxquels l'Assemblée nationale avait ordonné l'apposition des scellés. C'étaient Bragouze, avocat, qui devint plus tard président du Département, puis président du tribunal criminel ; Babard & Castaing.

Le 1er octobre, l'abbé Barthe, devenu orateur influent du club des Amis de la Constitution, y dénonça l'attitude de la chambre des vacations & provoqua le vote d'une motion pour signaler au directoire du Département les noms des membres qui avaient protesté contre la suppression des Parlements.

Le directoire décida que les protestations de la chambre des vacations seraient dénoncées à l'Assemblée nationale. Le 5 octobre, en effet, la protestation des parlementaires fut portée à la tribune. Robespierre accusa le pouvoir exécutif de se coaliser avec les protestataires, mais le député d'Arras n'était pas encore le tribun de la Convention ; sa boutade ne souleva que des signes de mécontement & l'Assemblée décida que, dans le délai de huit jours, on présenterait un projet d'organisation d'une haute Cour de justice à qui incomberait la mission de juger les magistrats rebelles. Le député d'Alsace, prince Victor de Broglie, portant la parole, le 8, au nom du comité des rapports, rappela le décret du 5 novembre 1789, qui déclarait prévaricateurs & coupables de forfaiture les corps constitués qui, trois jours après leur réception, n'auraient pas enregistré les lois sanctionnées ou acceptées par le roi. Madier de Monjeau essaya sans succès d'excuser la déclaration du Parlement ; l'Assemblée nationale ordonna l'arrestation des coupables & leur prochain jugement.

Les officiers municipaux de Toulouse crurent ne pouvoir exécuter les ordres de l'Assemblée & l'en informèrent le 27 octobre, après avoir demandé aux magistrats décrétés d'arrestation leur parole d'honneur de ne pas s'éloigner. Un scrupule avait retenu les officiers municipaux : le décret du 8 avait été sanctionné par le roi le 12 ; mais l'envoi qui en avait été fait ne contenant ni ordre ni instruction particulière, on

exigea de chacun des membres de la chambre de vacations leur
déclaration d'honneur, par écrit, de se représenter en personne
à la première réquisition de la municipalité. Le 6 novembre,
l'Assemblée nationale décréta que son président se retirerait de
nouveau devers le roi, à l'effet de lui exposer que c'est par la
faute du sieur Guignard que le décret du 8 octobre n'a pas été
exécuté, & pour supplier Sa Majesté de donner incessamment
les ordres nécessaires pour l'exécution littérale & prompte dudit
décret. Ce nouvel acte de l'Assemblée parvint à Toulouse le
20 novembre au soir; il était accompagné d'une lettre du ministre. Les magistrats municipaux se réunirent sans délai &
prirent connaissance des instructions de Guignard :

« J'espère, d'après la lettre du directoire du Département
« de la Haute-Garonne, que vous aurez rempli toutes les dispo-
« sitions du décret. L'Assemblée nationale vient d'en demander
« itérativement au roi l'exécution littérale & prompte. Sa
« Majesté me charge de vous l'intimer de nouveau. Il s'agit
« d'une arrestation positive des membres de la chambre des
« vacations, & vous y trouverez sans doute d'autant moins de
« difficultés, qu'eux-mêmes se sont engagés à se représenter
« lorsqu'ils en seraient requis. D'ailleurs, si vous y prévoyiez
« quelque résistance, & qu'indépendamment de la garde
« nationale de votre ville & du département auquel vous
« auriez recours au besoin, vous désireriez un secours de
« troupes réglées, j'écris à MM. de Montagut & d'Esparbier,
« commandants des troupes les plus à portée, ainsi qu'aux
« officiers commandant les régiments de Languedoc, Touraine,
« Royal-Pologne, Noailles & le Roi-Dragons, de vous envoyer
« des détachements & même de se transporter à Toulouse...

La lettre de Guignard avait été reçue le 20 novembre, à
neuf heures du soir, & à onze heures la réquisition était
remise à Douziech. On envoya des piquets de garde nationale
à chacune des portes de la ville pour empêcher la sortie d'aucun
de ceux qui s'y trouvaient. Trois officiers municipaux devaient
passer la nuit dans la Maison commune & trois autres devaient
faire des patrouilles extraordinaires.

A une heure après minuit, M. Sevènes, aide de camp du
général de la garde nationale, vint rendre compte que M. Perez

avait été trouvé chez lui, rue des Fleurs. Il n'avait pu partir
pour Paris, à cause de ses indispositions. M. Sol, son médecin,
lui avait remis un exoine. En attendant les instructions de la
municipalité, une garde de dix hommes avait été laissée au
domicile de Perez. Les ordres du roi étant précis, M. Sevènes
fut invité à amener M. Perez à la Maison commune. A deux
heures & demie celui-ci arriva accompagné de MM. Giscaro
& Savy-Gardeil, ses neveux.

A cinq heures & demie, Douziech vint déclarer que sa
démarche était restée infructueuse. Désespérant alors du
succès des nouvelles tentatives de la garde nationale, les officiers municipaux envoyèrent chez le commandant de la maré-
chaussée une réquisition semblable à celle donnée la veille à
Douziech & adressèrent, dès les premières heures de la journée
du 21, une proclamation aux habitants de Toulouse. « Pleins
« de confiance, y était-il dit, dans l'opinion que nous avons
« de l'honneur..., nous avions demandé à chacun des mem-
« bres de la ci-devant chambre des vacations leur promesse
« *par écrit & sur l'honneur*, de se représenter en personne à
« la réquisition qui leur en sera faite, comme aussi de ne
« quitter la ville pour se rendre à leur bien de campagne
« qu'après nous avoir prévenus. Nous avons cru que des
« ci-devant magistrats, habitués à parler au nom de la loi, se
« garderaient d'enfreindre celle qui, chez tous les peuples, fut
« de tous les temps la plus sacrée, & qu'aucune considération
« ne les déciderait jamais à se couvrir d'infamie par la viola-
« tion de leur foi. Cependant, la plus exacte recherche de la
« part de la garde nationale... vient de nous convaincre que
« ceux qui avaient été assez téméraires pour s'élever contre les
« vœux de la nation & du roi dans les protestations de leur
« impuissante fureur, n'étaient que des lâches qui ne nous
« laissaient en fuyant que le regret de n'avoir pas eu d'eux
« une assez mauvaise opinion... »

Cette proclamation fut publiée à son de trompe dans toutes
les places & carrefours de la ville, puis envoyée & affichée
dans tous les lieux où l'on pouvait soupçonner que les magistrats réfractaires à leur parole d'honneur pourraient être passés,
pourraient passer ou dans lesquels ils auraient pu se retirer.

Le 2 décembre, Guignard prévenait la municipalité que l'Assemblée, par un décret du 30 novembre, ordonnait la mise en liberté de M. Perez & de ne pas rechercher M. de Maniban[1].

Pendant que s'étaient accomplis ces événements, le directoire du Département réglait ou organisait les rouages de l'administration publique. Dès le 11 octobre, il avait désigné deux commissaires pour vérifier l'état des travaux publics dans les parties du département dépendant de l'ancienne Province de Languedoc, & le 19 du même mois le procureur général syndic exposait que l'une des choses qui devait le plus exciter le zèle des administrateurs était la vente des biens nationaux : « C'est d'elle que doit résulter le rétablissement du « crédit public ; elle seule peut tarir la source des maux incal- « culables d'une administration viciée par des abus de plu- « sieurs siècles. » L'évaluation de ces biens devait être faite immédiatement par les Districts[2].

Mailhe signalait au même moment certains curés qui négligeaient ou refusaient de lire au prône les décrets de l'Assemblée nationale ; d'autres affectaient de les lire d'une façon inintelligible ou d'un air de mépris ; un certain nombre ne les lisaient qu'après la messe, alors que l'église était déserte.

Depuis la suppression du Parlement & en attendant l'installation des juges du District, trois membres du directoire du Département avaient formé un comité contentieux provisoire qui cessa d'exister le 11 décembre, jour de l'installation dans le palais du Parlement du tribunal du district élu les 12 & 15 octobre. Etaient juges : Bragouze, Arbanère, Romiguières, Veyrieu, Taverne, Boubée.

Les suppléants furent Loubers, Guyon, Faure, Roques.

Romiguières ayant été nommé juge au tribunal du District donna sa démission de président du conseil du Département & fut remplacé par Dastarac.

Le conseil général du Département siégea le 3 novembre dans la Maison commune. Les bureaux ne purent y être installés, ce qui était une très grande gêne pour l'expédition des

1. Archives municipales, *Registre des délibérations de 1790.*
2. Archives de la Haute-Garonne, *Registre des délibérations.*

affaires. On avait songé à l'installer au couvent des Augustins, mais après plusieurs jours de tâtonnements, l'administration du Département fut installée dans l'hôtel du ci-devant premier président, aujourd'hui l'archevêché.

Le procureur général syndic exposait au conseil, le 4 novembre, qu'il n'avait pu encore réunir tous les éléments nécessaires aux délibérations. « En général, disait-il, ce n'est pas « d'un défaut de zèle qu'il faut accuser les municipalités ; s'il « en est qui ne se soient pas montrées dignes d'avoir réuni les « suffrages de leurs concitoyens, il faut convenir que la plu- « part ont fait & font éclater tous les jours le plus ardent « amour pour la Constitution, mais la plupart manquent de « ces notions élémentaires sans lesquelles on ne peut faire que « des pas mal assurés. »

Après avoir entendu la lecture d'un projet de Société d'agriculture proposé par Pelleport, le conseil s'occupait le 10 novembre de la création d'un corps d'ingénieurs & nommait en attendant un inspecteur & un sous-inspecteur des travaux, d'urgentes réparations étant nécessaires au quai de la Daurade.

Quelques jours après on préparait un projet sur les chemins vicinaux, & Capelle lisait un mémoire tendant à maintenir ces chemins dans un bon état. Il proposait aussi la destruction de tous les obstacles qui pouvaient arrêter le cours des rivières & causer des débordements.

L'Académie des arts faisait part au conseil des alarmes que lui causaient certains bruits sur sa prochaine dissolution. Une députation de l'Académie se présenta au conseil le 25 novembre & obtint les honneurs de la séance. Une Commission instituée pour juger les progrès des élèves fit un rapport favorable, 5,000 livres furent votées.

Des commissaires de toutes les légions des milices toulousaines ayant Douziech à leur tête visitèrent le conseil & lui présentèrent leurs hommages. Le président répondit au général que l'assemblée était « bien sensible à son honnêteté & « l'en remercia. Bien mériter de la Patrie, dit le président, est « la seule récompense digne du vrai patriotisme. » Une députation des dragons patriotes vint aussi témoigner de leur attachement au maintien de la Constitution.

Le procureur général syndic laissait toujours percer quelques préoccupations au sujet du nouveau personnel administratif occupant les postes inférieurs. Il écrivait aux présidents de District que « plusieurs secrétaires exigeaient de l'argent de « ceux qui voulaient soumissionner pour les biens nationaux. « Cette manière de faire ne peut que jeter une défaveur sur « les corps administratifs. »

Le conseil général reçut aussi, durant cette première session, de M. Laloy, entrepreneur des démolitions de la Bastille, trois caisses dont on fit inventaire en séance publique le 30 novembre. Elles contenaient un plan en relief de la Bastille, l'effigie de Louis XVI, gravée sur une pierre extraite « des cachots de cet ancien monument du despotisme », un boulet, une cuirasse, une calotte de fer, quatre tableaux, le plan de la Bastille & trois volumes[1]. Le procureur général syndic requit « de retracer au peuple, d'une manière sensi- « ble, le souvenir du triomphe des Français par une sorte « de fête civique ayant pour objet l'inauguration de l'effi- « gie de Louis XVI, restaurateur de la Liberté. » Il est bon de remarquer que Mailhe, devenu plus tard député à l'Assem- blée législative & à la Convention, vota la mort du roi.

Le moment d'appliquer la Constitution civile du clergé semblait venu pour plusieurs corps constitués. Quelques ecclésiastiques, obéissant comme beaucoup de leurs contem- porains aux idées philosophiques du temps, crurent pouvoir promettre le serment, d'autres le refusèrent & une troisième catégorie se réservait.

Comme pour d'autres réformes aussi peu préparées, une certaine hésitation se manifestait dans la manière d'exécuter la loi. Dès le premier jour on était dans l'embarras. La Cons- titution civile du clergé donnait les fonctions ecclésiastiques à l'élection. Quelle autorité devait convoquer les assemblées primaires? A cette question adressée à l'Assemblée nationale, il n'avait pas été encore répondu. Il fut décidé qu'elles de- vaient être convoquées par le procureur syndic du District.

---

1. La pierre taillée provenant de la Bastille est aujourd'hui aux archives municipales de Toulouse.

Aux termes des articles 7 à 14 de cette Constitution, l'évêque devait, après avoir donné son adhésion, nommer ses vicaires. M. Pérès, député, fut chargé de faire à Paris, à M. de Fontanges, archevêque de Toulouse, les sommations nécessaires, sommations qui aboutirent au refus du serment.

C'est au mois de décembre 1790 que commença la résistance ouverte à cette Constitution. M. Bernadet, curé de Saint-Etienne, avait promis d'adhérer à la Constitution & d'accepter le poste de premier vicaire de l'évêque ; mais sa manière de voir ayant changé, il fit un acte chez M⁰ Fayac, notaire, renonçant à la charge de premier vicaire [1].

Le service du culte fut alors presque abandonné. Les chapitres de Saint-Étienne & de Saint-Sernin suspendirent les offices canoniaux. Les autorités durent inviter les curés à pourvoir aux besoins & à la dignité du culte [2].

---

1. Archives de la Haute-Garonne.

2. Lettres de la municipalité sur l'exercice du culte. Réponses à ces lettres. (Archives de Toulouse, Registre des délibérations de 1790.) =
A M. Bernadet, curé de Saint-Etienne. La municipalité attend de la religion, du civisme & du zèle de M. Bernadet, curé de Saint-Etienne, qu'il veillera & pourvoira à ce que les messes de cinq & de six heures, la grand'messe & les vêpres dans le chœur soient célébrées demain avec la solennité convenable. Dans la supposition qu'il n'ait pas de prêtres pour remplir ces fonctions, la municipalité lui déclare qu'elle lui en donnera & que MM. Barthe, Baurès, Saurine, Martin Saint-Romain, Vignaux, Bouillac & autres prendront les heures qu'on leur indiquera. M. Bernadet est prié de répondre par écrit au secrétaire greffier que la municipalité charge de lui porter le présent arrêté. Délibéré au Consistoire, à sept heures du soir, le 4 décembre 1790.
Réponse de M. Bernadet. — Le curé de Saint-Etienne ne désire rien tant & avec plus d'ardeur, sinon qu'il aie un nombre suffisant de prêtres pour venir célébrer la sainte messe tous les jours, mais principalement dans les festivités & solennités de l'Eglise. Si la municipalité de son côté en procure pour cet effet, le curé de Saint-Etienne en procurera aussi qui seront exacts à venir célébrer & entretenir la sainteté, la décence & la majesté du culte divin. Il est assuré pour demain de MM. Cortas, Audibert, Bernis, Long, Lassave & de ses cinq vicaires. Pour ce qui regarde les vêpres, le curé a déjà parlé à la musique qui doit s'y rendre & à douze prêtres de chœur qui feront leurs fonctions à l'autel de paroisse pour la plus grande commodité des parois-

Si le service divin était en souffrance, les membres du chapitre de Saint-Étienne & les prébendiers de Saint-Sernin se réunissaient pour délibérer. Mailhe demandait qu'un projet d'arrêté, proposant la suppression de tout ou partie de leur traitement, fût mis sous les yeux de l'Assemblée nationale. Le procureur général syndic écrivait au député Pérès sur ce sujet : « C'est le seul moyen de réduire « cette anticivique « engeance. »

Des scrupules de conscience se manifestaient aussi chez certains citoyens. Alayrac, juge élu du district de Muret, prêta un serment restrictif. Il dit qu'il se soumettait à ce qui faisait l'objet du serment, à la condition qu'il n'y aurait rien de contraire à la religion. Cette restriction fut considérée comme un outrage, « car, dit le procureur général syndic, « par ces décrets, bien loin de donner la moindre atteinte à « la religion, nos augustes représentants ne font que la déga « ger des abus qui l'avaient défigurée. »

L'administration du Département recevait, en séance, presque journellement, des visiteurs ou des citoyens venant exposer de vive voix leurs demandes ou leurs réclamations.

L'abbé Barthe [1], à la tête d'une délégation du club des Amis de la Constitution, venait informer le conseil qu'il se

siens. — S'il plaisait à la municipalité de faire savoir ses volontés à ces prêtres habitués ainsi qu'à la musique, au serpent & à l'organiste, il en résulterait un très grand bien pour seconder les bonnes intentions du curé qui, en rendant hommage au corps municipal, le prie d'être intimé & convaincu de son civisme & de son zèle pour la religion. Le 4 décembre 1790. Bernadet, curé de Saint-Etienne.

Les 5 & 7 décembre nouvelles lettres de la municipalité aux curés de Saint-Etienne & de Saint-Sernin. M. Castilhon répondit qu'il croyait pouvoir assurer le service divin dans son église.

Le 8 décembre, à dix heures du matin, les officiers municipaux écrivirent au supérieur du séminaire de Saint-Charles, pour qu'il envoyât des séminaristes le jour même avant trois heures aux vêpres de l'église Saint-Sernin. Pareille demande fut faite aussi au supérieur du Séminaire du diocèse & à celui de la Mission pour les vêpres de l'église Saint-Etienne.

1. Paul-Benoît Barthe, doyen des professeurs de la Faculté de théologie, le même qui avait fait le discours aux gardes nationales le 4 juillet.

proposait de donner des conférences en français sur le sujet brûlant du moment : la Constitution civile du clergé. Une députation de la garde nationale venait demander d'activer les mesures pour assurer l'exécution de cette Constitution.

Des habitants de la commune de Miremont dénonçaient leur vicaire pour avoir lu en chaire un prétendu décret défendant la vente des biens nationaux. Vignole, délégué par la Chambre de commerce, venait exposer verbalement le préjudice que porte à la ville la suppression de l'hôtel des Monnaies. Le conseil du Département appuya la pétition de la Chambre de commerce.

Plusieurs négociants de Montauban informaient le conseil de leur projet d'établir à Toulouse des manufactures pouvant occuper un grand nombre d'ouvriers. Il s'agissait de fabriques de drap & d'ateliers de teinture. Le conseil déclara qu'il ne voulait négliger aucun moyen pour encourager ces nouveaux établissements.

Les légions de la garde nationale continuaient à délibérer & les motions discutées se ressentaient de l'état d'esprit de chaque légion. Le directoire du Département leur ordonna de ne prendre de délibération que sur les objets relatifs à leur discipline[1].

Dans les clubs, à des orateurs violents en succédaient de plus violents encore. Mailhe, Rouzet, l'abbé Barthe, l'acteur Desbarreaux, Arbanère, Loubet, Loubers, Capelle, Janole, étaient les orateurs habitués des Amis de la Constitution.

Le président de la Société populaire de Rieux, Dupau, écrivait à Mailhe : « Le maire ne s'opposant plus à l'établis- « sement de la Société, cela me dispense de donner suite aux

1. La municipalité reçut des plaintes réitérées que certains corps armés de la ville avaient délibéré d'assujettir au service de la patrouille des personnes du sexe « qui ont des droits particuliers à notre respect. » Douziech fut chargé d'informer les légions que rien dans le service ne pouvait être innové sans l'intermédiaire de la municipalité; que, quoiqu'il soit raisonnable & juste d'appeler au service de la patrouille les citoyens de toutes les classes indistinctement, les femmes, veuves & filles, n'y sont point comprises & en sont personnellement exemptes.

« mesures que j'avais méditées pour le réduire à la raison...
« L'établissement d'une Société populaire était véritablement
« nécessaire dans une ville qui renferme dans son sein plu-
« sieurs membres suspects[1]. »

Dans les premiers jours de l'année 1791, des troubles agi-
tèrent Cazères, Grisolles, Muret. A Buzet, dans la nuit du
8 au 9 janvier, le château appartenant à M. de Clarac fut
brûlé. Un colonel de passage, se rendant en Espagne, y fut
tué.

M. de Clarac avait reçu chez lui M. d'Escayrac, colonel
des grenadiers royaux de Guienne, son parent & son ami,
accompagné de M. Caminel. La garde nationale de Buzet
croyant voir dans cette réunion un acte d'hostilité contre le
nouveau régime, arrêta un nègre, domestique de M. d'Escayrac, saisit un cheval & une valise[2].

M. de Clarac réclama contre ces actes, mais la garde nationale vint assiéger le château & finit par l'incendier. M. de la
Vallière, lieutenant de vaisseau, se rendant chez M. de Clarac, fut arrêté & maltraité par les gardes nationaux. Un officier municipal le reconnut & lui ménagea le moyen de
prendre la fuite.

Les gardes nationales de Lavaur & de Saint-Sulpice sur-
vinrent & protégèrent M. de Clarac. On l'arrêta & on le
conduisit dans les prisons de la Maison commune de Toulouse, où il était encore le 15 janvier, jour où furent élus les
juges de paix. A cette date, les autorités avaient de sérieuses
craintes pour la tranquillité publique.

Arbanère, juge au tribunal de district, vint à la Maison
commune en vertu d'un jugement & d'un délibéré. Des con-
sidérations de sûreté & de tranquillité publiques avaient fait
interroger dans l'auditoire de la Maison commune le sieur
Caminel, habitant de Montauban, & Narcisse, nègre, arrêtés

1. Archives de la Haute-Garonne. Correspondance du procureur
général syndic.

2. Une romance héroïque publiée par les partisans de M. de Clarac
insinue que M. d'Escayrac avait l'intention d'émigrer :

« ... Allait chercher dans un ciel plus heureux
« La paix, transfuge de la France. »

à Buzet & conduits avec M. de Clarac dans les prisons. Il devait aussi « faire lecture au sieur de Clarac des charges de la procédure commencée à la diligence de la partie publique. »

Mailhe répondait le 16 janvier au procureur-général syndic de la Gironde qui l'avait avisé des craintes que l'on avait pour la tranquillité : « Rien ne doit être négligé dans les cir-
« constances où nous nous trouvons. Tout était disposé contre
« les mouvements qui auraient pu se faire hier, mais il ne
« s'en est élevé aucun. Au surplus, nous sommes ici perpé-
« tuellement sur nos gardes, & quoique nous ayons autour
« de nous les ennemis les plus fougueux de la Révolution,
« qui font tous leurs efforts pour réveiller le fanatisme, nous
« y avons aussi des patriotes sur lesquels nous pouvons comp-
« ter & dont le nombre est plus que dominant. Les aristo-
« crates affectent de représenter au loin la ville de Toulouse
« comme un lieu propre à devenir le foyer de leurs complots
« & le point de leur réunion. Mais j'ose assurer que cela ne
« se réalisera jamais. Le patriotisme y est en forces plus que
« suffisantes pour déjouer toutes les manœuvres. Si cepen-
« dant vous acquériez quelque notion ultérieure sur l'avis
« que vous m'avez donné ou sur tout autre objet relatif aux
« circonstances, je vous prie de vouloir bien m'en instruire. »

Un arrêté avait été pris par la municipalité le 15 décembre 1790 pour enjoindre à tous les propriétaires des hôtels de la ville d'avoir à détruire les armoiries placées sur les portes ou aux balcons. Les propriétaires ne s'étant pas empressés d'obéir, un nouvel arrêté du 18 janvier 1791 les informait que « faute
« par eux de le faire, la municipalité y mettra des ouvriers
« à leurs frais. » Cette menace fut exécutée sans retard, puisque à la date du 23 février, les registres de la Maison commune portent un compte présenté par différents ouvriers
« qui ont travaillé à enlever les différentes armoiries placées
« sur les hôtels & lieux publics & qui ont fourni des maté-
« riaux pour réparer l'emplacement des écussons, ledit compte
« se portant à la somme de 417 liv. 17 s. 10 den. »

La caisse de la ville paya aussi la dépense faite pour l'installation des juges du District. Huit musiciens « de la Comé-
« die » reçurent 48 livres pour les indemniser de leur con-

cours, & Ramond, capitaine au fait de la santé, présenta un compte de 89 livres 4 sous au sujet de la dépense faite pour la décoration en guirlandes aux portes principales de l'Hôtel de ville, du Palais & autres, pour la *jonchée* des passages, cours, vestibules & grand'chambre du Palais & pour le carillonneur du Palais. Les prisonniers reçurent à la même occasion 35 marques de pain, & pour 20 livres d'autres objets[1].

La situation gênée de l'hospice de la Grave fut signalée à l'Assemblée nationale. Le directoire du Département mit d'urgence 10,000 livres dans la caisse de cet asile charitable & une souscription faite à la Société des Amis de la Constitution produisit en sa faveur 10,412 livres.

La population & les autorités avaient conscience de la déchéance & de la ruine de Toulouse dont une des principales causes était la disparition du Parlement. On cherchait, ainsi que nous l'avons vu, à y créer des industries ou à y attirer celles existant déjà dans la région. La Société des Amis de la Constitution fit présenter à la municipalité M. Guitard, d'Agen, fabricant de toiles peintes, qui sur l'invitation d'un de ses membres s'était décidé à transporter dans notre ville son établissement. « Il n'est point question « ici d'un projet hasardé, disait l'adresse de la Société à la « municipalité, mais seulement de transporter un établisse- « ment déjà existant dont la réussite ou le succès ne sont « point équivoques... Nous vous prions d'accorder à M. Gui- « tard un logement convenable au genre de son établisse- « ment, gratuit pendant dix ans avec une indemnité de « 1,500 livres par année... »

La municipalité résolut de donner 1,500 livres pour le logement & 1,500 livres de subvention, sous la condition que la fabrique devait occuper deux cents personnes. A la suite de la délibération est l'acceptation : « Je déclare & promets de « me conformer à la présente délibération en tout son con- « tenu. Auguste Guitard, neveu[2]. »

1. Archives municipales. Registre des comptes (années 1790, 1791).
2. Archives municipales. Registre des délibérations.

Les officiers municipaux prirent, le 1er février 1791, une délibération qui expulsait de Toulouse M. de Chaunac que l'opinion publique désignait comme impliqué dans les troubles de Montauban de l'année précédente. Dès le 3 février, M. de Chaunac adressa à la municipalité un acte de soumission & de protestation. Il était à Toulouse depuis un mois. La connaissance des troubles de Montauban ayant été renvoyée par l'Assemblée nationale au district de Toulouse, il semblait naturel à M. de Chaunac de résider dans cette ville. La municipalité dut requérir le général de la garde nationale pour l'expulser.

L'attente de l'application de la loi sur la Constitution civile du clergé maintenait à Toulouse une agitation croissante. Dès le 19 janvier, on avait connu le refus de serment de M. de Fontanges. Ce refus, d'après la loi, rendait le siège vacant. Mailhe écrivit à ce sujet à M. Pérès, député : « Puis-je « convoquer l'assemblée électorale du département ? C'est « mon opinion, & je ferai tous mes efforts pour la faire « prévaloir à l'assemblée du directoire, parce que je suis « impatient d'avoir un évêque élu par le peuple, & que cela « est d'ailleurs instant pour assurer ici la tranquillité publique « & pour contenir un grand nombre de fonctionnaires ecclé- « siastiques qui paraissent avoir formé une coalition de refus. « Je ne puis vous dire à quel point il est urgent que nous « ayons un évêque ami de la Constitution. Comptez toujours « sur mon zèle pour la maintenir... »

Dix jours après, le procureur-syndic du district de Rieux réclamant contre les lenteurs mises à l'application de la loi sur le serment, recevait de Mailhe une réponse qui démontre les difficultés que soulevait la loi nouvelle & les embarras qu'il prévoyait à la suite de son application.

« ... Nous avons différé la publication de la loi du 27 no- « vembre parce que nous avons su qu'il existe une forte coali- « tion de refus entre les ecclésiastiques fonctionnaires publics. « La loi, une fois publiée, doit être exécutée avec une sainte « vigueur ; mais si la plus grande partie des curés & des « vicaires abandonnaient leur poste, comme ils seraient for- « cés de le faire après l'expiration du délai pour le serment,

« nous serions fort embarrassés n'ayant pas un évêque cons-
« titutionnel pour autoriser leurs successeurs. Nous avons
« cru qu'avant tout il fallait nommer l'évêque du départe-
« ment. »

Les hésitations étaient passées ; le 12 février, les procureurs-syndics des Districts furent invités à convoquer les électeurs pour la nomination de l'évêque.

Une protestation contre ce projet d'élection fut envoyée de Paris par M. de Fontanges. Elle fut renvoyée comme inconstitutionnelle à l'Assemblée nationale.

M. de Brienne fut élu au premier tour de scrutin, le 27 février.

Le 28, on chanta un *Te Deum* à l'Eglise métropolitaine & le carillon de la Maison commune fut touché à cette occasion[1].

Le délai fixé pour la prestation du serment des ecclésiastiques expirait le dernier dimanche de février. Les officiers municipaux firent ce jour dans chaque paroisse la lecture de la loi & de l'instruction de l'Assemblée nationale sur la Constitution civile du clergé. La prestation de serment fut renvoyée au dimanche suivant. La formule était : « Je jure d'être fidèle « à la Nation, à la Loi, au Roi, & de maintenir de tout mon « pouvoir la Constitution du royaume décrétée par l'Assemblée « nationale constituante aux années 1789, 1790, 1791[2]. »

---

1. C'était une tradition du Moyen-âge pour les magistrats municipaux d'avoir un carillon à la Maison commune. Il arrivait parfois qu'une ville, à la suite de difficultés avec le pouvoir central, était privée du droit d'élire ses magistrats ; elle était alors quelquefois privée de son carillon. Toulouse ne pouvait abandonner ce privilège, & lors de l'élévation de la grande façade, vers le milieu du dix-huitième siècle, Cammas plaça le carillon au haut des nouvelles constructions.

> Per courouna soun edifici,
> Cammas a faït un carilloun,
> Qu'à toutos las houros del joun,
> Des Toulousens fa le delici,
> En *la, si, ut, ré, mi, fa, sol,*
> I joguo les aïres que bol.
>
> (Jean-Florent BAOUR, *Remerciement de Janot, ou le Trimfle de Toulouso.*)

2. Un registre fut ouvert à la Maison commune pour recevoir les

Le 6 mars 1791 eut lieu dans l'église Saint-Etienne, en présence de la municipalité, la prestation solennelle du serment. Les officiers municipaux, accompagnés de notables formant le conseil général de la commune & leur greffier, s'étaient rendus à neuf heures dans l'église métropolitaine du Sud. Ils prirent place sur les bancs placés près de la chaire & assistèrent à la messe paroissiale. Après la messe, le P. Sermet prononça une instruction relative à la cérémonie.

Le secrétaire-greffier fit un appel nominal & le serment individuel de chaque fonctionnaire public fut reçu purement & simplement dans les termes du décret. Les 8, 9 & 14 mars de nouveaux serments furent prêtés dans la chapelle de la Maison commune à l'issue de la messe[1].

promesses de serment des ecclésiastiques. Il est aux archives municipales & a pour titre : *Registre des déclarartions faites par le clergé concernant le serment prêté sur le décret de l'Assemblée nationale*. Il n'est pas folioté & comprend des déclarations faites du 12 janvier 1791 au 30 mars 1793. Un répertoire détaché donne le nom des prêtres ayant promis le serment du 11 janvier 1791 au 27 octobre 1792. Après cette date, les noms n'ont plus été répertoriés. Jusqu'au 13 août 1792, le serment vise les décrets de 1789, 1790, 1791. Le 27 août 1792, la formule est : « De maintenir la liberté & l'égalité ou de mourir en les « défendant. » Le 30 août, on ajoute la formule de la loi du 10 août : « Etre fidèle à la Nation. » A partir de février 1793, on prête le serment : « D'être fidèle à la Nation française, de maintenir la liberté & « l'égalité ou de mourir en les défendant, comme aussi de protéger la « sûreté des personnes & des propriétés. »

Dans leurs déclarations, quelques ecclésiastiques ajoutent des réflexions ou accentuent leurs promesses. Jean-Baptiste Ricard, prêtre de la maison de Saint-Rome (Doctrinaires), se fait gloire de rappeler qu'on ne peut lui contester d'avoir parlé le premier publiquement en faveur du serment civique & d'en avoir prouvé la légitimité & la nécessité... Il ne craignait pas de dire pour rassurer les consciences alarmées que notre divin législateur & notre divin modèle n'aurait pas hésité de prêter, lorsqu'il conversait avec les hommes sur la terre, le serment exigé par notre Assemblée nationale si on le lui avait demandé...

On trouve à la prestation de serment de l'abbé Cazals, ci-devant Bénédictin, la première application du Calendrier républicain.

1. Ce serment n'était pas prêté seulement par les ecclésiastiques. Y étaient astreints aussi tous les fonctionnaires publics. Le procès-ver

La correspondance de Mailhe avec toutes les autorités, Districts & Municipalités, était des plus suivies. Chacun se recommandait à lui pour la solution d'affaires pendantes. Le maire de Puydaniel, lui ayant demandé d'interposer son *autorité suprême* en faveur d'une demande qu'il adressait au Département, reçut de lui cette réponse : « Permettez que « j'improuve ces expressions. D'abord, je n'ai aucune auto- « rité ; je n'ai que le droit de requérir. Ensuite, ce n'est pas « ainsi qu'on doit parler aux élus du peuple. Ce genre d'adu- « lation pouvait servir sous l'ancien régime, où nos tyrans « voulaient être flattés alors même qu'ils nous opprimaient, » mais il est indigne des nouveaux administrateurs. »

On s'adressait aussi à lui pour des demandes d'emploi. Une lettre lui arriva de Saint-Gaudens portant une recommandation de ce genre ; elle était écrite par une dame. Mailhe fit une charmante réponse : la fermeté du patriote y perce à travers une galanterie de bon ton. La destinataire était Mme Pégot :

« Madame, je ferai mon possible pour placer M. Escat, « votre recommandé dans la gendarmerie nationale. Je dois « pourtant vous dire que mon crédit à cet égard est bien loin « de ce que vous le supposez, puisque je n'ai même pas de « voix à donner. J'espérerais pourtant réussir si j'avais des « preuves de patriotisme à alléguer en faveur de M. Escat. « Votre témoignage serait tout pour moi en toute autre ma- « tière ; mais en fait de patriotisme ou de Constitution, vous « me permettrez de ne pas m'en rapporter tout à fait à vous. « Il serait donc bon qu'un patriote bien reconnu m'écrivît « pour m'attester le patriotisme de votre candidat & s'en ren- « dît en quelque sorte garant ; avec cela nous n'en douterions « pas, parce que les vrais patriotes sont la vérité même, sur- « tout pour ce qui concerne la chose publique. Si je demande « cette précaution, c'est que nous sommes décidés, & avec

---

bal de la réception du serment porte ces mots : « En exécution de l'article 3 de la loi du 26 décembre 1790, concernant le serment des ecclésiastiques fonctionnaires publics séculiers & réguliers & *pour tous autres* qui sont dans le cas de prêter le serment prescrit par ladite loi.

« raison, à n'admettre dans la gendarmerie nationale que les
« sujets dont les principes sont bien sûrs.

« Dans tous les cas, Madame, vous pouvez être assu-
« rée que vous n'avez pas de meilleur ami que moi; j'en
« jouerai le rôle avec autant de plaisir que de zèle dans toutes
« les occasions qui pourront se présenter, mais cela ne doit
« pas me faire oublier de rester attaché à la place que
« j'occupe.

« Une infinité de curés conformistes du district de Saint-
« Gaudens se sont plaints à moi, verbalement & par écrit,
« qu'ils n'ont pas été payés du supplément de 1790 & qu'on
« leur fait éprouver de grandes lenteurs pour le paiement de
« leurs quartiers; ils ajoutent que les curés & les vicaires
« non conformistes ont touché la plupart leur supplément de
« 1790 & qu'ils ont toujours été payés à point nommé de
« leurs quartiers courants. Je suis bien sûr que vous êtes
« incapable d'une pareille distinction, & qu'elle vous est
« entièrement inconnue. M. Pégot a sans doute laissé un
« commis pour le remplacer, & ce commis est probablement
« un franc aristocrate. Déjà, sur les dénonciations qui m'ont
« été faites, j'aurais requis contre lui les poursuites les plus
« sévères; il vous doit l'indulgence dont j'use à son égard;
« mais si de suite il ne change pas de conduite, je serai forcé
« de faire sévir. S'il y avait quelque prédilection, ce serait en
« faveur des curés conformistes & non en faveur des autres.
« Veuillez lui parler dessuite à ce sujet, vous assurer de ses
« dispositions pour l'avenir & me répondre par le plus pro-
« chain courrier.

« Mon devoir rempli, je reprends le caractère de l'amitié,
« & vous répète que je suis invariablement votre ami[1]. »

Le 17 février, le directoire du Département avait dû faire
une proclamation au sujet d'une querelle survenue au quartier Saint-Cyprien entre gardes nationaux. Depuis ce moment, le feu couvait sous la cendre, & le 16 mars on se trouvait presque en état de guerre civile.

1. Archives de la Haute-Garonne, *Correspondance du proc. gén.
syndic.*

De nouvelles querelles avaient surgi entre des légionnaires de la seconde de Saint-Barthélemy & des légionnaires de Saint-Nicolas. La légion de Saint-Nicolas était formée de citoyens dévoués à la Constitution, la 2e légion de Saint-Barthélemy, que nous avons rencontrée dans toutes les tentatives anti-constitutionnelles, était formée d'anciens employés du palais de justice, opposés par intérêt à la Révolution & à ses principes. M. Daspe, ancien président à mortier du Parlement, en était le colonel.

M. Daspe se rendit le 16 mars à la Maison commune, & parlant aux officiers municipaux des querelles survenues entre les deux légions, alla jusqu'à dire que ses légionnaires, à la première occasion, tireraient sur leurs ennemis, qu'ils désignaient sous le nom de *bande noire*[1].

Le général de la garde nationale étant absent de Toulouse (il avait dû se rendre à Cintegabelle & à Auterive pour réprimer des troubles), le major général organisa des patrouilles qu'accompagnaient des officiers municipaux. Le 17 au matin, on vint annoncer à la Maison commune qu'on se battait dans différents quartiers. Les officiers municipaux parcoururent la ville à la tête d'une forte patrouille, & tout paraissait tranquille ; mais arrivés devant le poste de Saint-Barthélemy, ils en trouvèrent la porte fermée ; personne dans la rue, mais quelques citoyens aux fenêtres. Un homme était étendu roide mort près de là. C'était Raymond, fils de Jean-François Maréchal, étranger à la 2e légion.

La patrouille, composée de deux cents hommes, voulait venger sans retard la mort du légionnaire assassiné, mais les officiers municipaux parvinrent à la ramener à la Maison commune en y faisant apporter le cadavre. Il portait treize blessures faites avec des armes à feu chargées, quatre à balle & neuf avec du gros plomb. Deux blessés avaient aussi été trouvés dans la rue : Lavigne & Taverne. Le premier fut

---

1. En souvenir probablement des deux Confréries ayant existé à Toulouse au treizième siècle : *la blanche*, fondée par l'évêque Foulques, & *la noire*, créée par les habitants de la ville en opposition à la première.

transporté chez lui, à Saint-Cyprien, & le second à l'Hôtel-Dieu Saint-Jacques. Lavigne, blessé mortellement, déclara que passant sur la place Perchepinte, armé d'un sabre qu'il ne tira point, il s'était senti atteint de coups de fusil que des hommes arrêtés & attroupés sur la place lui avaient tiré par derrière. » Taverne déclara de son côté « qu'ayant passé la place Perchepinte avec le sieur Lavigne, armé d'un sabre, & le fils de Jean-François, qui n'avait qu'un bâton, il avait aperçu un groupe de membres de la légion Daspe, qu'ils passèrent sans que personne leur dît rien ; mais au moment où ils arrivaient auprès de la rue Daussargues, ils reçurent plusieurs coups de fusil dont il fut blessé à la jambe, le fils de Jean-François tué[1], & Lavigne blessé. »

On apprit aussi qu'au Coin[2] du Soleil, un sieur Peloux avait essuyé un coup de fusil chargé à grenaille ; qu'il avait répondu en tirant à son tour contre les attroupés, & que pendant qu'il battait en retraite on tirait sur lui, tant de la rue que de l'intérieur des boutiques & des fenêtres.

La municipalité fut informée que les gardes nationaux de la légion de Saint-Nicolas se préparaient à se porter vers le quartier de la Perchepinte pour tirer vengeance de l'assassinat de Lavigne. M. Sabathié fils, colonel de cette légion, parvint à calmer le premier moment d'effervescence. Des membres des différentes légions accoururent à la Maison commune demandant des cartouches pour courir au quartier Saint-Barthélemy. Les officiers municipaux se répandirent dans les groupes & cherchèrent à les calmer.

La municipalité, exécutant une décision du directoire du Département, alla se faire remettre les armes de la 2e légion. Ne pouvant empêcher les gardes nationaux de l'accompagner & espérant que l'aspect du drapeau rouge les contiendrait, elle fit porter ce drapeau, environné de six officiers municipaux. Il fut déclaré que la loi martiale serait proclamée si

---

1. Il fut inhumé aux frais de la ville. Ramond, capitaine au fait de la santé, présenta, le 18 mars, un compte de dix-huit livres pour les frais de cette inhumation.

2. A Toulouse, une rue étroite est communément appelée *Coin*.

une voie de fait était exercée contre qui que ce fût. Avant
de se mettre en marche un des officiers municipaux fit renouveler le serment civique aux gardes nationaux.

On opéra plusieurs perquisitions chez M. Daspe; la fureur
des légionnaires ne pouvait être contenue; quelques coups de
feu furent tirés, mais heureusement ne blessèrent personne.
On prit chez le colonel le drapeau de la 2e légion & on le
plaça sur l'affût d'un canon. On arrêta aussi deux individus,
La Ramée & Dreuil, désignés comme les deux assassins. Les
officiers municipaux eurent beaucoup de peine à les préserver
de la fureur populaire; ils durent les placer au milieu d'eux
& se faire entourer de dragons à cheval pour rentrer à la
Maison commune. Les parents des victimes eux-mêmes aidèrent à les protéger. Arrivé sur la place Royale, le peuple, de
plus en plus surexcité, demandait leur exécution immédiate
& le brûlement du drapeau par la main du bourreau. On dut
fermer la porte de l'Hôtel de ville & braquer quatre pièces de
canon pour en défendre l'entrée.

Les officiers municipaux, le procureur syndic du District,
le P. Sermet, Lavigne, frère d'une des victimes, & le père de
l'autre, Jean-François, s'employaient avec la plus grande ardeur à calmer l'émotion populaire; ils y parvinrent en livrant
le drapeau qui fut déchiré à belles dents & brûlé sur la place
Royale.

Les fusils retirés du poste de la 2e légion furent vérifiés;
on trouva les uns chargés de balles percées, d'autres avec des
lingots de plomb ou des balles mâchées.

Une proclamation de la Municipalité & du directoire du
Département assemblés, ordonna la suspension de la légion,
exigea la remise des fusils qui restaient à rendre sur les cinquante-deux qui lui avaient été confiés, défendit à tous
citoyens de porter des armes, sauf le cas de service com-
mandé.

Le lendemain, les trois corps administratifs : directoire du
Département, District & Municipalité firent une nouvelle
proclamation. Le calme était rétabli. Pour éviter le retour de
pareils troubles, ils déclaraient éteinte & supprimée la seconde
légion de Saint-Barthélemy; ses membres ne pouvaient s'as-

sembler en corps ni faire aucun service militaire, ou porter le bouton d'uniforme ni aucune marque distinctive de cette légion sans être arrêtés sur-le-champ comme séditieux & perturbateurs du repos public.

Ceux des membres de la deuxième légion attachés aux principes de la Constitution étaient invités à faire leur déclaration à la municipalité pour entrer dans une des autres légions de la ville ; mais cette proclamation interdisait aux gardes nationaux de passer d'une légion à l'autre « sauf le cas non affecté de changement de domicile. »

Victor de Broglie, qui semblait destiné à faire à l'Assemblée nationale les rapports sur les événements de Toulouse, rendit compte des faits qui avaient ensanglanté notre cité ; il conclut par ce bel éloge de la population & des autorités : « Tel est « l'exposé fidèle de ces journées tumultueuses qui pouvaient « devenir plus désastreuses & plus sanglantes encore, si le « courage, la constance & la prudence des corps administratifs, « des officiers municipaux & des gardes nationales ; si même « l'esprit général de cette ville & le respect que, dans ses plus « grands emportements, le peuple y conserve pour l'autorité « de la loi, n'avaient prévenu les plus grands malheurs. » L'Assemblée nationale, sur la proposition de son comité des rapports, rendit ensuite un décret qui supprimait la seconde légion de Saint-Barthélemy & demandait au roi la poursuite des coupables. De semaine en semaine, le ministre de la justice devait rendre compte de l'état de la procédure.

L'Assemblée exprimait ensuite sa satisfaction sur la parfaite intelligence qui avait régné entre les différentes parties de l'administration & de la force publique ; elle louait la prudence, le courage du directoire du Département, du District, de la Municipalité, & accordait une approbation spéciale aux grands exemples de courage & de dévouement pour la loi donnés par le P. Sermet, Lavigne & Jean-François.

Quelques jours après, la municipalité, considérant que les trois citoyens qui avaient perdu la vie [1] à la suite des événe-

---

1. Taverne était décédé à l'Hôtel-Dieu, par suite des blessures reçues aux jambes.

ments étaient « des victimes malheureuses des ennemis de la Constitution », accordait un secours de 200 livres à la veuve de Lavigne, décidait le placement de 100 pistoles (1,000 fr.) en faveur de ses deux enfants, donnait 600 livres au père de Raymond & reversait sur la famille de Taverne la somme de 200 livres que celui-ci aurait touchée à sa sortie de l'hôpital.

Dix jours après cette échauffourée, le 28 mars, Hyacinthe Sermet fut nommé évêque de la métropole du Sud, par suite du refus du cardinal Loménie de Brienne d'accepter ce siège. 2,400 livres lui furent allouées le même jour par le directoire, afin de subvenir aux premières dépenses que sa dignité lui imposait. Le 1er avril, le nouvel évêque demandait qu'il lui fût désigné, parmi les évêques qui avaient prêté le serment, un prélat consécrateur. Le directoire désigna l'évêque de Paris & l'évêque de Limoges[1].

---

1. Antoine-Paschal-Hyacinthe Sermet, né à Toulouse en 1732, mort à Paris le 24 août 1808, entra dans l'Ordre des Carmes-Déchaussés à l'âge de seize ans. Il y enseigna la philosophie & fit le cours de théologie aux novices ; visita les couvents de son Ordre en Espagne. A son retour, il prêcha à Paris & donna une station de Carême à Versailles devant Louis XV, ce qui lui valut le titre de prédicateur ordinaire du roi. Il occupa de hautes charges dans son Ordre & fut assez heureux pour pacifier de graves différends qui avaient éclaté. Au moment de la Révolution, Sermet accepta & défendit avec ardeur la Constitution civile du clergé. Son discours du 14 juillet 1790, prononcé en patois devant la légion de la garde nationale de Saint-Geniès, était un violent & spirituel réquisitoire contre les abus de l'ancien régime. Sermet n'y ménageait aucun des trois ordres, aussi lui créa-t-il d'implacables inimitiés. Après son élection à l'évêché métropolitain du Sud, de nombreux libellés, dus surtout à des parlementaires & à des ecclésiastiques, essayèrent de ternir sa réputation. Ils purent se produire grâce à la division regrettable qui existait alors dans le clergé français, division qui aurait été évitée si la passion & l'intérêt personnel n'eussent aveuglé les deux partis. Leur entente aurait évité de grands malheurs & de grands crimes ; mais, à ce moment, l'accord amené plus tard par le Concordat était impossible. Sermet, après sa consécration, écrivit au pape Pie VI ; il ne reçut aucune réponse. Plus tard, ne voulant pas déroger aux lois de l'Église, il refusa de permettre à ses diocésains de profiter de la loi sur le divorce votée par l'Assemblée nationale & fut emprisonné pour ce refus, le 7 brumaire an II (29 août 1793) à la prison de la Visitation, où il se trouva en butte aux vexations

La mort de Mirabeau fut connue le 8 avril à Toulouse. Un service solennel auquel assistèrent le directoire du Département, le District, la Municipalité, le tribunal judiciaire, le tribunal de commerce, la garde nationale, les juges de paix, la Société des Amis de la Constitution fut célébré dans l'église Saint-Etienne. Toutes les paroisses de la ville firent aussi un service public pour honorer la mémoire du tribun.

Une délibération des officiers municipaux porte que « le buste de Riquetti Mirabeau à la tribune, exécuté en marbre, sera placé dans le lieu le plus éminent du Consistoire de la Maison commune. » Le directoire du Département prit le deuil pour huit jours & invita les citoyens à le porter durant le même temps.

Les autorités, toujours préoccupées du développement de l'industrie à Toulouse & de remplacer par les produits du négoce le bénéfice que les plaideurs procuraient autrefois à la ville, espéraient aussi moraliser par le travail une certaine

---

des royalistes. Le 9 thermidor le rendit à la liberté. Sermet continua à s'occuper d'affaires religieuses, selon que le lui permirent les circonstances. Il tint un Synode diocésain, présida un concile métropolitain, réorganisa les diocèses de son arrondissement & assista, en 1797 & 1801, aux conciles nationaux de France. Il donna sa démission, comme ses collègues, en 1801. Sermet avait, avant la Révolution, écrit plusieurs mémoires comme membre de l'Académie des sciences de Toulouse. On lui doit aussi de nombreux travaux sur les sciences sacrées. Son éloge funèbre fut prononcé, lors de ses funérailles, à Paris, dans l'église Saint-Nicolas, par l'abbé Grégoire, ancien évêque de Blois & sénateur de l'Empire. Parlant de la situation faite à l'Eglise durant la Révolution, l'orateur s'exprime ainsi : « Alors l'état des pasteurs les assimilait à ceux de l'antiquité; tout leur rappelait cette sentence du célèbre évêque d'Hippone : *La Religion, sur la terre, ne demande que la liberté de passage.* Les pontifes & les prêtres n'avaient plus à craindre la réduction des richesses, mais les horreurs de la misère. Des outrages formaient leurs revenus & la considération qu'ils obtenaient ne pouvait être que le fruit de leurs vertus. Jadis, dans son cloître, Sermet avait joui d'une aisance honnête, & sous l'éclat de la mitre, il ne trouvait que l'indigence. Lorsque, en 1799, il publia un Ordo d'une forme nouvelle où étaient insérés des extraits des Saints-Pères sur les devoirs des ecclésiastiques, pour faire imprimer ce recueil édifiant, il vendit une partie de sa bibliothèque. »

classe de la population toulousaine qui comptait beaucoup plus sur les aumônes en nature que distribuaient autrefois les maisons religieuses. Aussi les officiers municipaux votèrent-ils pour six années un secours annuel de 4,000 livres en faveur de Lorié qui, ayant projeté d'établir à Toulouse la première fabrique de papiers, avait fait construire à ses frais les bâtiments nécessaires. Ils furent enlevés par l'inondation de juin 1790, au moment où Lorié allait y installer ses machines. La municipalité espérait que cet atelier procurerait des ressources de travail « qui diminueraient d'autant les sollicitudes de l'administration & feraient disparaître les désordres qui naissent le plus souvent de l'oisiveté & de l'indigence. »

Leurs soins se portèrent aussi vers le développement d'une école de marine qui existait à Toulouse ; ils adressèrent à ce sujet une supplique à l'Assemblée nationale & au roi. Cette école avait été fondée en 1789 par quelques citoyens & avec l'assentiment des capitouls ; elle était formée de classes gratuites consacrées à l'enseignement de la jeunesse qui se destinait aux armes & à la mer. Inspectée en 1791 par M. Levêque, elle fut trouvée dans un état d'organisation convenable ; quelques élèves étaient déjà placés sur les vaisseaux de l'Etat, d'autres sur des bâtiments de commerce. Les classes étaient fréquentées habituellement par plus de cinquante élèves de la ville ou du département.

Les juges élus essayèrent d'user des mêmes prérogatives que s'était arrogé le Parlement relativement aux condamnés à mort. Le 4 avril 1791, les juges du District ayant à faire exécuter un condamné, le firent conduire à la Maison commune, l'y mirent en chapelle & le bourreau procéda à sa dernière toilette dans la sacristie de l'Hôtel de ville. Les juges demandaient ensuite une salle pour recevoir le corps du supplicié. La municipalité protesta contre la présence du condamné, refusa de recevoir le corps & invita le commissaire du roi à aviser.

Le nouvel évêque de la métropole du Sud venait d'être sacré à Paris & se disposait à rentrer à Toulouse quand parut la lettre pastorale & ordonnance de M. de Fontanges au clergé séculier & régulier & à tous les prêtres de son diocèse[1]. L'archevêque y déclarait intrus le nouvel évêque, le menaçait des peines portées contre les schismatiques, lui défendait d'exercer aucune fonction épiscopale, déclarait nulles les ordinations faites par lui & les absolutions données par les prêtres qu'il aurait ordonnés, défendait aux fidèles d'assister aux offices qu'il pourrait célébrer ou à ceux que célébreraient les pasteurs créés à la place de ceux qui auraient refusé le serment. Il donnait en même temps pleins pouvoirs de ministère aux prêtres qui resteraient dans son obédience.

Les instructions de l'archevêque furent entendues du clergé &, dès ce moment, plusieurs ecclésiastiques résistèrent ouvertement à la loi. Le nombre des prêtres conformistes, encore loin de répondre aux besoins des paroisses, ne s'augmenta guère & on dut encore temporiser.

Le livre de correspondance du procureur général syndic avoue nettement cette situation. « Il n'est pas encore possible de remplacer les non-conformistes », écrivait Mailhe le 24 mai au président du district de Muret, en l'informant qu'il avait communiqué, la veille au soir, au directoire & à l'évêque la liste des prêtres réfractaires. « Les prêtres qui ont « prêté le serment constitutionnel préfèrent être à Toulouse « ou dans les environs. Les ci-devant curés de Toulouse sont « désolés depuis qu'ils se sont vus remplacés par des prêtres « qui valent infiniment mieux qu'eux & qui jouissent de « toute l'estime publique. Ils ne savent même pas déguiser « leurs regrets... »

Le recrutement des prêtres conformistes ne paraît pas cependant avoir été aussi aisé que le prévoyait Mailhe. Les non-conformistes résistaient passivement. Le 1er juin, l'administration du district de Rieux fut chargée par le directoire du Département de surveiller avec le plus grand soin les curés & les vicaires qui n'avaient pas prêté le serment, « notamment le curé de Cazères qui avait tenu des propos inconstitutionnels. »

Des dénonces quotidiennes contre les non-conformistes

---

1. Cette lettre, envoyée sous forme de brochure, était datée de Paris, le 20 mai 1791.

arrivaient à Toulouse. Le président de la Société des Amis de la Constitution de Saint-Martory écrivait à celle de Toulouse que, dans le district de Saint-Gaudens, 84 curés & 73 vicaires avaient fait le serment conforme à la loi ; 20 curés & 13 vicaires l'avaient fait avec restriction ; 21 curés & autant de vicaires l'avaient refusé ; 32 curés & 29 vicaires ne l'avaient ni prêté ni refusé. Les Sociétés populaires harcelaient les autorités locales pour leur faire appliquer la loi ; les présidents de Districts en demandaient par contre-coup l'application à l'administration centrale. Mailhe aussi voulait appliquer la loi & remplacer les prêtres non-conformistes, mais il ne pouvait cacher la situation. « ... Je confère depuis plusieurs jours avec « M. l'évêque sur les ressources que nous pourrions offrir pour « remplacer les curés non-conformistes. Ces ressources sont « nulles pour le moment. Je crois que vous avez bien fait de « convoquer l'assemblée électorale, vu que de tous les côtés « & dans tous les districts on se plaint du retard apporté à cet « objet. C'est qu'on ne connaît pas notre pénurie de prêtres- « citoyens, & il est important de ne pas trop la laisser con- « naître. Le premier essai tenté à Revel ne fut pas heureux. « La plupart des curés refusèrent. Dans le district de Tou- « louse, le remplacement des curés non-conformistes a été « effectué, mais de manière que presque toutes les paroisses « & annexes y sont dépourvues de vicaires. »

On essayait, faute de mieux, de remplacer les curés des chefs-lieux & ceux qui paraissaient les plus dangereux.

Une loi du 13 mai autorisait les non-conformistes à dire la messe dans une église paroissiale, succursale ou oratoire national : toute autre fonction leur était interdite dans un temple appartenant à l'Etat. « Ce n'est, dit le procureur général syndic, que dans les églises non nationales qu'ils peuvent exercer toutes les fonctions relatives au ministère, en acquérant des édifices qu'ils peuvent consacrer à un culte particulier en y plaçant l'inscription qui leur sera donnée. »

Plusieurs municipalités hostiles à la Révolution résistaient à l'application de la loi en prenant des mesures vexatoires contre les curés conformistes. Elles réglaient l'heure de la messe de façon que les prêtres conformistes célébraient leurs offices dans des églises vides. Pour faire cesser ces inégalités, & par représailles, on décida que les non-conformistes ne pouvaient faire annoncer leur messe au son de la cloche & que l'heure de sa célébration serait fixée par le curé conformiste. Les conflits éclataient aussi pour les causes les plus futiles entre certaines municipalités & les curés constitutionnels, tantôt par suite de tracasseries de celles-ci ou des provocations de ceux-là.

Entre autres complications, Mailhe exprimait ses craintes sur la bonne entente de la municipalité de Muret & le curé conformiste. L'administration, dit-il, a voulu régler le cours de la procession ; elle avait le droit de le faire ; le règlement du cours de la procession est un objet civil & de police. Il engage le curé conformiste à user de modération & écrit en même temps à l'ancien curé & aux vicaires pour les engager à ne pas continuer à troubler les esprits.

Le curé conformiste de Pibrac, M. Gibrac, avait dû commettre quelque grave méfait. Il fut menacé par le procureur général syndic d'être traduit devant l'accusateur public « pour être poursuivi criminellement pour les faits les plus graves. » Toutefois, on lui promettait de le nommer à une cure éloignée de Pibrac s'il consentait à se retirer.

A Auterive, le curé constitutionnel était débordé par le progrès du *fanatisme ;* il en portait plainte au directoire du Département, & on lui répondait « que les moyens projetés pour « arrêter les progrès du fanatisme seraient prochainement mis « à exécution. »

A Toulouse, aux approches de la Fête-Dieu, les officiers municipaux, craignant que les maisons religieuses de femmes refusassent de recevoir dans leurs chapelles les processions présidées par les curés constitutionnels, prit le 19 juin un arrêté invitant les supérieures des maisons religieuses de tenir leurs églises ouvertes & ornées relativement à la décence du culte pour toutes les processions qui seront faites pendant l'octave du *Corpus ;* que, sur l'avis qui leur sera donné par les pasteurs des églises paroissiales & par les aumôniers des Confréries de pénitents, elles auront un prêtre disposé à recevoir le Saint-Sacrement & que les cloches de leur maison annonceront aux fidèles le passage de la procession devant leur église.

Le 21 juin, les officiers municipaux, assistés de l'évêque métropolitain du Sud & de l'abbé Antichan, commissaire épiscopal, réglèrent l'ordre de marche des différents curés de la ville aux cérémonies publiques : 1° le curé de Saint-Michel ; 2° celui de Saint-Nicolas ; 3° de la Dalbade ; 4° du Taur ; 5° de Saint-Pierre-des-Cuisines ; 6° de Saint-Sernin ; 7° de la Daurade ; 8° de Saint-Étienne.

Le clergé constitutionnel subissait une sorte de quarantaine, & les catholiques pratiquants, suivant en grand nombre les conseils de M. de Fontanges, s'abstenaient de paraître aux offices célébrés par les curés conformistes. Une lettre pastorale de M. Drulhe, ancien doctrinaire, curé constitutionnel de Notre-Dame du Taur, indique les principes qui guidaient le clergé conformiste, comme la lettre de M. de Fontanges fait ressortir les raisons de conscience qui imposaient la résistance aux non-conformistes.

M. Drulhe était connu des paroissiens du Taur pour ses prédications avant de devenir leur pasteur élu ; aussi se plaint-il de voir son troupeau divisé & se montre-t-il étonné que les sympathies qu'inspirait le prédicateur ne l'aient pas suivi comme curé. « La confiance particulière dont vous m'honoriez « autrefois, lorsque je vous annonçais la parole de l'Evangile, « m'était un garant assuré que vous m'auriez vu sans inquié- « tude & sans crainte exercer parmi vous les fonctions d'un « plus grand ministère. » Cet écrit démontre le grand savoir de l'ancien doctrinaire & la bonne foi du pasteur. C'est une page éloquente faisant connaître ce clergé qui croyait sincèrement conserver sa foi religieuse en obéissant aux lois de l'État ; on voit la confiance de ces prêtres en l'avenir. En lisant ces pages, on est frappé de la perspicacité de M. Drulhe, car plusieurs de ses aspirations ont été réalisées.

Le départ de Louis XVI, accompli le 20 juin, était connu à Toulouse le 24. Le directoire du Département prit un arrêté pour assurer la tranquillité dans la ville : 1° le général doit mettre de suite sur pied toute la force armée dont il peut disposer pour servir & veiller nuit & jour à la tranquillité publique ; elle sera soldée si besoin est ; 2° la municipalité s'assurera du magasin à poudre & prendra chez les marchands la

poudre, le plomb & les balles qui s'y trouveront ; 3º aux portes
de la ville, on s'assurera de tous les arrivants & partants qui
seront conduits à la Maison commune, où leurs voitures, malles
& papiers seront vérifiés ; 4º les maîtres de poste ne pourront
donner de chevaux que sur le vu d'une permission de la municipalité ; 5º on établira des corps de garde nombreux sur
toutes les places ; 6º les détenteurs de fonds publics devront
les faire transporter tout de suite à la Maison commune ; 7º le
directeur de la Monnaie doit remettre à la municipalité tout
l'or & l'argent monnayé ou non dont il sera nanti ; 8º tous les
citoyens doivent déposer leurs armes à la Maison commune ;
9º & 10º la municipalité peut prendre toutes les mesures qu'elle
jugera convenables. Une commission permanente des trois
corps administratifs siègera à la Maison commune. Les corps
administratifs y tiendront aussi leurs séances.

Le directoire du Département fit aussi une proclamation au
peuple sur l'enlèvement du roi & sur les menaces de l'étranger. A propos de Louis XVI, la proclamation contenait un extrait des lettres du roi au prince de Condé. On y déplorait
l'enlèvement du monarque & on rappelait que le roi avait plusieurs fois montré son attachement à la Constitution [1].

Au sujet des rapports de la France avec les nations étrangères, la maison d'Autriche était signalée comme l'ennemi de
notre pays.

La rentrée du roi à Paris fut connue le 27 à Toulouse, &
les corps administratifs rédigèrent une adresse de félicitations.

Les détails donnés par les papiers publics sur cette rentrée,
les bruits vagues qui couraient, l'opinion qui commençait à se
faire jour sur la possibilité de supprimer la royauté en France
servaient d'aliment aux discussions des clubs. Le jugement du
roi & la proclamation de la République y étaient journellement demandés. L'Assemblée nationale crut éteindre ces aspirations en faisant les décrets des 15 & 16 juillet qui détermi-
nent les cas où le roi serait censé avoir abdiqué la couronne
& pourrait être poursuivi comme simple citoyen. Une sorte de

1. Arch. de la Haute-Garonne, registre des délibérations, 1791,
f⁰ˢ 141, 142.

réaction se produisit alors en faveur du roi, & des fanatiques du pouvoir royal constitutionnel dénonçaient ceux qui avaient critiqué la conduite du roi & avaient demandé qu'il fût déposé de la royauté.

Les pouvoirs publics eurent le bon esprit de ne pas prêter l'oreille à ces dénonciations dont voici un exemple : le président de la Société populaire de Saint-Martory avait signalé M. Pelleport, commandant des gardes nationales de Boulogne, comme ayant tenu des propos incendiaires & répréhensibles. Le procureur général syndic répondait : « Veuillez faire atten- « tion que l'époque de ces propos est antérieure à celle où « nous avons connu les décrets des 15-16 juillet où le roi « sera censé avoir abdiqué la couronne & pourra être pour- « suivi comme simple citoyen. Or, avant ce décret, chacun se « permettait d'expliquer publiquement les opinions les plus « hasardées sur le compte du roi, & s'il fallait poursuivre tous « ceux qui ont passé à ce sujet les bornes de la modération, « les tribunaux ne pourraient y suffire & il pourrait d'ailleurs « en résulter les plus grands inconvénients. »

Deux objets importants pour les habitants de Toulouse oc- cupaient les officiers municipaux : la création d'un Mont-de- Piété & la fabrication de la monnaie de cuivre.

Le projet d'établissement du Mont-de-Piété n'était pas nou- veau, car le rapporteur, M. Rouzet[1], disait : « Il y aura bientôt « quatre ans que la demande d'un Mont de-Piété à Toulouse, « désiré par tous les bons citoyens ennemis des exactions que « se permettent les usuriers, a été formée. Il y en a plus de « trois que l'ancienne municipalité & la Chambre de com- « merce ont émis leur vœu pour un objet aussi intéressant. » M. Jacquemont Dumoulin avait demandé l'autorisation de créer cet établissement; il offrait à la municipalité un verse- ment de 200,000 livres qui était trouvé insuffisant.

Quant à la monnaie de cuivre, son absolue nécessité se fai- sait sentir; les petits assignats couraient la ville & n'avaient été reçus par la population que sur la promesse formelle d'un

---

1. Rouzet, avocat, officier municipal, puis député, devint plus tard intendant de Mme la duchesse d'Orléans & fut créé comte de Folmont.

prochain échange contre une monnaie de cuivre ; la municipalité tenait à se dégager « *de cette espèce d'attentat à la foi
publique* » & écrivait au directoire du District pour presser la
fabrication de cette monnaie. Le cuivre manquant à Toulouse,
la municipalité pense « que les corps administratifs devraient
« se hâter de faire porter dans les creusets de la nation tous
« les cuivres inutiles qui leur appartiennent & dont certains,
« monuments de pure ostentation, pourraient au besoin être
« remplacés par du fer. » La municipalité demande le déplacement & le transport à la Monnaie de plusieurs grands balus-
tres de cuivre jaune qui sont à l'entrée de certaines chapelles
dans l'église des ci-devant Jacobins, ainsi que des rampes ou
balustrades de même métal qui se trouvent placées à l'entrée
du chœur de la métropole pour être au plus tôt convertis en
sous.

Peu de jours après, un approvisionnement de cuivre arrivait de Hambourg ; il fut remis au directeur de la Monnaie.

L'agitation religieuse se prolongeait à Toulouse. Plusieurs
moines qui avaient renoncé à la vie commune continuaient à
porter le costume de leur ordre : les fanatiques les suivaient
avec respect, les révolutionnaires les insultaient, aussi la municipalité prenait le 2 août un arrêté enjoignant aux religieux de quitter l'habit monastique. Ils étaient déclarés personnellement garants & responsables des mouvements populaires dont leur obstination à conserver leur habit, au mépris des
lois, pourrait être la cause ou le prétexte.

Les excitations des prêtres non-conformistes contre les conformistes, accompagnant les petites misères que peut inspirer
la volonté d'opposer quand même des obstacles à l'organisation
d'un ordre de choses nouveau, amenèrent les pouvoirs publics
à interdire aux anciens pasteurs le séjour parmi les populations qu'ils avaient évangélisées.

Le directoire du Département adressa au président de l'Assemblée nationale un arrêté dont il avait ordonné l'exécution
provisoire, arrêté relatif aux curés & vicaires remplacés qui ne
pouvaient plus résider dans les lieux où ils avaient exercé leurs
fonctions. Il est aisé de comprendre l'état d'anarchie religieuse
qui régnait dans les campagnes. Dans les localités où les prê-

tres conformistes étaient sûrs de l'appui de l'autorité, les non-conformistes étaient molestés. A Rieux, par exemple, M. Seré, prêtre non-conformiste, se plaignait que le curé constitutionnel lui avait refusé les ornements pour dire la messe. Le procureur général syndic donna raison au non-conformiste. « La loi du « 13 mai, dit-il, est très précise ; le défaut de prestation de « serment ne peut être opposé pour empêcher ce prêtre de « jouir de ses droits. »

Quand les autorités étaient indifférentes ou hostiles au nouvel ordre de choses, les conformistes ne pouvaient quelquefois être installés qu'avec l'appui de la force armée venue de Toulouse, & après leur installation ils étaient sans autorité & souvent on les tournait en ridicule. Le Castéra fut un des lieux où l'on dut employer la force armée. Mailhe écrivait à ce sujet au procureur syndic de Grenade : « Notre directoire « vient de prendre un arrêté pour effectuer l'installation du « curé constitutionnel du Castéra. Les mesures qu'il prescrit « pour cet objet sont absolument nécessaires ; il importe de les « exécuter ponctuellement. Il est temps d'assurer à la Consti-« tution civile du clergé sa pleine & entière exécution. Les « officiers municipaux devront pourvoir à la subsistance du « détachement qu'amènera M. de Séganville. »

A Noé, des affiches placardées dans la ville représentaient le curé constitutionnel entouré des flammes de l'enfer & des patriotes subissant différents supplices. Dans d'autres lieux, le curé constitutionnel était chassé. C'est ce qui arriva à Auterive où éclataient des troubles fréquents. Molinier, curé constitutionnel, fut même malmené par une partie de la population & dut se réfugier à Grépiac. Douziech, à la tête de quatre cents hommes de la garde nationale toulousaine & ayant le procureur général syndic pour commissaire civil, le réintégra.

Quelquefois encore, à défaut de prêtres conformistes, on usait des non-conformistes pour assurer l'exercice du culte, & on sévissait après contre ceux à qui on avait demandé de continuer le service divin. C'est pour un fait de ce genre que Mailhe écrivait le 23 août aux officiers municipaux de Castelgaillard : « Quoiqu'il ait été procédé à l'élection du curé qui « doit remplacer M. Izard, ci-devant curé de Castelgaillard, &

« le remplaçant n'étant pas encore entré dans l'exercice de ses
« fonctions, M. Izard doit continuer les fonctions paroissiales
« jusqu'à ce que le nouveau curé sera en exercice effectif. Ce
» ne sera qu'alors que vous devrez faire exécuter à l'égard de
« M. Izard l'arrêté du directoire du 2 de ce mois qui l'oblige à
« se retirer au delà de quatre lieues de Castelgaillard. »

Certains curés conformistes, obéissant à des idées d'indépendance, abandonnaient leur troupeau & brisaient les liens
que leur imposait le sacerdoce pour s'enchaîner dans les liens
du mariage. M. Pouderous, curé constitutionnel de Venerque,
abandonna sa paroisse & alla habiter Montpellier, où il demeura quelque temps vicaire de l'évêque. Son successeur n'a-
vait trouvé à Venerque ni les registres de baptême, ni les registres de décès. Le procureur général syndic du département
écrivit à son collègue de l'Hérault : « M. Pouderous a quitté
« sa paroisse sans donner sa démission & sans remettre les re-
« gistres de baptême & de décès ; qu'il reste vicaire épiscopal
« s'il le veut, mais qu'il donne sa démission & rende les clés
« de la chambre où sont enfermés les registres. » Si M. Pouderous n'avait prévenu ni son évêque ni les autres autorités de
son départ, il n'avait pas négligé de faire ses adieux à ses paroissiens. En leur annonçant qu'il les quittait, il leur dit que
son cœur restait avec eux. Ces mots avaient un double sens.
qui fut expliqué quelques mois plus tard, le jour où l'ancien
curé se maria à une des plus jolies femmes de Venerque.

Un décret de l'Assemblée nationale du 29 août, sanctionné
par le roi le 19 octobre, instituait à Toulouse dix paroisses :
la cathédrale Saint-Etienne, la paroisse Saint-Augustin dans
l'église conventuelle des Grands-Augustins, la paroisse Saint-
Exupère, dans l'église conventuelle des Grands-Carmes, la
Daurade, la Dalbade, Saint-Thomas d'Aquin, dans l'église
conventuelle des Dominicains où était transférée la paroisse
Saint-Pierre, Saint-Nicolas, Saint-Michel, Saint-Sernin, dans
l'église abbatiale de ce nom. Étaient conservés comme ora-
toires les chapelles de Saint-Sauveur, l'église conventuelle des
Minimes, sous le titre de Saint-François-de-Paule, l'église
conventuelle des Cordeliers, les églises conventuelles des Récollets & des Chartreux.

L'émigration vers l'Espagne avait pris une grande extension. Les villes de la frontière étaient travaillées au point de vue religieux comme les autres villes du département; c'est ce qui explique l'insurrection qui éclata à Bagnères-de-Luchon le 3 septembre.

Les travaux de l'Assemblée nationale constituante touchaient à leur terme; elle achevait enfin cette Constitution qui avait déjà été appliquée partiellement par voie de décrets & qui est restée le fondement du nouveau droit public de la France.

Le roi l'acceptait le 13 septembre, & le 14 il venait prendre devant l'Assemblée nationale l'engagement de la faire observer. L'Assemblée continua à siéger jusqu'au 30, jour où Louis XVI retourna dans son sein pour clore ses séances. Dès que le roi fut sorti, Thouret, s'adressant au public qui remplissait les tribunes, dit d'une voix forte : « L'Assemblée constituante déclare que sa mission est achevée, & qu'elle termine en ce moment ses séances. »

II.

L'ASSEMBLÉE LÉGISLATIVE

DU 1ᵉʳ OCTOBRE 1791 AU 21 SEPTEMBRE 1792.

L'Assemblée législative était constituée le 4 octobre. La députation de la Haute-Garonne se composait de Mailhe, ancien procureur général-syndic ; de Caillassou, de Revel; Rouède, de Saint-Gaudens ; Pérignon, juge de paix de Montech ; Gonent, de Muret ; Projean, de Carbonne ; Cazes, de Saint-Béat; Veyrieu, Teulé, Gérard & Delmas, de Toulouse.

Les querelles entre conformistes & non conformistes ne cessaient pas ; dans tout le département, la population rurale restait en grande partie sous la dépendance de l'ancien clergé & méprisait la loi nouvelle. Les autorités des grands centres, de Toulouse notamment, voulaient respecter rigoureusement le texte de la loi & des arrêtés. Ce zèle amenait la municipalité de Toulouse, sous le prétexte d'exécuter un arrêté du

Département prescrivant l'inventaire des objets existant dans les maisons religieuses, à vouloir fermer provisoirement les églises dépendantes de ces maisons. Le directoire s'opposa à cette interprétation, & décida que durant toute la durée de l'inventaire, les anciens religieux qui se présenteraient dans l'église des Augustins ou dans l'église des Grands-Carmes, devenues paroisses, devaient être admis à dire la messe.

Le tribunal de police municipale était constitué dès la fin du mois de septembre. Il devait siéger deux fois par semaine : les mardi & vendredi.

M. Rigaud, recteur de l'Université, fut invité, à l'époque de la rentrée ordinaire, à procéder à l'ouverture des cours.

La municipalité s'occupait, le 6 décembre 1791, de la cherté des subsistances à Toulouse, cherté dont les conséquences pouvaient à tout moment amener des troubles. Grâce à un emprunt de 2,000 setiers de blé fait au Département, on put distribuer tous les jours, pendant la rude saison, deux cents marques de pain. Les marchés furent secrètement approvisionnés de grains avancés à la ville par les magasins des subsistances militaires, & aussi grâce à une avance de 100,000 livres faite par le Département pour achat de grains au dehors[1]. Cette somme épuisée, les achats pour l'alimentation des marchés continuèrent, mais le Département retira son concours[2].

Des ateliers de charité furent organisés le 12 janvier 1792. On devait achever le fossé destiné à conduire les eaux de la plaine de Sainte-Agne & des coteaux dans la rivière par les Récollets ; combler celui qui longeait la rue des Trente-six-Ponts, & achever l'aqueduc avoisinant la porte Villeneuve. 24,000 livres étaient consacrées à ces travaux.

Le Conseil du Département avait étudié en 1791 les matières que la loi soumettait à ses délibérations ; il entendit de nombreux rapports dont voici l'énumération : sur le

1 Des achats de grains avaient été faits à Villefranche-du-Lauragais, à raison de 25 livres à 25 livres 1/2 en assignats, & 18 livres 1/2 à 19 livres en argent.

2. On se souvient que la majorité des administrateurs du Département avaient été tirés des Districts & que les Toulousains en avaient été presque entièrement exclus.

traitement des ecclésiastiques, le recouvrement des impositions & le maintien de la tranquillité publique ; sur la partie de la force publique dont l'organisation avait été confiée au directoire [1] ; sur la confection des rôles des contributions ; sur la répartition de l'impôt de 1791 ; sur les impositions locales ; sur le remplacement de la gabelle & autres droits supprimés ; sur les travaux publics ; sur les fonds destinés aux ateliers de charité ; sur le lieu où devait siéger l'administration du Département ; sur le dépôt de mendicité ; sur le compte des dépenses d'administration qui consistaient dans le traitement des employés des bureaux du Département, du procureur général-syndic, &, enfin, de l'indemnité accordée aux membres du directoire [2].

Le député Delmas adressait des communications à la société des Amis de la Constitution. Après une première lettre pour la presser de faire hâter l'organisation des volontaires, il l'entretint ensuite du *veto* suspensif de Louis XVI sur la loi concernant ses frères. La société des Amis de la Constitution fit une adresse aux autres sociétés, ses affiliées, afin de les amener à s'adresser au roi sur ce sujet. Cette adresse reçut plus de quinze cents adhésions [3].

L'Assemblée législative se préoccupait avec juste raison de l'attitude prise par l'Autriche & des insolentes parades des émi-

1. Gendarmerie & garde nationale. En décembre 1791, le directoire nomma aux emplois dans la gendarmerie & fixa l'emplacement des brigades ; il demanda huit cents fusils au département de la Corrèze pour la garde nationale, dont un bataillon était organisé le 12 décembre. Une députation de ce bataillon se présenta ce jour à la séance du directoire & demanda une caserne, un poste, des tambours, etc. Le lendemain, le corps des officiers demanda qu'on mît le même zèle à la formation des six bataillons des Districts. Ces bataillons, envoyés aux frontières, prirent le nom de bataillons de la Haute-Garonne.

2. Le procureur général-syndic recevait un traitement annuel de 5,000 livres, & son secrétaire 2,500 livres. L'indemnité aux membres du directoire du Département était de 2,400 livres pour chacun d'eux. La perte que subissait déjà le papier-monnaie mettait dans la gêne ceux qui n'avaient d'autres ressources que leur travail ou leurs appointements. La première constatation officielle de cette dépréciation est dans un arrêté de la municipalité sur le prix du pain.

3. Elle fut imprimée & porte la date du 15 décembre 1791.

grés sur les bords du Rhin. Gensonné avait fait dès le 14 janvier un rapport au nom du Comité diplomatique. Dans son opinion, le traité d'alliance conclu avec l'Autriche en 1756 était rompu ; il proposa une résolution tendant à mettre l'empereur d'Autriche en demeure de s'expliquer sur ses intentions au sujet de la France. Les négociations qui suivirent l'adoption de cette résolution furent mollement menées par les ministres du roi, & avec insouciance ou mauvaise foi par la Cour de Vienne. Delessert, ministre des affaires étrangères, attaqué par les Girondins, dut se retirer. Roland devint alors ministre de l'intérieur & Dumouriez ministre des affaires étrangères.

Sans entrer dans les détails de cette phase de l'histoire de la Révolution, il ne paraît pas inutile de constater l'indifférence & même l'hostilité de la Cour contre la Constitution, sa secrète espérance sur les secours de l'étranger, & enfin sa ré-pulsion pour un ministère girondin.

La guerre paraissait inévitable ; elle n'était pas désirée par la masse de la nation ; la nomination de Lafayette au commandement d'un des huit corps d'armée qu'on se proposait d'opposer aux Autrichiens éveilla les susceptibilités des Cordeliers & des Jacobins. Robespierre se déclara partisan de la paix ; Brissot & les Girondins poussaient à la guerre.

François Ier venait de succéder à Léopold d'Autriche. Le nouvel empereur envoya un ultimatum demandant le rétablissement de la Monarchie sur les bases de la déclaration du 23 juin 1789 ; la restitution des biens du clergé ; la remise du Comtat d'Avignon au Pape, &c., &c. C'était bien la guerre. Elle fut déclarée le 20 avril. Condorcet en exposa les motifs dans un Mémoire qui obtint les suffrages unanimes de l'Assemblée. Le peuple accueillit cette déclaration avec enthousiasme. Les premières opérations ne furent pas heureuses ; l'armée était mal organisée, mal approvisionnée, mal commandée.

La gêne devenait générale à l'intérieur ; les assignats perdaient journellement de leur valeur nominale ; les ouvriers & les petits employés demandaient à être payés moitié en assignats, moitié en menue monnaie. Les objets de minime valeur ne pouvaient être acquis faute de monnaie divisionnaire. On essaya bien la mise en circulation de petites coupures, mais étant locales, elles n'avaient de valeur qu'au lieu d'émission ; de là, pour leur échange, naissaient des agiotages scandaleux. L'Assemblée nationale intervint, interdit l'usage de ces valeurs locales, connues sous le nom de billets de confiance, & envoya des assignats de 50 sous, 15 sous, 10 sous & 2 sous.

A Toulouse & dans tout le département, en raison de la cherté des subsistances, l'évêque du Sud, permit, durant le carême de 1792, de manger gras trois jours de la semaine.

A l'occasion de la Fête-Dieu, le directoire du Département interdisait aux administrateurs des hôpitaux de recevoir aucune procession. Les citoyens actifs de Saint-Nicolas pétitionnèrent & le lendemain les instructions du directoire étaient rapportées.

A ce moment parut une brochure, sous ce titre : *Lettre du procureur général-syndic du département de la Haute-Garonne, à M. d'Héliot, prêtre*[1]. Il y était question de prêtres insermentés qui célébraient la messe dans des maisons particulières.

Bien que le roi eût apposé son *veto* le 18 juin au décret du 27 mai 1792, qui prononçait la peine de la déportation contre les prêtres insermentés, ce décret était appliqué par le directoire du Département. Le 21 juin, il fit défense aux prêtres insermentés ou aux anciens religieux de se réunir au delà du nombre cinq, sous peine de se voir arrêtés comme perturbateurs du repos public & conduire à la maison des Grands-Cordeliers qui devait leur servir de lieu de réclusion jusqu'à leur déportation[2].

Les désastres de Lille & de Valenciennes, le renvoi des Girondins qui avaient passé à peine quelques semaines au ministère, l'hésitation du roi à sanctionner plusieurs décrets mécontentaient le peuple & le pouvoir législatif[3].

---

1. Petit in-8° de huit pages de l'imprimerie J.-C. Bezian, seul imprimeur du Département, rue Boulbonne, n° 630. — M. d'Héliot était un grand vicaire de M. de Fontanges.

2. Sur la dénonciation de vingt citoyens actifs & avec l'approbation du directoire du District, cette peine était appliquée par le directoire du Département.

3. Les Girondins, craignant que l'Assemblée fût contrainte de recu-

Le 19 juin, les Marseillais présentaient au roi leur fameuse adresse. Le lendemain, le peuple de Paris défilait en armes devant la représentation nationale & déposait sa pétition, lui demandant de pousser activement la guerre. Trente mille hommes traversèrent la salle des séances; les Tuileries furent le même jour envahies par le peuple. Ces événements, qui en présageaient de bien plus graves, se déroulaient au moment où la Prusse se joignait à l'Autriche pour essayer d'écraser la France sur les champs de bataille. L'Assemblée législative ne fut pas au-dessous de sa tâche. Le 3 juillet, après un éloquent discours de Vergniaud, elle déclara la Patrie en danger, & le 8 elle fixa les mesures à prendre.

Dès le 16 juillet on connaissait à Toulouse cet acte d'énergie de nos représentants, & le 19 le directoire du Département se déclarait en permanence, envoyait une adresse à l'Assemblée nationale. Elle adressait une proclamation aux populations du département, se terminant par ces mots : « Lorsqu'un peuple se voue entièrement à la cause de la liberté, il sauve la liberté & se sauve avec elle [1]. » Les officiers municipaux de toutes les communes furent invités à donner lecture de la proclamation & de l'arrêté pris par le directoire, au prône des messes de paroisse. L'élan fut bientôt donné.

Les délibérations de nos autorités administratives se ressentaient des discussions qui, de Paris, se répercutaient jusqu'à Toulouse; voici ce qui arriva au directoire du Département durant la séance du 19 juillet. Les membres représentant les différents partis qui divisaient la nation s'invectivèrent; des épithètes, considérées comme très blessantes à cette époque, furent échangées. Julien se plaignait que des personnalités offensantes, dirigées contre les Amis de la Constitution, se fussent glissées dans la discussion de ce jour. Il demandait qu'à l'avenir les dénominations de factieux, jacobins, feuillans, républicains, monarchiens, fussent l'objet d'un rappel à l'or-

ler devant les armées étrangères & d'abandonner Paris, songèrent à lui préparer un refuge dans les départements du Midi; cet élan patriotique fut plus tard cruellement puni.

1. Niel avait été chargé de la rédaction de cette proclamation.

dre. Cette proposition fut adoptée; mais le directoire la fit bâtonner quelques jours après [1].

Le 23 juillet, le directoire du Département arrêta une nouvelle formule de serment : « Vous jurez d'être fidèle à la « Nation, à la Loi, au Roi, de défendre & maintenir de tout « votre pouvoir la Constitution décrétée aux années 1789, « 1790, 1791, de vivre libres ou mourir, & d'employer tout « votre pouvoir pour empêcher l'établissement de deux Cham- « bres ou la République. » Les autorités des districts & les municipalités durent prêter ce nouveau serment.

Les municipalités furent autorisées à faire l'acquisition des piques nécessaires pour armer les bons citoyens, ceux dont le civisme & l'amour de la patrie n'étaient point équivoques. Le mode de la levée & du rassemblement de ceux qui voudraient voler au secours de la patrie en danger fut aussi réglé.

Un citoyen faisait l'offre d'équiper à ses frais 1,000 à 1,200 hommes de cavalerie. Leur entretien serait ensuite à la charge de la nation. Six citoyens de Toulouse furent autorisés à lever une compagnie légère de chasseurs. D'autres furent autorisés à lever trois compagnies de volontaires bons patriotes.

Tous les districts rendirent compte dès le commencement d'août des mesures prises dès que la Patrie eut été déclarée en danger & des événements qui avaient suivi dans plusieurs localités.

Des troubles ayant éclaté au Mas-de-Verdun, « ce foyer d'incivisme », le directoire invita le curé de Verdun à faire les fonctions de curé au Mas, & décida que tout ecclésiasti- que qui y avait exercé des fonctions publiques devait s'en éloigner de quatre lieues.

A Saint-Sulpice de Lézat, « un signe de rebellion », consis- tant en un drapeau bleu & blanc, avait été attaché à l'arbre de la liberté.

1. Le 20 juillet, Niel annonçait au Conseil que Varennes, exé- cuteur des hautes œuvres, offrait sa démission si son traitement n'était pas porté de 2,500 livres à 4,000. L'exécuteur prévoyait que le nouveau mode décrété par l'Assemblée pour les exécutions (la guillo- tine), l'engagerait dans des dépenses considérables.

A Lévignac, quelques troubles avaient été provoqués par la présence d'un prêtre insermenté.

Par suite de l'agitation qui régnait dans le district de Villefranche, les prêtres Savy, Fontan & l'ancien curé du chef-lieu, durent se retirer de la commune de Montgiscard pour aller résider dans leur famille ou à Toulouse.

Le 7 août, le directoire du Département reçut du curé de Roqueserrière, Taverne, une lettre qui fut insérée dans le registre des délibérations. Taverne y rappelle d'abord ses efforts pour assurer le triomphe des idées nouvelles, en réconciliant la religion & la patrie. « Aujourd'hui la Patrie est en danger... Dans ce moment de crise, tout citoyen est soldat & doit voler à la défense de l'Empire. Je n'ai que quarante-six ans, j'ai reçu du ciel une âme ferme & inaccessible à la crainte ; mes bras ne sont pas énervés ; pourquoi ne donnerais-je point à mes paroissiens l'exemple du patriotisme ? O combien j'en entraînerais peut-être dans la carrière des armes s'ils me voyaient à leur tête. Ils ont juré avec moi de vivre libres ou mourir ! ils tiendront leur serment. »

Une mention honorable fut décernée par le directoire au canton de Gaillac pour l'inscription volontaire de soixante-deux citoyens pour aller aux frontières.

Le 14 août on connaissait à Toulouse les événements qui avaient précédé la déchéance du roi. Le décret de l'Assemblée nationale convoquant une Convention & déclarant traître à la patrie celui qui abandonnerait son poste ou ses fonctions, avait été apporté par un courrier extraordinaire. Le District & la Municipalité se réunirent au directoire du Département pour se concerter en présence de tels événements. Les textes des lois concernant la formation de la Convention nationale & la convocation des assemblées primaires parvinrent à Toulouse le 18, accompagnés d'une lettre de Monge & d'une proclamation du ministre Roland.

On se préparait à fêter à Toulouse la journée du 10 août, & pour lui donner plus de solennité, la Société populaire décida, sur la proposition de Marc-Antoine Baudot, représentant de Saône-&-Loire en mission, que les tableaux existant encore à la Maison commune & les portraits des capitouls

seraient détruits. Les douze livres de l'Histoire de Toulouse [1]
furent un moment menacés, mais Baudot fit observer aux officiers municipaux que l'intention des représentants du peuple
n'était pas de détruire les monuments d'histoire, mais qu'il
fallait brûler les feuilles contenant l'image des capitouls. Les
peintures des douze livres, plus ou moins lacérées, furent ap-
portées au président de la Société populaire [2].

[1]. Le premier livre comprend 209 chroniques, embrasse une période
de 237 années & s'arrête au 13 décembre 1532.

Le second livre, entrepris en 1532, contient 35 chroniques & embrasse une période de trente-cinq ans, terminée en 1568.

Le troisième livre, commencé en 1569, renferme 15 chroniques &
s'arrête en 1585.

Le quatrième livre, commencé en 1587, renferme 15 chroniques &
s'arrête en 1601.

Le cinquième livre, commencé en 1602, contient 15 chroniques &
s'arrête en 1607.

Le sixième livre, commencé en 1618, contient 16 chroniques & s'ar
rête à 1633.

Le septième livre, commencé en 1634, renferme 12 chroniques &
finit en 1645.

Le huitième livre, commencé en 1646, contient 14 chroniques &
finit en 1659.

Le neuvième livre, commencé en 1660, contient 23 chroniques &
finit en 1683.

Le dixième livre, commencé en 1684, contient 30 chroniques & finit
en 1713.

Le onzième livre, commencé en 1716, contient 46 chroniques &
finit en 1760.

Le douzième livre, entrepris par les capitouls de 1763, renferme
22 chroniques & embrasse une période de vingt-cinq ans, de 1762
à 1787. (E. Roschach, *Toulouse*, Ed. Privat, éditeur. In-8° publié en
1887, à l'occasion de la session de la Société pour l'avancement des
sciences.)

[2]. Ces trésors ne furent heureusement pas tous détruits, on en re-
trouva, trente ans plus tard, quarante-deux chez M. Béguillet, ancien
procureur général-syndic pendant la Révolution, & plus tard directeur
des contributions. Les négociations, entamées en 1821 pour faire rentrer ces précieux documents aux Archives municipales, n'aboutirent
qu'à la fin de l'année 1843. Après le décès de M. Béguillet, son fils les
céda pour 2,000 francs; mais leur nombre avait diminué, il n'en restait
que trente-sept. Depuis 1843, quatre feuillets de vélin sont rentrés aux

A l'instigation de la Société populaire, le Conseil général de la commune prit, le 19 août, un arrêté qui ordonnait de « détruire toutes les statues, obélisques & autres monuments publics érigés dans cette ville au despotisme & à l'aristocratie des grands, dont l'existence contraste avec la liberté & l'égalité que la nation française vient de conquérir. » Le lendemain, le même Conseil décidait que l'obélisque, qui avait été élevé par l'ordre des avocats dans la grand'chambre du Parlement, serait compris dans la destruction projetée.

La circulation des « feuilles aristocratiques » & la correspondance avec les émigrés furent interdites le 24 août. Les officiers municipaux étaient autorisés à incinérer le *Mercure de France*, la *Gazette universelle*, le *Scrutateur*, l'*Indicateur*, le *Journal général de politique, de littérature & de commerce*, le *Rocambole des journaux*, les *Affiches du Dauphiné*, le *Journal royaliste* de Baruel, l'*Ami du Roi*, le *Journal général de France*, le *Journal de Paris*, la *Gazette de Paris*, les *Annales monarchiques*, le *Postillon de la guerre*, le *Courrier extraordinaire*, par Duplan ; la *Vedette*, le *Gardien de la Constitution*, le *Journal de la Cour & de la Ville*, le *Journal des mécontents*, la *Gazette des Cours de l'Europe*, le *Courrier de Villeneuve-lès-Avignon*, le *Spectateur*.

Le directeur des postes, Laplanère, suspecté comme manquant de civisme, fut surveillé par des commissaires jusqu'à son remplacement demandé au ministre.

Archives ; l'un, portant des portraits de capitouls de 1434 & de 1436, vint d'Orléans le 12 avril 1877, donné par son possesseur ; les trois autres furent achetés par la ville à M. Edw. Barry. Il en existe deux dans des collections : l'un, de Jean Chalette, est au musée de Troyes depuis 1867 ; l'autre, de 1878, appartenant à M. de Sahuqué, a figuré à l'exposition rétrospective de Toulouse en 1887. Nous connaissons deux listes antérieures à la Révolution, l'une indiquant soixante-dix-neuf peintures, s'arrête à 1674 & est aux Archives municipales BB. 216, *Testament capitulaire de Lafaille ;* la deuxième est donnée par Malliot, dans ses *Recherches historiques sur la ville de Toulouse*, mais ce dernier ne cite que celles qu'il considère comme remarquables ; la première peinture citée par lui est de 1430, alors qu'elle est la vingtième dans B. 216. La liste de Malliot s'arrête à l'année 1779. Les sujets traités dans ces peintures sont quelquefois désignés d'une manière différente par M. Roschach.

Les sceaux du Département, du District, des Municipalités, furent changés & reçurent l'empreinte des mots : *Liberté, égalité;* quelques jours après, on ajoutait : *La nation française.*

La Société populaire déclara Lafayette traître à la Patrie & fit brûler son portrait.

L'émigration augmentait & la tranquillité publique se trouvait à tout instant menacée non seulement à Toulouse, mais dans les communes rurales, surtout dans les communes frontières, menacées par l'armée espagnole. Le directoire prit, le 28 août, un arrêté relatif « aux mouvements hostiles que les émigrés fomentaient en Europe », &, quelques jours après, les père & mère de fils émigrés étaient frappés d'une taxe de 300 livres pour chacun des soldats dont la loi leur imposait l'équipement.

Le conseil général transmettait à l'Assemblée nationale, le 30 août, une requête des officiers municipaux de Fos demandant la fermeture de la frontière afin d'empêcher les émigrés résidant dans la vallée d'Aran de venir s'approvisionner en France.

La municipalité de Noé s'étant refusée à une réquisition du directoire du Département, un commissaire fut envoyé pour reprendre les fusils, canons & munitions se trouvant à la disposition de la municipalité & pour visiter les maisons suspectes. L'ancien curé & les prêtres qui avaient refusé le serment quittèrent Noé & les officiers municipaux se soumirent.

Niel fut envoyé à Bagnères-de-Luchon pour y surveiller les réunions de prêtres insermentés, regardés comme les principaux fauteurs de troubles. On appliquait rigoureusement la loi ordonnant la déportation de certaines catégories de citoyens.

Les municipalités furent mises dans l'obligation de séquestrer les armes, munitions, chevaux, mulets, charrettes & chariots qui se trouvaient chez des gens suspects. Les visites domiciliaires commencèrent à Toulouse le 5 septembre.

Le 20 du même mois, l'Assemblée nationale votait la loi qui détermine le mode de constater l'état civil des citoyens, & le pouvoir exécutif envoyait dans la Haute-Garonne deux officiers municipaux de Paris en qualité de commissaires, porteurs d'une réquisition ordonnant la levée de 6,000 hommes dans le département.

Une délégation de la Société populaire se présentait le 23 à la barre du directoire du Département pour demander la désignation d'un lieu de détention pour les prêtres reclus ; la maison des religieuses de Sainte-Catherine fut désignée.

Le comité central des sections de Toulouse envoya le même jour des commissaires qui protestèrent contre la délivrance de passeports pour l'Espagne. La déclaration de guerre de cette nation, les rassemblements armés près de nos frontières & le grand nombre de prêtres éliminés de France qui ne les quittaient pas, alarmaient, disaient-ils, les bons citoyens.

Verdier, membre de la Société populaire, accusait le secrétaire général du département Ricard, d'avoir aidé à la délivrance de passeports aux prêtres réfractaires. Le procureur général-syndic requit une dénonciation écrite. Verdier l'écrivit [1]. « Du 23e septembre 1792, l'an 4e de la liberté & le 1er de l'égalité, moi Verdier sitoyen de toulouse, au nom du cri public, a déclaré que le sieur Riquard, secretaire greffier du Dép. de la Haute-Garonne avoit trempé dans la machination des passeports accordé aux pretres refraitaires qui ont obtenû de passeport du distric par la negligence de lanvoy de l'arrêté du département du 21 septembre 1792, & a signé J.-B^{my} Verdier. » A partir de ce jour les passeports furent délivrés par les municipalités.

Les sections avaient levé & équipé une compagnie de volontaires devant se rendre à Paris & au camp de Châlons. Les dons & offrandes patriotiques faisaient les frais de cet équipement ; en attendant leur rentrée, le Département dut faire une avance de mille écus.

Après les événements du 10 août, la déposition & l'emprisonnement du roi, les élections de députés à la Convention nationale furent accomplies dans toute la France. La Haute-Garonne avait élu Mailhe, Delmas, Projean, Pérés, Julien, Calès, Estandin, Ayral, Desacy, Drulhe, Mazade, Rouzet.

---

1. Elle est collée sur le registre des délibérations. Nous en respectons l'orthographe.

Le 21 septembre la Convention se réunit dans une des salles du château des Tuileries, sous la présidence de Pétion. L'Assemblée législative était en séance. Douze commissaires vinrent la prévenir que la Convention nationale était constituée. La salle retentit d'applaudissements. Après avoir répondu aux commissaires que l'Assemblée législative allait se rendre auprès de la Convention pour l'assurer de son respect & de sa soumission à ses décrets, le président déclara que l'Assemblée législative avait terminé ses travaux.

III.

LA CONVENTION NATIONALE.

21 septembre 1792-4 brumaire an IV (10 octobre 1795).

La royauté ayant été abolie le 21 septembre par la Convention, la République devint le gouvernement légal de la France. Ce même jour la victoire de Valmy préluda aux combats homériques qu'allaient livrer les soldats de la République.

L'administration du Département, dont le mandat touchait à son terme, vota une adresse à la Convention sur le décret de l'abolition de la royauté, & fit une proclamation aux citoyens concernant les principes républicains.

Peu de jours après, Régnier, de Poitiers, se présentait à Toulouse avec une mission du ministre de l'intérieur Roland qui l'avait chargé de propager l'esprit révolutionnaire dans le Sud-Ouest.

Dans le courant d'octobre fut ouvert un rôle de dons pour la défense de la patrie. L'argenterie & les métaux précieux provenant des maisons religieuses supprimées furent transportés à la Monnaie[2].

La section dite de la Municipalité exposait, le 20 octobre

1. Voir *Revue des Pyrénées*, janvier-février, mars-avril, septembre-octobre 1899 ; janvier-février 1900.

2. Voici le détail des objets retirés des Jacobins, des Cordeliers de la Grande-Observance, des Chartreux, des Bernardins, des Petits-Augustins, de la chapelle Nazareth, de la chapelle Saint-Barthélemy, du

1792, « que son église paroissiale (Saint-Sernin) ayant été privée, conformément au décret du 10 septembre, de toute grand Séminaire du diocèse, de la maison des Feuillants, de l'église paroissiale de Saint-Nicolas.

Il avait été trouvé aux Jacobins 12 calices d'argent; 3 custodes; 2 soleils d'ostensoir, dont un de vermeil; 6 chandeliers d'argent du maître-autel; 4 chandeliers d'argent pour les acolytes; 2 encensoirs avec leurs navettes; 1 bassin avec 2 burettes; 1 grand bénitier & 1 goupillon d'argent; une grande couronne d'argent pour N.-D. du Rosaire & une plus petite pour l'Enfant-Jésus; un cœur de vermeil; une belle & riche image de la Sainte-Vierge & de l'Enfant-Jésus; une grande croix processionnelle; une petite croix pastorale de vermeil; 2 médailles d'or & une de vermeil suspendues au buste de saint Thomas d'Aquin qui, en exécution des arrêtés du District & du Département fut transporté à Saint-Sernin; 2 anges d'argent détachés du buste de saint Thomas au moment de sa translation; 1 reliquaire argent & vermeil qui contenait le doigt de saint Dominique, lequel fut transféré & déposé dans l'église Saint-Sernin; une statue d'argent de saint Blaise; 1 petit reliquaire d'argent qui renfermait les reliques de sainte Apollonie; une églantine d'argent; 1 pigeon d'argent (emblème du Saint-Esprit, sans doute); plusieurs rosettes ou agrafes en pierres fausses; 2 couronnes d'argent; 18 couverts d'argent; 6 grandes cuillers à ragoût; 2 spatules d'argent; une grande statue d'argent qui renfermait une relique de saint Dominique, aussi transférée à Saint-Sernin; 4 bourdons de laiton doré.

Aux Cordeliers de la Grande-Observance : 6 calices d'argent ; 2 custodes; 1 ostensoir orné de pierreries; une paire de burettes avec leur bassin d'argent; une grande lampe d'argent; 2 encensoirs avec leurs navettes; 2 chandeliers d'argent; une croix pastorale d'argent, ornée de pierreries; une petite couronne d'argent; 4 bourdons d'argent avec leur bâtons recouverts, surmontés d'une tiare d'argent; 1 calice d'or avec sa patène de vermeil ; 1 reliquaire en forme d'ange d'argent, portant une colonne ornée d'un cristal, dans laquelle était enfermée une épine sainte; une dent de sainte Apollonie emmanchée d'argent, enfermée dans un coffre d'argent; une main de saint Louis, avec l'avant-bras d'argent, orné de pierreries.

Dans la maison des Chartreux : 12 calices d'argent avec leurs patènes, dont une de vermeil; 1 ciboire de vermeil; 1 ostensoir d'argent; une petite lampe d'argent; 2 grands reliquaires de bois garnis d'argent; une grande croix d'argent massif, avec son bâton recouvert d'argent; une croix pastorale de vermeil; 1 encensoir avec sa navette d'argent; 1 bassin & deux burettes d'argent; 2 instruments de paix; 1 bénitier & son goupillon argent; 2 grands candélabres à trois branches, le tout d'argent, placés sur le maître-autel.

l'argenterie qu'elle renfermait & qui était employée au service des autels, elle désirait conserver dans leur intégrité les châs-

Chez les Petits-Augustins : 4 calices & leurs patènes d'argent; 2 ciboires d'argent; 1 ostensoir d'argent, orné de pierreries; 1 bassin & burettes d'argent; 2 encensoirs avec leurs navettes d'argent; 1 sceptre d'argent; 1 croix pastorale en partie vermeillée; 2 très petites croix pastorales d'argent attachées par un ruban rose; 1 clef de tabernacle avec sa chaîne & un petit cœur d'argent.

Chez les Bernardins on avait seulement trouvé : 1 ostensoir d'argent; 1 ciboire d'argent; 2 calices avec leurs patènes.

Dans la chapelle Saint-Barthélemy : 2 calices d'argent avec leurs patènes; 1 ostensoir d'argent, orné de pierreries; un ciboire d'argent.

Dans la chapelle de Nazareth : 1 ciboire d'argent; 2 calices & leurs patènes d'argent; 1 ostensoir d'argent, orné de pierreries; 1 encensoir avec sa navette d'argent.

Dans la chapelle du Grand Séminaire du diocèse : 2 burettes & leur bassin d'argent; 2 encensoirs avec leurs navettes d'argent; 2 instruments de paix d'argent; 1 petit ciboire d'argent; 1 ostensoir d'argent; 4 calices d'argent avec leurs patènes; 1 grand calice d'argent.

Dans la maison des Feuillants : 2 calices d'argent dont 1 vermeillé; 1 ciboire d'argent; 1 encensoir avec sa navette d'argent; 1 encensoir d'argent; les vases des saintes-huiles; 3 couverts d'argent & 2 cuillères à ragoût aussi d'argent, gravés aux armes de l'abbaye des Feuillants.

On porta aussi pour être convertis en numéraire comme don de l'église Saint-Nicolas : 4 bourdons d'argent; 1 croix processionnelle d'argent; 1 masse de bedeau d'argent; 1 encensoir d'argent, sans navette; 2 chandeliers, 1 bénitier, 1 reliquaire d'argent doré.

Les reçus du procureur syndic du District donnent le nom d'autres maisons religieuses dont l'orfèvrerie fut aussi transportée à la monnaie; le détail des objets n'a pas été retrouvé. C'était, disent ces reçus : « l'argenterie, consistant en vases sacrés, bustes, encensoirs, chandeliers dépendant des chapelles Sainte-Anne, du collège de Périgord, du collège de Foix, des Dames-Noires, de Saint-Martial, de Saint-Géraud, de Saint-Rome, de Sainte-Barbe, de la maison des Hospitaliers de Malte, de Saint-Antoine-du-T. » Le 10 octobre, on porta aussi à la monnaie toute l'argenterie, vases sacrés & pierreries dépendant des confréries des Pénitents bleus, blancs, noirs, gris, mentionnés aux inventaires faits par la municipalité le 6 octobre.

Le District & le Département firent distribuer aux paroisses de la ville ou de la banlieue des objets destinés à l'exercice du culte provenant des églises supprimées. Les reçus des curés ou des fabriciens furent déposés aux archives de la Maison commune. Des ornements furent distribués à Saint-Nicolas, à Saint-Pierre, à Saint-Michel, à la Daurade. Le dais des Jacobins, garni d'or & d'argent avec panaches, fut ses & les bustes des corps saints comme un monument précieux de son antiquité; que la valeur intrinsèque du métal, à très bas titre, n'est pas assez conséquente pour donner au numéraire une augmentation au-dessus de la perte qu'éprouveraient les arts qui souffriraient de cette destruction; qu'il serait aisé de se convaincre de la vérité par la vérification que l'administration est sollicitée d'en faire faire par des artistes. » Courties fut chargé de cette vérification, avec Arthaud, directeur de la Monnaie[1].

Une nouvelle administration du Département fut installée le 18 octobre. Elle se composait de Dardignac, doyen d'âge, Lafont, Viguier, Ferrand, Dispan, Capelle, Laplagnole, Blanc, Langautier, Calès, Ardenne, Dast, Guitard, Delherm, Leygue, Delport, Courties, Abadie, Bajou, Bellecour, Alard, Dupau, Peyssies, Robin, Durand, Caton, Sartor, Bonafous, Guiringaud.

Dispan, Blanc, Calès, Leygues, Courties, Guiringaud, Bellecour, Sartor, composaient le directoire[2].

donné à l'église Saint-Michel; celui des Pénitents blancs fut donné à la paroisse Saint-Augustin.

Les ornements & autres effets provenant des églises se détérioraient aux Augustins où ils avaient été provisoirement déposés: ils furent transportés à l'évêché dans les locaux devenus libres. On procéda de même pour quantité d'ornements déposés à la Maison commune. Bébian, administrateur du District, en fit l'inventaire, & Barateau, brodeur, fut chargé de l'entretien de cet amas de linge & d'objets précieux. Il y avait 1,081 chasubles blanches, rouges, violettes, noires, or, argent & soie; 3y3 dalmatiques & 255 chappes de mêmes couleurs & mêmes matières; plus de 2,000 aubes ou surplis; 5,000 purificatoires; 748 nappes d'autel; des étoles, des draps mortuaires, un cordon de Malte, des écharpes, des robes de vierge dont une très belle provenant des Jacobins; des pentes de dais & des grands dais complets; des tapis de pied, des coussins, des carreaux, des cierges de fer-blanc, des pupitres, des chandeliers de bois, une mitre, des capuchons, des devant de chaire & des devant d'autel; 1,053 serviettes & 93 paires de draps. (Archives municipales, registre des décrets, procès-verbaux d'inventaire des effets nationaux.)

1. C'est donc à cette pétition que l'on doit la conservation de plusieurs précieux reliquaires ornant encore le trésor de la basilique Saint-Sernin.

2. Ses séances étaient publiques. Un des membres fit la motion sui-

La majorité des membres composant la nouvelle administration appartenait au parti de la Gironde.

Au milieu de la fièvre qui dévorait le pays, les hommes devenaient les jouets des événements ; à ce moment leur activité se portait tout entière à l'organisation des armées, à la défense de la patrie. Toulouse devint un centre d'approvisionnements, de fabrication d'objets d'équipement & de matériel de guerre, une sorte de caravansérail où toutes les fournitures d'équipement & d'armement devaient être improvisées. On s'emparait par voie de réquisition les objets dont les armées ou les citoyens avaient le plus pressant besoin. Les représentants en mission se succédaient & prenaient souvent des mesures contradictoires ; peu à peu l'ascendant des classes éclairées sur le populaire disparaissait ; la dénonciation, la plus vile des passions humaines, était mise en honneur. A partir du 18 octobre tous les employés de l'administration durent produire un certificat de civisme.

Il n'y avait à Toulouse qu'une salle de spectacle, construite vers 1736 par les capitouls au logis de l'Ecu, au Poids-de-l'Huile, alors que Cammas n'avait pas encore élevé sa façade monumentale qui l'engloba dans l'hôtel de ville. Cette salle, louée jusqu'à ce jour à des entrepreneurs de spectacle, servit, vers la fin de 1792, de lieu de réunion à un club & plus tard de magasin d'approvisionnements. Le comédien Desbarreaux, qui devint plus tard maire de Toulouse & administrateur du département, n'était encore qu'un des violents orateurs de la société des Amis de la Constitution, devenue à ce moment société des Amis de la République ; il fit construire une nouvelle salle dans le jardin du collège Saint-Martial ; le collège étant propriété nationale cet empiètement souleva des protestations qui furent portées à la Convention. La construction s'acheva & Desbarreaux fit représenter à ce théâtre des pièces patriotiques ou révolutionnaires [1].

vante : « Les républicains devant jouir de leur liberté, ceux que l'instinct ou la curiosité attirent aux séances doivent rester couverts si telle est leur commodité. »

1. Quand il faisait jouer des pièces écrites sous l'ancien régime, Desbarreaux y adaptait des termes à la mode du jour. Les *Satires toulou-*

Le 1er novembre 1792 fut solennellement chantée sur la place publique l'hymne des Marseillais pour célébrer les succès remportés par les armées françaises. Le 2 novembre commença la session annuelle du conseil du Département. Mailhe ayant été élu membre de la Convention, la charge de procureur-général syndic était occupée par Malpel. Le secrétaire général fut élu le 5 ; les voix se portèrent sur Ricard, mais la dénonciation que Verdier avait faite au sujet des passeports pour l'Espagne ayant empêché la délivrance du certificat de civisme, Ricard se retira le 9. Arzac fut élu le 20, & resta en fonctions jusqu'au 7 janvier 1793 ; il fut alors remplacé par Antoine Béguillet qui fut assez habile pour se maintenir à ce poste jusqu'à l'an 8.

Les titulaires des chaires de chirurgie ayant refusé de prêter le serment, ces chaires furent déclarées vacantes. Larrey, chirurgien major de l'hôpital de la Grave, fut élu à l'unanimité le 11 novembre 1792 comme professeur de chirurgie pour la matière médicale. Villars fut aussi nommé professeur d'accouchements, cours créé par le directoire du Département le 5 janvier précédent.

Une déclaration des sections & de leur comité, ayant intimé au conseil que Roze, préposé aux subsistances militaires, avait perdu la confiance publique, un extrait de cette déclaration fut adressé au Pouvoir exécutif & une commission dut continuer ses opérations & prendre possession de ses livres d'achat, de correspondance & de comptes. On reconnut peu après que Roze était à l'abri de tout soupçon & que la confiance de la nation devait lui être rendue.

Ces mesures arbitraires avaient été provoquées par le comité central des sections en permanence. Ce comité, établi après le 10 août, avait, dès les premiers jours de son existence, cherché à diriger les autorités. Le 15 septembre, une de ses députations était venue demander au directoire « que l'évêque évacue le palais épiscopal pour qu'il soit mis en vente comme l'ordonne la loi du 15 juillet. » L'évêque devait, si le directoire eût obéi,

---

saines, imprimées vers 1804, lui reprochent d'avoir ainsi torturé des vers de Racine & de Corneille.

vider les lieux dans la huitaine. Le 20 novembre, une nouvelle
députation de ce même comité remit au directoire une délibération prise en séance publique pour « demander que la
supérieure des ci-devant Sœurs-Grises & la ci-devant sœur
Louise soient renvoyées hors de l'hôpital dès demain, & que
les supérieures du Bouillon des paroisses soient renvoyées dans
la semaine. »

Le président répondit que les observations du comité central seront prises en très grande considération. C'était là le
langage officiel ; mais une partie des sections, comme les autorités constituées, subissaient avec peine la pression du comité.
On mentionna honorablement dans le procès-verbal des séances du directoire une délibération de la treizième section, dite
du Département, qui avait déclaré « n'y avoir lieu d'envoyer
à l'avenir des commissaires au comité central. » Le 11 décembre, dans une réunion du District, de la Municipalité, du
conseil général de la Commune & du directoire du Départetement, on décida, « sur la proposition du collège électoral
& du district, de dissoudre le comité central. » Le procureur général-syndic entendu, la délibération qui suit fut
votée :

1° Il sera fait une adresse aux sections pour leur rappeler
les lois qui leur interdisent la permanence, & les inviter à
dissoudre elles-mêmes le comité central, sauf aux citoyens à
user individuellement du droit de pétition ; 2° que les trois
corps administratifs ne reconnaîtront aucunement le comité
central ni les commissaires qui se présenteront en son nom ;
3° que l'état de la caisse de secours destinée à soulager les
familles des citoyens soldats sera administré par la Municipalité[1].

Une proclamation rédigée par les trois corps administratifs
invitait les sections à se dissoudre & à dissoudre le comité
central : « La création de ce comité a attenté à la souveraineté de la nation, car ce comité a ordonné non seulement ce
que les représentants du peuple n'ont pas voulu, mais encore

1. Procès-verbal des séances de la réunion des Corps constitués.
(Arch. de la Haute-Garonne.)

ce qu'ils ont expressément défendu. » Le comité central en
ayant appelé à la Convention nationale, le procureur général-
syndic expliquait, le 24 décembre, dans une lettre adressée
aussi à la Convention, les motifs des mesures prises.

« A l'époque de la Révolution du 10 août, les sections de
Toulouse établirent un comité central. Les corps constitués
ne s'y opposèrent pas, parce que c'eût été en vain; le peuple
avait des raisons légitimes pour reprendre le pouvoir. Depuis
l'ouverture des séances de la Convention & depuis le renouvellement des pouvoirs publics, il n'y a plus de motifs pour
autoriser cette précaution extraordinaire. Nous en avons senti
l'abus & *il n'est presque aucun point de l'administration sur
lequel nous ayons pu délibérer librement*. Nous avons pris le
parti de faire une adresse aux sections pour les inviter à retirer
leurs commissaires [1]. »

Peu de jours après sa formation, le directoire du Département s'était occupé des diverses branches de son administration.

Afin de faciliter l'arrivée à Toulouse du bois que pouvait
flotter la Garonne, il ordonna, le 15 novembre 1792, de faire
des réparations urgentes à ses rives, depuis Fos jusqu'à Toulouse. Ces réparations étaient demandées par une pétition des
marchands de bois de Toulouse, de Saint-Gaudens, Saint-
Martory, Montréjeau, Saint-Béat.

L'enseignement public fut en partie organisé. Larrey était
professeur d'accouchements; Brun, professeur pour les maladies « des os »; Tarbés pour la partie chirurgicale-médicale;
Gardeil, professeur d'astronomie. La Bibliothèque publique
fut ouverte les mardis & les jeudis. Lafont, docteur en médecine, était bibliothécaire; Caunes, imprimeur, sous-biblio-
thécaire. On avait réuni dans le local de la Bibliothèque du
clergé les livres des Cordeliers & des Capucins. Deux administrateurs & un professeur [2] furent désignés pour y faire un
triage « afin d'élaguer tous les livres dont le nouvel ordre de
choses exige la suppression. » Les livres élagués devaient être
renfermés dans un local convenable.

---

1. Archives de la Haute-Garonne, Registre de correspondance.
2. Sirven, Dupau, Lignac, professeur d'éloquence.

Garaut Ste-Foy, Lamarque & Carnot étaient à Toulouse commissaires de la Convention nationale. Ils assistaient le 20 novembre au conseil du Département & l'un des commissaires demanda à connaître les abus qui pouvaient s'être introduits dans diverses parties de l'administration, dans les tribunaux, dans l'assiette & la levée des contributions; de proposer les vues du conseil sur les services publics, l'éducation nationale, l'agriculture, les manufactures, le commerce, & enfin surtout ce qui peut contribuer au soulagement du peuple ou à la prospérité de la République.

Sur les réquisitions des mêmes représentants, il fut décidé que deux bataillons de volontaires seraient immédiatement levés dans le département. Un Comité militaire institué par le conseil décida que les gendarmes seraient montés avec les chevaux confisqués aux émigrés.

L'installation de différents services dans les anciens bâtiments scolaires ou religieux fut ainsi réglée : l'hôpital militaire, dans le couvent de Notre-Dame-du-Sac; la maison des écoles de droit pour le magasin des fourrages; Saint-Antoine-du-Salin pour la caserne de la compagnie franche du Louvre; aux ci-devant Chartreux, l'artillerie. « Ce local ne sera même pas trop considérable, dit le rapport, pour 160 canons & tout ce qui en fait la suite. »

La maison des Tierçaires fut d'abord désignée pour l'hôpital des vénériens, puis on choisit le couvent des Feuillantines; mais peu de mois après on l'établit dans les dépendances de la maison des dames de Sainte-Ursule, sous le nom d'hôpital de la Continence. Les Ecoles de droit devaient être transférées dans les locaux où se faisaient précédemment les cours de théologie.

Loubet, accusateur public, se démettait le 20 novembre pour devenir directeur de la Monnaie, & avait Capèle pour successeur.

Un Lycée provisoire était ouvert le 30 novembre.

La municipalité de Saint-Béat ayant indiqué un mouvement de troupes espagnoles vers la vallée d'Aran, l'exportation des grains & des bestiaux y fut interdite par le conseil du Département, sous le bon plaisir de la Convention nationale.

Servan, commandant en chef l'armée des Pyrénées, fut requis par les autorités du Département de mettre en état de défense & de sûreté les communes avoisinant la vallée d'Aran. Il fut aussi ordonné à ce général d'envoyer à Bagnères-de-Luchon des troupes de ligne & six pièces d'artillerie. Un double de cet ordre fut envoyé à la Convention & au Pouvoir exécutif, avec une longue lettre pour la Convention. Les administrateurs du Département se plaignaient de la lenteur mise à la formation de l'armée.

Le ministre de la guerre y est accusé de laisser les frontières du Midi sans défense. Pendant que l'Espagne faisait des promesses de neutralité, elle garnissait ses frontières de nom·breuses troupes; le ministre a envoyé à Toulouse des officiers de l'état-major & il n'y avait aucun local pour les recevoir. On logea les uns dans l'hôtel Rességuier, d'autres dans l'ancien Collège de Foix ou dans des maisons d'émigrés.

Le ministre de la guerre n'a prévu aucune des choses nécessaires à l'organisation des hôpitaux & les fournitures qu'ils entraînent; à un parc d'artillerie, aux casernes pour 1,600 artilleurs, 400 cavaliers & 5,500 fantassins...

L'état-major a été obligé, en envoyant des troupes & des gardes nationales à Bagnères-de-Luchon, d'emprunter à la municipalité de Toulouse 1,000 cartouches & 200 pierres à feu. Le général Servan, requis d'envoyer six pièces de canon aux Pyrénées, avait répondu au conseil que l'artillerie dont il disposait se composait de huit pièces de campagne qui étaient à Bayonne. Le ministre avait blâmé le casernement dans les maisons nationales; les habitants de Toulouse avaient fourni 1,200 lits, on ne pouvait leur demander plus.

Commeyras fut député près la Convention nationale & le Pouvoir exécutif provisoire, afin d'appuyer ces griefs & développer les demandes.

Quelques jours après, on mit un bâtiment national, la maison des religieuses des Salenques, à la disposition de Dauzat, chargé de la confection des effets d'habillement militaire. Les draps & autres étoffes furent délivrés aux tailleurs de la ville les plus dignes d'être employés par les preuves de civisme qu'ils avaient données.

A propos de civisme, on astreignit au certificat les employés du canal des Deux-Mers.

Les notaires qui ne pouvaient l'obtenir durent abandonner leurs fonctions[1].

Louis XVI avait comparu devant la Convention nationale, & le 15 janvier 1793 il fut déclaré « coupable de conspiration contre la liberté de la Nation & d'attentat contre la sûreté générale de l'Etat. » Le roi fut condamné à la peine de mort. Les représentants de la Haute-Garonne Mailhe, Delmas, Projean, Pérès, Julien, Calès, Estandin, Ayral, Desacy, Druilhé, Mazade avaient voté la mort; Rouzet, la détention jusqu'à ce qu'il en fût autrement ordonné.

Durant son séjour à Toulouse, Carnot avait réorganisé l'hôpital Saint-Jacques & l'hospice de la Grave ; vingt-quatre administrateurs furent nommés à chacun de ces établissements, & dix citoyennes remplacèrent les Sœurs grises expulsées pour défaut de serment.

Villars, professeur de chirurgie & chirurgien-major de l'hôpital militaire, fut installé dans le local qu'avaient occupé les écoles publiques tenues par les religieuses de Notre-Dame-du-Sac, bâtiment qui avait été bâti aux frais de la Province de Languedoc. Le petit jardin du couvent était destiné à recevoir des plantes médicinales.

Les États de Languedoc avaient établi à Toulouse une chaire de chimie docimastique. Chaptal, nommé à cette chaire par les Etats, y professa pendant les années 1788 & 1789 dans le local du Collège royal[2]. Le 25 janvier 1793, le directoire du Département l'invitait à venir continuer son cours cette année même.

1. Le 6 février 1793, la *Gazette de Toulouse* avait traité d'inquisitorial l'arrêté relatif au certificat de civisme des notaires. Le procureur général syndic manda, par ordre du directoire, l'imprimeur & le rédacteur « pour leur enjoindre d'être plus prévoyants & plus observés à l'avenir dans l'émission de leurs jugements & de leurs réflexions. » .

2. Son traitement était de 100 louis par an. — Chaptal, comte de Chantelonp, étudia à Montpellier, professa plus tard à l'Ecole polytechnique, devint membre de l'Institut, fut ministre de l'instruction publique sous le Consulat, puis ministre d'État & pair de France. Il mourut en 1832.

La citoyenne Ambuel Catelan demandait au Département la maison des ci-devant Dames-Noires « pour y enseigner les jeunes citoyennes dans le sens de la Révolution. »

En attendant l'organisation par la Convention nationale de l'enseignement à l'École vétérinaire, dont l'établissement à Toulouse était décidé depuis 1791, il fut créé des cours du 1er mars à fin avril & durant les mois de novembre & de décembre. Bullion en fut nommé directeur-professeur. Les cours devaient être suivis par trente-six élèves âgés de seize ans, choisis de préférence parmi les fils de maréchaux-ferrants. L'enseignement y était non seulement gratuit, mais les élèves revevaient 30 livres par mois; 1,000 livres furent données au directeur pour achat d'instruments ou d'animaux; 300 livres servirent à acheter des trousses servant de prix aux élèves. Les brevets étaient donnés par le Département.

Les habitants du quartier de la Daurade exposaient dans une pétition adressée au directoire du Département que depuis longtemps ils étaient privés de leur église paroissiale & réduits au réfectoire des ci-devant Bénédictins. Ce réfectoire venait d'être concédé à Fonfrède & à Lecomte. La nouvelle église avait été presque achevée par les Bénédictins & il ne restait qu'à peu près 45,000 livres à dépenser dans l'intérieur pour que le culte puisse y être célébré décemment.

La tranquillité des séances du directoire du Département était souvent troublée par le tumulte des auditeurs qui cherchaient à influencer les délibérations en se permettant d'exprimer leur opinion de manière à être entendus. On essaya d'empêcher ces manifestations.

Le directoire du Département établit un Conseil de surveillance pris au sein des autorités consrituees; ce Conseil devait communiquer avec les généraux des Pyrénées.

Une réquisition du procureur général syndic réclamait des mesures énergiques contre les émigrés & les prêtres réfractaires qui rentraient sur le territoire de la République. Un arrêté ordonna qu'une vérification des habitants serait faite dans toutes les communes du département. Les officiers municipaux devaient faire des visites domiciliaires & mettre en état d'arrestation les prêtres réfractaires ou les émigrés.

Jean-Baptiste Castagné, autrefois prébendier au chapitre de Moissac, arrêté à Roques au moment où il administrait les sacrements à une fille malade, fut renvoyé à l'accusateur public. Descuret, prêtre réfractaire, ancien curé de Bondigoux, fut condamné à la déportation; Baptista, qui avait continué à desservir la commune de Paulhac sans avoir prêté le serment, fut déporté.

Le 9 février 1793, le conseil du Département étant réuni [1], envoya à la Convention nationale une longue adresse débutant ainsi : « Citoyens législateurs, l'offre que vous ont faite tous les corps administratifs d'une force départementale, nous annonce que dans l'intérieur il y a encore des dangers à courir des difficultés à vaincre, des factions à détruire. »

L'adresse résume les actes de la Convention : décrets du 22 septembre 1792, abolissant la royauté en France; du 25 du même mois, déclarant la République française une & indivisible; du 4 décembre, punissant de la peine de mort quiconque proposerait ou tenterait de rétablir en France la royauté ou tout autre pouvoir attentatoire à la souveraineté du peuple; enfin, celui des 15, 17, 19, 20 janvier 1793 appliquant cette peine au roi parjure. Puis sont énumérées les forces mises sur pied par le département : trois compagnies envoyées à Paris pour la garde de la Convention, sept bataillons de volontaires, six compagnies de chasseurs [2].

La Convention, pour répondre à la coalition étrangère qui se préparait, déclara la guerre à l'Angleterre & à la Hollande.

Le 22 février 1793, un membre du Conseil annonçait que le citoyen Julien, habitant de Toulouse, père d'un enfant nouveau-né, regarderait comme un heureux présage pour la destinée de son fils si le Département voulait le prendre sous

---

1. Présents : Dispan, vice-président; Bajou, Delherm, Robin, Courties, Sirven, Sartor, Lafont, Viguier, Guiringaud, Calès, Blanc, Leygues; Malpel, procureur général syndic.

2. Dès le 7 janvier, le directoire était passé à l'ordre de jour sur une proposition d'envoyer une force armée *entourer* la Convention nationale. Les départements du Finistère & de la Haute-Loire avaient pris des arrêtés acceptant cette proposition. Dans l'adresse de la Haute-Garonne, il s'agissait de *protéger* & non d'*entourer* la Convention.

sa protection, &, après l'avoir offert au Dieu des armées, le déposer sur l'autel de la patrie, en offrande à la République, dimanche prochain, jour de la proclamation de la guerre que fait la République aux tyrans. Le Conseil accueillit la demande & arrêta que le département se rendrait à la cérémonie à la cathédrale, & que, représenté par son président, il tiendra sur les fonts de baptême le fils du citoyen Julien, que de là cet enfant sera présenté sur l'autel de la patrie[1].

La déclaration de guerre fut le prétexte à Toulouse d'une fête civique. Y prirent part la garde nationale, la gendarmerie, les présidents & administrateurs du Département & du District, les officiers municipaux, les notables, les membres du Tribunal criminel & ceux du dictrict judiciaire, les juges de commerce, les juges de paix, les membres du bureau de conciliation, la Société des Amis de la République. On y lut la déclaration de guerre, une formule de serment commençant par cette phrase : « Je jure de défendre jusqu'au dernier soupir la liberté, l'égalité, la souveraineté du peuple français dans toute son intégrité, l'unité & l'indivisibilité de la République, la sûreté des personnes & des propriétés, de dénoncer comme ennemis publics tous ceux qui tiendraient une conduite opposée à ces principes... » La cérémonie se termina sur l'Esplanade par l'exécution de la « partition des Marseillais. »

Les districts de Toulouse & de Saint-Gaudens furent mis en permanence sous le bon plaisir de la Convention nationale.

Mailhe & Lombard-Lachaux, députés par la Convention pour accélérer le recrutement dans la Haute-Garonne & dans l'Aude, étaient à Toulouse le 21 mars. Ce même jour fut établie une taxe de guerre sur les citoyens riches & aisés qui ne fournissaient pas de secours personnels à la République. Les bases de la taxe étaient les facultés & l'opinion politique de chaque citoyen à taxer.

L'élan était donné dans les campagnes pour la levée des 300,000 hommes décrétée par la Convention. Elle s'exécutait sans difficultés, même avec enthousiasme dans quelques localités. Il fut fait mention du civisme de la commune de Laver-

1. Archives de la Haute-Garonne. Registre des délibérations, 1793.

nose, qui fournit quatorze volontaires, son contingent n'étant
que de quatre. Même mention pour les communes de Labas-
tide-Beauvoir, Peyssies, Buzet.

Des attroupements de domestiques forcèrent le Département
à faire une proclamation aux habitants de Toulouse. C'était
toujours la lutte entre l'ancien & le nouvel ordre de choses, &,
dans ce cas, comme au mois d'avril 1790, les dépouillés de privilèges ou de positions lucratives mettaient en avant des gens
à leur dévotion. Aussi la proclamation avertit-elle que les promoteurs des attroupements seront punis comme les attroupés
pour avoir attenté à la sûreté intérieure & extérieure de l'État;
les maîtres qui ne congédieraient pas les domestiques remar-
qués comme attroupés seront notés comme suspects. Les corps
administratifs devront procéder contre les maîtres & contre les
domestiques par des mandats d'arrêt.

Ces troubles amenèrent les corps constitués, Département,
District, Municipalité, à se réunir le 23 mars. Ils décidèrent
la création d'un Comité de surveillance chargé de prendre les
mesures les plus promptes afin de prévenir des mouvements
insurrectionnels que tout annonçait être combinés entre les
ennemis du dehors & ceux de l'intérieur. Ce Comité, origine
du Comité de salut public, fut composé de trois administrateurs du Département, trois membres du District, trois membres de la société des Amis de la République.

La Convention avait voté le 19 mars la loi destinée à punir
les manœuvres contre-révolutionnaires, & le 7 avril parut le
décret réglant l'application de cette loi [1]. La publication de ces
lois & décrets amena une recrudescence d'agitation. Les pa-

---

1. *Bulletin des lois*, n⁰ˢ 591, 707. L'article 3 du décret du 7 avril porte :
« Le fait *demeurera constant*, soit par un procès-verbal revêtu de deux
signatures, soit par un procès-verbal revêtu d'une seule signature con-
firmée par la déposition d'un témoin, soit par une déposition orale &
uniforme de deux témoins. C'était l'institution des tribunaux révolutionnaires. Celui de Toulouse ne commença à fonctionner que le 25 nivôse an II (14 juin 1794), mais plusieurs exécutions capitales eurent
lieu à Toulouse avant cette époque. La première eut lieu le 20 avril.
Un fabricant de liqueurs, chaud patriote, fut la première victime; il se
nommait Garnaut.

triotes se croyaient en droit de poursuivre les suspects ou les aristocrates & de les traiter comme des bêtes fauves. Une proclamation des administrateurs du Département, affichée dans tous les lieux publics & lue par les officiers municipaux aux messes paroissiales, s'exprime ainsi : « On doit expliquer le décret qui met les aristocrates hors la loi & veut que leurs crimes soient jugés par le tribunal révolutionnaire. On ne peut *courir sus* aux aristocrates; ils sont hors la loi, autrement dit que les garanties de procédure criminelle ne leur sont plus accordées; ils peuvent être condamnés sur un simple procès-verbal signé de deux témoins ou sur deux dépositions. Le fait ainsi énoncé demeurant constant, il n'y aura plus lieu de le discuter. »

Des instructions concernant les personnes mises en arrestation furent aussi publiées. Les détenus étaient dans l'ancien couvent de la Visitation.

Il y avait plusieurs catégories : 1° ceux pris les armes à la main devaient, dans les vingt-quatre heures, être livrés à l'exécuteur des jugements criminels pour être mis à mort; 2° ceux qui, ayant pris part à la révolte & aux attroupements, avaient été arrêtés sans armes devaient être envoyés à la maison de justice du Tribunal criminel, qui statuait sur un simple procès-verbal revêtu de deux signatures; ceux convaincus d'avoir porté les armes devaient être livrés à l'exécuteur pour être mis à mort si c'étaient des prêtres, des nobles & des émigrés; 3° ceux détenus pour avoir pris part aux révoltes devaient attendre en prison un décret de la Convention nationale.

On célébra, le 14 avril, sur l'Esplanade, une fête civique à la mémoire de Lepelletier de Saint-Farjeau, poignardé en sortant de la séance de la Convention, où il avait voté la mort de Louis XVI. Prirent part à cette fête les troupes & les gardes nationales, les officiers municipaux des communes, du District. Des enfants habillés en gardes nationaux portaient le livre des *Droits de l'homme*, orné de festons; des jeunes filles & des enfants une oriflamme aux trois couleurs. Cinquante jeunes citoyennes, deux à deux, vêtues de longues robes blanches, coupées par de longues ceintures noires, un voile flottant sur leurs épaules, une couronne de myrthe mêlée de fleurs sur leur tête & une branche de chêne vert à la main, conduisaient chacune un enfant vêtu de blanc. Un troisième groupe de douze jeunes femmes avec le même nombre d'enfants; six portaient une conque garnie de fleurs; des deux côtés s'élevaient des palmes entrelacées de guirlandes d'où pendait une couronne de chêne parsemée d'étoiles. C'était la couronne civique.

L'effigie de Lepelletier de grandeur naturelle, étendu sur un lit à l'antique, laissant voir à découvert sa blessure saignante, était portée par douze sapeurs.

Au milieu du Champ-de-Mars (le Boulingrin) s'élevait une pyramide sépulcrale de cent pieds de hauteur. Chaque face offrait un portique orné de deux grandes colonnes, surmonté d'un attique où se voyait en relief le médaillon de Lepelletier. Dans l'intérieur de la pyramide était un sarcophage destiné à recevoir la représentation de Lepelletier, & où l'on arrivait en montant quinze degrés. Des statues colossales des Vertus, de la Liberté, de l'Egalité & quatre cyprès formaient l'ensemble de ce monument. Des inscriptions ornaient l'entablement.

Un discours fut prononcé par le maire. Des chants & des marches funèbres furent exécutés au moment où fut déposée la couronne civique sur le sarcophage [1].

La Société des Amis de la République rendit aussi hommage à la mémoire de Lepelletier. Après la cérémonie du Champ-de-Mars elle se rendit dans la ci-devant chapelle des Pénitents-Bleus, éclairée par des inscriptions lumineuses, & dont la voûte & les murs étaient tendus de noir. Janole y pro-

---

1. Le projet de décoration de cette fête fut établi par Janole, conseiller général de la Commune; le dessin du mausolée était de Virebent, ingénieur & architecte de la ville; les ornements & les peintures de Cammas, Gleizes & autres artistes. Les statues de Lepelletier, de la Liberté & de l'Egalité étaient dues à Lucas aîné. La musique avait été composée par Grenier. Fontan ou Lafontan avait dressé la charpente. Le procès-verbal de cette cérémonie n'existe plus à la Maison commune. Il nous a été conservé dans une brochure de 28 + 16 pages de chez la veuve Desclassan, imprimeur du District & de la Municipalité. Nous ne connaissons qu'un exemplaire de cette brochure qui a fait partie de précieux imprimés collectionnés par Charles Barry.

nonça un discours. Des chants exécutés par de jeunes filles
& de jeunes garçons clôturaient cette pompeuse cérémonie.

Il arrivait souvent aux corps administratifs de Toulouse de
délibérer en commun sur les questions brûlantes du moment :
les approvisionnements en grand, l'armement & l'équipement
des armées.

Déjà le 15 mars, Toulouse manquant de subsistances, plusieurs administrateurs du Département avaient essayé d'approvisionner les marchés aux grains, & dans ce but ils avaient
souscrit pour 300,000 livres de lettres de change sous leur responsabilité personnelle [1]. Le 16 avril la commune fut autorisée à contracter un emprunt dans le même but.

D'autres difficultés surgissaient & demandaient une solution
plus ou moins prompte. Une entre autres ne pouvait rester
en suspens : les recrues de la levée en masse arrivaient à Toulouse pour être enrégimentées & être envoyées dans l'Ariège
où les Espagnols avaient déjà fait une excursion, ou dans
l'une des deux armées des Pyrénées, à Bayonne ou à Perpignan. Aucun approvisionnement de literie ni d'objets de casernement n'existant à Toulouse, la municipalité fut d'abord
autorisée à se faire délivrer tous les lits d'émigrés, puis à prendre chez tous les habitants, sans exception, les effets qui man-
queraient pour faire coucher les recrues.

Projean, Chaudron-Rousseau, Baudot, représentants en
mission près de l'armée des Pyrénées à Bayonne, vinrent à
Toulouse présenter leurs pouvoirs au Département, au moment où cette autorité ordonnait, sur les réquisitions du procureur général syndic Malpel, que les titres de noblesse qui
existaient encore dans les archives de l'ordre de Malte & de la
Trésorerie, ainsi que les tapisseries fleurdelisées qui couvraient
les murs du Palais de Justice seraient brûlés le lendemain
(26 avril 1793).

De graves événements se succédaient aux armées & au cen-

____

1. L'emploi de cette somme en achats de grains est détaillée dans le
registre des délibérations de 1793, aux archives départementales. On y
voit même épinglées les lettres de change souscrites pour payer les
grains.

tre du gouvernement : Dumouriez avait livré des commissaires de la Convention à l'Autriche. A la Convention les partis s'accusaient mutuellement de trahison : les Montagnards étaient accusés par les Girondins de complicité avec les révolutionnaires qui voulaient substituer le pouvoir des sections à la Convention nationale ; les Girondins, accusés de complicité avec Dumouriez par les Montagnards, étaient attaqués par Robespierre ; Marat, accusé de haute trahison devant le tribunal extraordinaire était acquitté & rentrait triomphalement à la Convention qu'il avait menacée le jour même ; la Commune de Paris usurpait les pouvoirs de la représentation nationale en instituant un Comité de Salut public correspondant avec les quarante-quatre mille municipalités de France.

Tous ces faits ne pouvaient laisser les corps administratifs indifférents. Leurs réunions pour délibérer en commun comme ils l'avaient déjà fait plusieurs fois, commencées avec l'autorisation & en présence des représentants de la Convention nationale, servit de base à une accusation de fédéralisme qui fit quelques mois après monter sur l'échafaud plusieurs hommes ayant donné des gages sérieux & sincères à la Révolution.

La ville de Toulouse, au commencement de mai, étant sans approvisionnements de subsistances, sans ressources pour fabriquer ou même se procurer des armes ou des munitions de guerre, sans ateliers organisés pour fabriquer l'immense matériel nécessaire aux armées en campagne, dut fournir le matériel, les munitions, les charrois aux deux armées de Bayonne & de Perpignan. La levée en masse dans le département de tous les hommes susceptibles de porter les armes vidait les ateliers & dépeuplait les campagnes ; le travail industriel devenait impossible faute d'ouvriers & les terres allaient demeurer en friche faute de bras pour les cultiver.

Les trois corps administratifs séant à Toulouse : Commune, District, Département, se réunissaient le 5 mai.

Les Espagnols avaient fait une attaque du côté de Bayonne ; à Perpignan ils envahissaient le territoire français ; l'Ariège se trouvait sans défense au moment où la belle saison rendait les communications praticables vers le territoire espagnol.

Il fut arrêté que l'état-major ferait partir incessamment

douze cents hommes de la légion des Pyrénées, trois compagnies de canonniers volontaires, six pièces de quatre & soixante mille cartouches d'infanterie.

Vu l'insuffisance de l'armée, les autorités décidèrent de présenter un plan de levée d'hommes aux représentants en séance à Toulouse. Ceux-ci étaient en même temps informés par le Comité de Salut public près la Convention nationale que le ministre de la guerre venait de donner l ordre à Tulle & à Saint-Etienne d'expédier à l'armée des Pyrénées les fusils qui se trouvaient dans ces deux villes, qu'ils fussent vieux ou neufs & de n'importe quel calibre.

Une nouvelle réunion des trois corps eut lieu le 8 mai, sous la présidence de Dardignac, en présence de Lombard-Lachaux, Chabot[1], Garraux, Jean-Bon Saint-André, représentants délégués par la Convention, de Comeyras, représentant le pouvoir exécutif près l'armée des Pyrénées, de l'état-major de l'armée & des commissaires députés des départements du Tarn & de l'Ariège, pour s'occuper de l'organisation de l'armée des Pyrénées. Douziech, chargé le 8 mai de cette organisation, se trouvant au-dessous de cette ingrate tâche, était, dès le 10 mai, remplacé par le général Lacuée. L'arsenal de Toulouse put fournir seize cents fusils, deux cents pistolets, deux pièces de canon. Le magasin d'habillement fut en mesure pour les équipements. L'infanterie partit le 12 mai, la cavalerie le surlendemain. Le parc d'artillerie arma avec mille fusils les recrues de deux bataillons envoyés dans l'Ariège.

Darency, directeur de l'arsenal, fut accusé de propos inciviques. La municipalité reçut, le 10 mai, l'ordre de faire les informations nécessaires pour acquérir la preuve de ces faits & d'envoyer la procédure à la Convention. Le commissaire

---

1. Chabot, ancien capucin, avait été gardien du petit couvent de Peyres dans le Lauragais... C'était un moine un peu mondain, assez instruit, d'une société assez agréable & d'une conversation piquante... On le disait bon prédicateur ; ce fut pendant son séjour à Toulouse, vers le 14 ou le 18 mars 1793, qu'il monta dans la chaire de Saint-Etienne, où il prêcha devant un nombreux auditoire pour prouver le sans culotisme de J.-C. (D'Aldéguier, *Hist. de Toul.*, t. IV, note 1 du chap. II.)

ordonnateur devait convoquer la cour martiale pour informer aussi des malversations & prévarications imputées à Darency, retenu prisonnier, gardé à vue, en continuant d'utiliser ses services. Quelques semaines après, aucune preuve des accusations portées contre lui n'ayant été données, il fut rendu à la liberté.

Une réquisition des représentants donnée aussi le 10 mai, amena la nomination de six commissaires pour surveiller chaque jour les fonderies de canons, les presser, faire augmenter le nombre des fourneaux, ramasser la matière nécessaire, procurer le plus grand nombre d'ouvriers possible, soit pour les fonderies, soit pour tous les ouvrages de fer, charronnage & charpente, requérir les ouvriers de la monnaie pour la fonte des canons [1]. — Une autre réquisition autorisa l'administration du département à faire exploiter les forêts du marquisat de Mirepoix & autres forêts nationales pour accélérer la fabrication des boulets, &c. A la même date du 10 mai, des Commissaires furent envoyés au moulin du Bazacle pour vérifier les farines destinées à l'armée.

Un emprunt forcé de 6,664,000 livres fut décrété, indépendamment de l'application d'une taxe sur les riches à titre de subvention de guerre. L'emprunt devait être réalisé dans la huitaine & servir à la création d'une force armée salariée de 6,664 hommes, recrutés par voie d'indication, c'est-à-dire par des réquisitions directes & personnelles. On prit d'abord les jeunes gens, puis les veufs & les mariés sans enfants.

---

1. Faute de bras, la fonte des canons se trouvait suspendue & on décida de requérir des ouvriers; mais le 15 mai, Flemin, Davin, Bernède, fondeurs à Toulouse, firent un marché avec le Département pour établir de nouveaux ateliers de fonte. On écrivit aussi dans tous les districts pour s'informer du nombre d'ouvriers pouvant travailler tant sur le bois que sur le fer. Des modèles furent établis à l'arsenal & des parties envoyées aux ouvriers du district. Le département de l'Aude commit deux experts pour se rendre utiles à la fonderie de canons & pour offrir toute la matière de cuivre dont la fonderie pourrait avoir besoin. Quelques jours après le représentant Jean-Bon Saint-André réquisitionnait l'occupation du cloître Saint-Etienne, Saint-Jacques & Sainte-Anne pour y établir la fonderie des canons. Elle ne fut rétablie que quelques mois plus tard au couvent des Clarisses, où elle est demeurée jusqu'au second Empire.

Le 16 mai, les corps constitués étant assemblés envoyèrent une députation de trois membres à Lombard-Lachaux pour l'inviter à venir au lieu des séances, & résolurent que tous les corps administratifs & tous les corps constitués s'assembleraient plusieurs fois la semaine pour y traiter publiquement des affaires de la République.

La connaissance de luttes intestines au sein de la Convention mettait à Toulouse les partis en ébullition, & ce même jour, 16 mai, le procureur général syndic du département annonçait que les troubles qui paraissaient se préparer dans la commune altérant profondément la paix publique, il semblait nécessaire de convoquer les sections en permanence. Les représentants, députés par la Convention, se montrèrent d'un avis contraire & dirent que la convocation des sections en permanence serait une cause de troubles; ils requirent la levée de la séance & l'insertion de leur proposition au procès-verbal. Les corps administratifs se séparèrent immédiatement & prirent rendez-vous pour le lendemain à la Maison commune après avoir décidé que tous les fusils de guerre appartenant à la commune ou aux citoyens de Toulouse devaient être remis aux recrues partant pour la frontière. Les fusils de chasse étaient seuls destinés à armer les gardes nationales de la ville.

Le 17 mai, les mêmes autorités se réunirent, comme il avait été dit, en présence de la Société des Amis de la République, ayant avec elles les représentants Chabot, Mailhe, Lombard-Lachaux. Dans cette réunion Malpel fut dénoncé comme ayant maintenu au mépris des lois la maison d'instruction des Dames-Noires de Lévignac où il faisait élever sa fille. On lui imputait aussi de n'avoir pas poursuivi Roze qui avait mis en vente du blé avarié, d'avoir favorisé les émigrés en faisant prendre en leur faveur des arrêtés contraires aux intérêts de la nation. Malpel fut suspendu de ses fonctions & remplacé par Descombels, procureur syndic du district de Castelsarrasin.

Dans la séance du 18 mai, les représentants requirent l'envoi immédiat de 5,063 hommes, formant le contingent du département, & demandèrent l'arrestation de Bébian, administrateur du district de Toulouse.

Mailhe exigea le 21 le renvoi des Dames-Noires de Lévignac

& fit prendre un nouvel arrêté sur la séquestration des biens des émigrés. Cent chevaux de trait furent réquisitionnés par les représentants pour les besoins de l'armée, & le général Flers en réquisitionna quatre-vingt-douze avec colliers. Il fut écrit au pouvoir exécutif sur le mauvais état des routes & le service défectueux des postes.

Les moulins à nef gênaient la navigation de la Garonne; Delport, administrateur du Département, fut nommé vérificateur pour rendre la navigation libre & pour faire déplacer ces moulins. Les départements traversés par la Garonne étaient invités à prendre les mêmes mesures.

Dans leurs réunions presque quotidiennes, les corps administratifs continuaient à statuer sur des faits d'intérêt général. Afin de prévenir, dans un avenir prochain, la disparition des animaux nécessaires à la culture & à l'alimentation publique, il fut défendu de tuer des veaux & des génisses.

Afin de fournir des ressources au Département qui avait à pourvoir aux besoins de l'armée, il fut demandé à la Convention un fonds de six millions.

Des mines de fer venaient d'être découvertes dans le département de l'Ariège, à Montferrier & à Larroque-d'Olmes; un ouvrier de la fonderie, connaisseur en fer, y fut envoyé; on espérait en tirer la matière pour des boulets de canon.

Le 23 mai, les trois corps administratifs, les membres des tribunaux civils & criminels, le bureau de conciliation, les juges de paix & les commissaires de la Société populaire, assemblés dans la grand'salle de la Maison commune, sous la présidence de Dardignac & en présence du représentant Mailhe, réglèrent le prix *maximum* du bois à brûler, du charbon & des fagots[1]. On traita dans cette même séance la question de la confection immédiate des affûts; il fut dit que des ouvriers envoyés de Montauban par Jean-Bon Saint-André demandaient 2,400 livres en assignats par affût, alors que la

---

1. La loi du *maximum*, datée du 4 mai, avait été appliquée le 9 mai pour les grains. La pagelle de bois fut taxée 20 livres; 100 gros fagots, 24 livres; 100 fagots branquettes, 16 livres; 100 fagots fournille, 12 livres; 100 fagots de sarments, 12 livres; le quintal de charbon, 3 livres 10 sous.

somme de 1,800 livres paraissait plus que suffisante. Lafontan fils offrait de faire ces affûts pour 1,600 livres, & se chargeait même sans prix fait, moyennant un salaire modéré, si on lui donnait le bois nécessaire & le droit de réquisitionner tous les ouvriers de la ville, de fabriquer cinquante affûts par semaine. Gardès offrait le même jour de faire gratuitement l'inspection des ferrures nécessaires aux affûts. Dès le lendemain, la fabrication commença ; les bois & les fers furent requis & payés de gré à gré ou sur estimation. Les ouvriers menuisiers du Port-Garaud fabriquaient des lits pour les militaires.

Le soir du même jour, les administrateurs du Département tinrent une séance particulière pour s'occuper de la destitution du général Lacué mis en disponibilité par le ministre de la guerre. Ce général avait, dans une des séances des corps administratifs, proposé la création d'une armée centrale[1]. Le fait qu'il concourait activement à l'organisation des armées des Pyrénées fit décider « qu'il paraissait nécessaire de témoigner au Comité de Salut public combien il était regrettable pour le salut de la République que Lacué ne fût plus employé dans l'armée. » On convint aussi d'en écrire à la Convention. Ce général fut réintégré dans ses fonctions le 30 mai[2].

Des secours & des aides de toute nature étaient demandés à Toulouse de divers points de la région : le département des Landes demandait des fusils, le département de l'Aveyron envoyait une députation pour demander de la poudre à canon & des militaires instruits pour faire des élèves dans le service de l'artillerie, le département de l'Aude demandait aussi l'envoi d'un canonnier propre à faire des élèves ; 2,000 quintaux de fourrages étaient demandés à Perpignan.

Bien que très préoccupés de l'organisation des armées, du danger que présentait le voisinage des frontières d'Espagne & de la menace d'une disette générale, les autorités réunies à

---

1. Cette proposition servit plus tard de base à une accusation de tendances fédéralistes.

2. Ce même jour, Lacué écrivit aux représentants du peuple près l'armée des Pyrénées orientales sur le manque de fonds. Il dut tirer des mandats jusqu'à la somme de 1,390,000 livres pour solder les besoins courants.

Toulouse furent amenées à s'occuper des attentats commis à Paris contre la représentation nationale.

Le trouble était aussi grand dans le Gouvernement que dans les esprits.

Dès le 18 mai, la Convention avait nommé une Commission de douze membres pour vérifier les actes de la Commune de Paris qui tentait de s'ériger en pouvoir rival. Les commissaires, dont la majorité appartenait au parti de la Gironde, firent arrêter quelques conspirateurs parmi lesquels était Hébert, substitut du procureur de la Commune de Paris & rédacteur du *Père Duchêne*. La Commune, les Jacobins, les Cordeliers, les Sections se déclarèrent en permanence.

Le 24, des sections fidèles à la Convention, seul pouvoir émanant du corps de la nation, dénoncèrent un complot tramé par le Comité central révolutionnaire. Il s'agissait d'enlever la nuit certains députés. Les 25 & 26, l'agitation allait croissant; le 27, la Commune présentait à la Convention une pétition demandant l'élargissement d'Hébert & la suppression de la Commission des douze. Isnard présidait; il adressa de sévères reproches à la Commune, lui rappelant que la Nation avait confié ses représentants à la ville de Paris & qu'elle voulait qu'ils y fussent en sûreté. Danton, Marat, prirent la parole en faveur des pétitionnaires; des femmes, accompagnant une députation de la Cité, demandèrent l'envoi des douze devant le tribunal révolutionnaire. Un tumulte épouvantable suivit cette motion. La parole fut refusée à Robespierre, & la Convention, par un acte d'énergie, passa à l'ordre du jour sur les pétitions de la Commune & de la Cité.

La Convention était comme assiégée par une multitude stationnant aux portes de la salle des séances. On était au milieu de la nuit. Le président se couvrit, leva la séance & sortit avec une partie de là droite. Hérault de Séchelle occupa le fauteuil du président & la gauche décida de continuer la séance. Les pétitionnaires furent introduits, & la barre étant trop étroite pour les recevoir, ils occupèrent les sièges de la droite. Un projet de décret portant l'élargissement des citoyens incarcérés & la cessation de la Commission des douze fut mis aux voix & adopté à une heure du matin. Le lendemain, ce décret fut révoqué; mais l'élargissement provisoire des individus arrêtés fut ordonné.

Le 30 mai, les Sections & la Commune délibèrent de se mettre en insurrection contre la Convention, & le lendemain, dès trois heures du matin, le tocsin sonnait à Notre-Dame. Le Comité central révolutionnaire & la Commune prirent des arrêtés ordonnant de faire battre la générale, de sonner le tocsin, de fermer les barrières, de tirer le canon d'alarme, de payer une somme de quarante sous par jour aux sans-culottes qui seraient sous les armes. Plus de 80,000 hommes marchèrent vers la Convention. Depuis six heures, l'Assemblée était en séance. Mallarmé présidait. Vergniaud, Marat, Cambon, Danton avaient pris la parole. A dix heures, une députation de la Commune insurrectionnelle de Paris fut introduite à la barre. Elle demanda la formation d'une armée de sans-culottes, l'accusation de vingt-deux députés & de la Commission des douze, la fixation du prix du pain à trois sous la livre & le payement de l'excédent par les riches, l'arrestation de deux ministres. Une deuxième, puis une troisième députation envahirent l'Assemblée.

Robespierre demanda la mise en accusation de Vergniaud & des Girondins.

Barrère se contenta de proposer un décret dissolvant la Commission des douze & la réquisition de la force armée de Paris à la disposition de la Convention.

Ce décret publié à l'instant dans Paris fut suivi d'une proclamation de la Convention. Celle-ci, après la séance, à dix heures du soir, son président Mallarmé en tête, & suivie des Sections, fit aux flambeaux une promenade civique dans Paris illuminé. La foule se dispersa & tout paraissait fini.

Le 1er juin, Marat fit sonner le tocsin à l'Hôtel de Ville. Une députation de la municipalité se présenta à la barre de la Convention pour demander le décret d'accusation contre vingt-sept députés. Grégoire présidait; les Girondins étaient absents. La séance fut courte & l'Assemblée se sépara en désordre après avoir voté que le Comité de Salut public serait chargé de présenter sous trois jours un rapport sur la pétition & des mesures pour sauver la chose publique.

À partir de ce moment le pouvoir n'était plus dans les mains de la Convention, mais à la Commune révolutionnaire : à Marat, à Robespierre. Danton était déjà suspect.

Le 2 juin, la Convention, sous la pression des sections armées, vota le décret d'arrestation des Girondins.

En apprenant ces événements, les départements prirent une attitude menaçante. A Bordeaux, les autorités, constituées en Commission populaire de Salut public, arrêtèrent la levée d'une force armée pour marcher contre les oppresseurs de la Convention. Plus de soixante départements se soulevèrent contre les autorités révolutionnaires de Paris. La résistance ne fut pas de longue durée, mais elle eut des suites funestes.

A Toulouse, dès le 27 mai, les députés des Sociétés populaires de diverses villes & de plusieurs départements se présentaient à la réunion des trois corps constitués. Un arrêté, pris immédiatement par le représentant, invitait ces députés à quitter Toulouse dans le délai d'une heure ; nulle réunion ou Société ne pouvait être formée en dehors de celles existant.

Les membres des Sociétés députés à Toulouse protestèrent contre les tendances au fédéralisme qu'on leur imputait & obtinrent un sursis contre l'arrêté qui venait d'être pris par les représentants.

Le 29, ces députés s'étant réunis en particulier, délibérèrent que la réunion des délégués des Sociétés populaires devait avoir lieu à Toulouse. Cette décision ne fut pas prise à l'unanimité ; les Sociétés populaires de Carcassonne & de Montpellier protestèrent.

Chabot joua dans cette affaire un rôle peu franc ; il n'avait pas confiance dans les corps constitués de Toulouse & comptait s'appuyer contre eux sur les délégués des Sociétes populaires ; mais ayant été mis au courant des événements de Paris, il quitta furtivement Toulouse pour retourner à la Convention.

Un arrêté du conseil du Département ordonnant l'établissement dans chaque chef-lieu de district & de canton d'un Conseil de sûreté générale, il fut institué, le 2 juin à Toulouse, un Comité de Salut public. Au nom de la patrie, tous les bons citoyens étaient invités à porter au Comité le tribut de leurs découvertes & de leurs réflexions; ils devaient dénoncer les administrateurs dont ils avaient à se plaindre; ceux qui porteraient ailleurs leurs dénonciations seraient considérés comme perturbateurs du repos public. Cette dernière injonction montre l'antagonisme existant entre les corps administratifs & les Sociétés populaires, car c'est dans le sein de ces dernières que naissaient les idées de suspicion contre les personnes. A Toulouse comme à Paris, ce n'étaient pas les hommes qui, dans ce temps, dirigeaient les événements, mais bien les événements qui gouvernaient les hommes.

Le 5 juin, le Comité de Salut public, dès son entrée en fonctions, prit un arrêté contre François Chabot qui, sans mandat, sans pouvoir dans le département, « s'est livré à des procédés arbitraires, des abus d'autorité, des actes d'oppression, qu'il a compromis l'ordre public, attenté aux pouvoirs de la Convention & à l'unité de la République en provoquant une sorte de Congrès de plusieurs représentants du peuple & des Sociétés populaires du Midi; qu'il s'est déclaré ouvertement désorganisateur & anarchiste en poussant le peuple à l'insurrection, en prêchant l'avilissement de la Convention & des autorités constituées, la violation des propriétés, l'oubli de la morale & de toutes les convenances sociales. » Cet arrêté fut envoyé à la Convention par le Comité de Salut public lui-même.

Durant la première quinzaine de juin, on semblait encore ne pas comprendre à Toulouse la gravité des événements de Paris. Le 12 juin, les corps constitués décidèrent l'impression de l'adresse des Nantais, en date du 6, & son envoi dans toutes les communes du département. On adopta aussi le même jour *les principes* formant la base de la déclaration des Bordelais. Le Comité de Salut public rédigea une déclaration & une adresse à la Convention dont le texte fut approuvé en séance.

Le surlendemain, le Département, le District & la Commune étant réunis en présence des représentants du peuple Chaudron-Rousseau & Baudot, Barras, membre de l'administration du district de Toulouse, rendait compte d'une mission qu'il venait de remplir à Paris. Il dépeignait la situation de cette ville, les événements qui s'étaient succédé du 27 mai au 2 juin & l'état d'oppression où se trouvait la majorité de la

Convention, démontrait la nécessité de se prononcer & d'assembler les sections de Toulouse. Janole rédigea une nouvelle adresse sur les événements des 31 mai, 1er & 2 juin. Les corps constitués l'envoyèrent à la Convention.

Durant cette séance, Baudot & Chaudron-Rousseau protestèrent par une réquisition écrite contre la réunion des différentes autorités & déclarèrent nulles les délibérations prises en commun. La réunion fut ajournée au lendemain.

Le 15 la séance, suspendue la veille, fut reprise; le procès-verbal ne porte plus que les corps constitués sont réunis, mais que *le Conseil général est entouré des membres de l'administration du District, du Conseil général de la Commune, du tribunal du district, du bureau de conciliation, des juges de paix, du Tribunal de commerce & en présence des représentants invités à assister à la réunion.*

Les représentants ne se rendirent pas à cette *suite* de séance. Il fut donné lecture d'une lettre adressée par eux au procureur général syndic; ils y demandaient sur-le-champ copie de la pétition présentée aux autorités constituées réunies, un extrait du procès-verbal de la séance & un extrait en forme de leur réquisition de la veille.

Un membre du Conseil général de la Commune, voulant attaquer la réquisition des représentants, demandait leur présence. Huit commissaires furent envoyés vers eux.

Pendant que les commissaires remplissaient leur mission, Lespinasse, au nom du Comité de Salut public, donnait lecture d'une lettre de la commune d'Angers & d'une adresse du Comité de Salut public de la Gironde. Ces deux communications furent vivement applaudies.

En ce moment, les commissaires envoyés vers les représentants rendirent compte de leur mission. Ils avaient été reçus par les représentants qui se trouvaient réunis avec Clausolles fils, négociant, Tarbés, chirurgien, Boyer, Bergès, tous membres du Comité de surveillance de la Société populaire. Un d'eux écrivait sous la dictée d'un représentant. Après que les Commissaires eurent exposé leur mandat, les représentants répondirent que « si c'était pour être injuriés, pour entendre avilir des membres de la Convention & la Convention elle-même, ils n'avaient que faire de se rendre à la séance. » Puis ils ont dit qu'ils s'y rendraient si l'assemblée se prolongeait jusqu'à dix heures du soir; que leurs fonctions étaient plus militaires qu'administratives.

L'assemblée se rendit immédiatement compte des pouvoirs donnés à ces deux représentants; ils se rapportaient à la partie militaire. Un considérant disait pourtant qu'ils étaient appelés à Toulouse par les vœux de tous les bons citoyens pour remédier à des abus. On décida que les représentants seront dénoncés à la Convention. Une réunion nouvelle fut décidée pour le 17.

Dès que l'arrestation des Girondins fut connue, Ruffat & Fages furent députés vers le département de la Gironde pour se concerter non seulement avec ce département, mais avec les départements environnants *sur les événements qui mettent la République en deuil & sur les mesures uniformes à prendre dans les circonstances.*

Dès l'ouverture de la séance du 17, il fut donné connaissance d'une lettre du citoyen Dupuy, chef du 1er bataillon de la Haute-Garonne, annonçant une victoire de l'armée d'Italie. Dupuy demandait son certificat de civisme [1].

Des commissaires de chaque section assistaient à la séance. Les commissaires de la section de l'Egalité prirent la parole

---

1. Dominique Dupuy, un des fondateurs de la Société des Amis de la Constitution, s'était distingué par un ardent patriotisme & par sa haine contre l'anarchie. Le bataillon qu'il commandait, employé d'abord à disperser le camp de Jalès, fut ensuite chargé de garder les défilés des Alpes. Il combattit glorieusement en Piémont. Dupuy n'échappa pas, malgré son héroïsme, aux dénonciations des Jacobins. Il fut arrêté, conduit en prison à Paris, & ne fut rendu à la liberté qu'au 9 thermidor. Il retourna à l'armée d'Italie où il commanda la 32e demi-brigade & s'illustra avec elle dans plusieurs combats, entre autres à Lonato, où il fut blessé. Il devint gouverneur de Milan. Dupuy fit ensuite partie de l'armée d'Egypte. Il y fut nommé général de brigade, puis général de division, assista à la bataille des Pyramides & devint gouverneur du Caire, où il fut assassiné le 30 vendémiaire an VII (21 octobre 1798). On donna son nom à un des forts qui défendaient le Caire. Toulouse célébra une fête funéraire en son honneur le 20 brumaire an VIII (11 nov. 1799). — Le nom du brave Dupuy fut donné à

pour féliciter les autorités réunies de l'énergie & de la sagesse
déployées pour anéantir les factieux & les anarchistes.

Ils déclarèrent qu'ils étaient chargés de renouveler, en présence de l'assemblée & du peuple, au nom de leur section, le
serment « d'être fidèles à la République, de maintenir la liberté
& l'égalité, l'unité & l'indivisibilité de la République, la sûreté
des personnes & le respect des propriétés. » Tous les commissaires présents à la séance demandèrent à prêter le même serment. Les membres de toutes les autorités constituées se
levèrent pour se joindre aux citoyens. Le serment civique fut
prêté par tous & l'accolade fraternelle fut donnée par le président à tous les commissaires.

Ce même jour, les administrateurs du Département recevaient communication, dans une réunion particulière, de la
part de la Commission populaire de Salut public de Bordeaux,
du projet de réunion à Bourges, le 16 juillet, de deux commissaires envoyés par chaque département & d'une escorte de
100 à 200 hommes pour chaque délégation. Les administrateurs
du Département émirent l'opinion que les résultats seraient le
contraire du but que l'on se proposait. La confédération
départementale serait une scission avec les départements qui
ne l'adopteraient pas & avec la Convention nationale ; que
ce serait le signal d'une guerre civile qu'il est essentiel de prévenir au moment où la République est cernée par des armées
formidables.

Les administrateurs refusaient de se séparer de la Convention, mais ils devaient convoquer les assemblées primaires pour
délibérer sur cet objet. Ils votèrent une adresse à la Convention
« au sujet de l'arrestation de vingt-huit représentants. » Deux
jours après, le 19 juin, une nouvelle adresse portait :
« Considérant qu'il est notoire que la Convention nationale
n'a pas été libre les 27, 31 mai & 2 juin ; qu'il y a tout lieu
de croire qu'elle ne l'est pas encore..... Il n'y a qu'un moyen

---

l'ancienne place Saint-Sauveur, décorée aujourd'hui par une fontaine
monumentale. Les traits du général sont reproduits dans un médaillon
de marbre sur le piédestal de la colonne de la fontaine, où une inscription rappelle le combat de Lonato.

de sauver la République : celui de la plus grande union, de l'accord le plus parfait dans les grandes mesures qui devront être employées & dans la confiance envers la Convention comme envers le centre commun, les autorités persistent dans leurs précédentes délibérations. »

Le 24 juin, nouvelle séance. On communiqua diverses adresses : manifeste de Marseille & adresse des Marseillais aux quatre-vingt cinq départements ; arrêté du Comité révolutionnaire du département de la Gironde ; arrêté de la Commission populaire de Salut public du même département & déclaration de cette Commission sur le tribunal révolutionnaire ; procès-verbal des commissaires de trente-quatre sections de la commune de Lyon.

Le 26, nouvelle réunion dans laquelle les sections de Toulouse demandèrent l'arrestation de la municipalité de Paris.

Cette séance fut la dernière que tinrent les corps constitués [1].

De même qu'à Toulouse on semblait n'avoir pas compris la portée du triomphe de la Montagne sur les Girondins, à Paris, les rapports présentés sur les événements de Toulouse ne renseignaient pas exactement la Convention, car, le 13 juin, elle rendait un décret ordonnant la mise en liberté des membres du Comité de Salut public & des Sociétés populaires mis en arrestation à Toulouse, alors que personne n'avait été arrêté.

Un courrier extraordinaire, arrivé de Paris le 29 juin, apportait une lettre du Ministre de la Justice du 24 & un décret de la Convention destituant le président de l'administration départementale & le mandant à sa barre. Les motifs de la destitution étaient les signatures placées au bas des extraits des arrêtés pris en assemblée générale des corps constitués. Le Département écrivit à la Convention que les délibérations prises à Toulouse avaient eu l'adhésion de ses délégués Lombard-Lachaux, Mailhe & Baudot.

Le président Dardignac & neuf autres citoyens de Toulouse

---

1. Archives de la Haute-Garonne, Registre des délibérations des corps constitués. Ce registre fut clos *ne varietur* le 11 ventôse **an II** (1er mars 1794). Sur la couverture on lit : *N° 1 de l'envoi des pièces fait au représentant du peuple mallarmé, le 1er [en blanc] de l'an III.*

furent mis en arrestation[1]. Ils payèrent plus tard de leur tête l'adhésion qu'ils avaient donnée aux réunions des corps constitués. Les sections de Toulouse, réunies en permanence, décidèrent l'envoi à la Convention d'une pétition en faveur des citoyens arrêtés. Picot de Lapeyrouse avait d'abord été chargé de sa rédaction ; mis en suspicion, Gary le remplaça. L'administration du Département se réunit deux fois dans la journée du 1er juillet. Dans la première séance, on s'occupa d'approvisionnements. Dans la seconde, tenue avec l'assistance des commissaires des assemblées primaires[2], on chargea le procureur général syndic d'informer contre les fauteurs & complices « des manœuvres pratiquées pour faire parvenir à la barre de la Convention les propos inventés & les machinations qui ont donné lieu au décret du 24 juin... » On vota ensuite une adressse de la « section du peuple français formant le département de la Haute-Garonne » à la Convention nationale & on se sépara.

Cette adresse porte que le décret du 24 juin avait été voté au rapport de Chabot, parti de Toulouse dans le seul but de se soustraire à l'accusation portée contre lui d'actes dictatoriaux & d'abus de pouvoir. Elle réfute le contenu de lettres adressées à la Convention, disant que le Département était en contre-révolution & s'était déclaré le centre de la Republique du Midi, que les administrateurs avaient retenu les fonds de la caisse du District & de la Monnaie, qu'ils entretenaient une armée de quinze mille hommes avec les fonds de la Nation. La vérité était qu'il n'avait pas été touché aux fonds de l'Etat, que la garde soldée consistait en cent soixante-trois hommes à pied, la moitié invalides, & trente hommes à cheval.

L'adresse concluait en demandant le jugement des vingt-huit membres de la Convention mis en arrestation, que les auteurs des violences au Palais national soient sévèrement punis, qu'on examine sérieusement la conduite tenue à Toulouse par

---

1. Douziech, général de la garde nationale ; Arbanère, président du District ; Loubet, directeur de la Monnaie ; Derrey, maire de Toulouse ; Barras jeune, &c.

2. Les noms de tous les membres présents sont en tête du procès-verbal (Archives de la Haute-Garonne, procès-verbaux, fos 21, 22).

Chabot, que la nouvelle Constitution soit promptement promulguée [1].

Ce n'était pas un changement de Constitution qui pouvait remédier à l'état troublé des esprits.

Les *brigands* menaçant d'envahir la ville de Rodez & le général Flers ayant demandé la levée d'une forte armée prise parmi les amis de la liberté, on réquisitionna quatre cents hommes pour être envoyés dans le département de la Lozère [2].

Dès le 27 juin, les corps administratifs & la Société républicaine avaient reçu par l'intermédiaire de Delbreil, adjudant général chef d'état-major, les réclamations d'un certain nombre de citoyens de Perpignan & des départements voisins qui, dans le danger dont leurs villes étaient menacées, sollicitaient des secours en hommes, en armes, en munitions de guerre, en vivres, en fourrages, ainsi que des ouvriers à marteau. Les corps constitués invitèrent le général à faire partir pour Perpignan toute la poudre à canon dont on pouvait disposer & tous les blés ou autres munitions de bouche qui étaient au pouvoir des régisseurs des vivres de l'armée. Deux compagnies de chasseurs & deux compagnies de canonniers escortèrent un convoi d'artillerie.

Une lettre du 13 juillet des deux représentants commissaires près l'armée des Pyrénées-Orientales constatait que les Espagnols faisaient tous les jours des progrès sur le territoire français, que les départements méridionaux étant à la veille d'être dévastés, il importait de créer à Narbonne un Comité central de correspondance composé d'un délégué de chaque corps constitué. Leygue fut élu membre de ce Comité; mais le lendemain le Conseil se souvenant du décret de la Convention & des poursuites exercées contre ses membres pour les réunions de Toulouse, rapportait son arrêté de la veille.

1. La Constitution dite de 1793 ne fut promulguée que le 24 juin à Paris & le 11 juillet à Toulouse.

2. Voici le texte des réquisitions : « **Le citoyen N...** est requis, au nom de la patrie en danger, d'entrer dans la force armée que forme le département de la Haute-Garonne. Son concours est jugé nécessaire pour le salut de la République. Requis en outre de se rendre à Touloúse avant le 15 du mois courant.

Dupau & Guiringaud, administrateurs du Département, furent désignés à la demande des représentants Leyries & Chaudron-Rousseau pour prendre toutes les mesures « de conciliation & de fraternité » pour maintenir la tranquillité publique menacée par une effervescence populaire. Une des causes de cette effervescence était l'application inégale de la loi du maximum. Le département de la Haute-Garonne voulant exécuter la loi l'appliquait sur les marchés publics qui de jour en jour se trouvaient moins approvisionnés. Les céréales étaient achetées à des prix supérieurs au maximum par des envoyés de départements ne tenant aucun compte de la loi, la Gironde principalement. La municipalité ordonna des visites domiciliaires pour rechercher le recèlement des grains & des farines. Le 23 juillet, le Département fit une avance de 60,000 livres à la municipalité. Le 30 juillet la situation toujours alarmante où se trouvait la Haute-Garonne par la disette des subsistances amena le Département, le District & la Municipalité de Toulouse à déléguer Sartor, Leygue, Robin & le procureur général syndic chez les représentants pour les entretenir de la disette.

Dès le lendemain les prix du maximum étaient augmentés d'un tiers. Le prix du blé était porté à 42 livres.

Le 4 août la municipalité demanda une avance 1,500,000 livres à la Convention pour achat de grains. Le 5 août les boulangers ayant déclaré qu'ils étaient absolument dépourvus de grains pour le lendemain, il fut fait un emprunt de deux cents setiers aux magasins de l'armée. Des commissaires, porteurs de réquisitions, allèrent dans quarante-deux communes à l'entour de Toulouse à une distance de deux à trois lieues. 40,000 livres furent encore prêtées à la Commune par le Département.

Le 8 août on proclama la loi contre les accapareurs. Les blés arrivés par le Canal du Midi ne pouvaient être vendus sur le port; ils devaient être mis en vente à la Pierre[1].

Ne pouvant rester dans la situation précaire où elle se trouvait & en attendant que la demande de 1,500,000 livres pour

---

1. Nom du marché aux grains de Toulouse. Il était situé sur l'emplacement de la place Esquirol.

achat de grains fait à la Convention ait eu son effet, la Commune de Toulouse, après avoir célébré une fête commémorative du 10 août proposa, le 13, une taxe de 2,000,000 de francs sur les riches. Une difficulté se présentait dans l'application : les corps constitués ne pouvant, sous peine de mort, établir arbitrairement aucune contribution, on arrêta d'inviter les riches à faire porter les grains dans les marchés publics & à offrir des secours pécuniaires à la Maison commune [1].

Le 15 les scrupules étaient levés, & en présence des représentants Leyries, Izabeau, Chaudron-Rousseau, le conseil du Département, considérant que c'est entrer dans les intérêts des riches que de les mettre à même de reverser leur superflu, il est établi une taxe de 1,500,000 francs pour approvisionnement de subsistances. Est réputé riche l'individu qui étant marié jouit de 6,000 livres de revenus & de 3,000 s'il est célibataire. Dans les huit jours les rôles devaient être dressés & la moitié de la taxe versée dans la huitaine suivante ; le reste dans un mois. Aucune réclamation ne pouvait être reçue qu'après acquit de la taxe.

On rechercha en même temps les causes de la disette, la récolte ayant été généralement bonne, & excellente dans la Haute-Garonne. Il fut reconnu que le refus fait par des départements voisins de fixer le maximum n'était pas étranger à la crise. On accusa la perfidie des malveillants qui voulaient affamer le peuple afin de le pousser aux dernières extrémités & on l'attribua aussi à l'insouciance, à l'incivisme des boulangers & au relâchement de la police.

Après bien de tâtonnements, la fonderie de canons venait d'être établie au couvent Sainte-Claire ; on dut réquisitionner les bras nécessaires pour construire le coursier devant conduire les eaux du Moulin-du-Château à la fonderie. Deux administrateurs se rendaient tous les jours à la fonderie pour surveiller son fonctionnement & renseigner le ministre de la guerre. Le bois manquait pour la fonte du métal comme pour la construction du coursier ; mais pour la fonte on évita une réquisi-

1. Archives municipales, Registre des recettes de la taxe forcée ou révolutionnaire faite sur les riches.

tion en brûlant les marchepieds des autels & autres boiseries des églises supprimées.

Le 22 août le procureur général syndic recevait un arrêté des représentants Baudot, Chaudron-Rousseau, Leyries & Izabeau, suspendant de leurs fonctions plusieurs administrateurs du Département & du District. La malveillance de Chabot pour les autorités constituées de Toulouse portait ses fruits : Calès, Dupau, Courties, Sirven, Fontan, Dispan, Leygue étaient frappés, ainsi que Barras détenu à Paris dans les prisons de l'Abbaye. Le 24, Laffont & Delherm, membres suppléants du Département entrèrent en fonctions. Picquié & Blanchard, citoyen américain, Lasmartres, administrateur du district de Saint-Gaudens & Sambat du district de Castelsarrasin complétèrent, par ordre des représentants, l'administration centrale du Département.

Le 23 août il fut décidé que *sans tenir compte* du maximum on achètera les grains nécessaires à l'approvisionnement de Toulouse. Le 27 eut lieu un recensement général des céréales dans le département. Les représentants mirent 25,000 quintaux de grains à la disposition des huit districts.

On réquisitionna le 31 août tout le cuivre rouge, les batteries de cuisine, le fer, l'étain qui se trouvaient chez les marchands ou les particuliers ; tous les bois de chêne ou d'ormeau propres à la construction des machines, cent pagelles de bois, mille quintaux de charbon, &c.

Tous les maçons, charpentiers, serruriers, forgerons & fondeurs furent aussi mis en réquisition.

Une levée de citoyens âgés de seize à quarante-cinq ans ordonnée le 18 août n'avait pas encore reçu son exécution le 2 septembre, & cependant les nouvelles de l'armée des Pyrénées Orientales étaient mauvaises. Une certaine résistance à cette levée s'était produite à Toulouse, huit cents dispenses accordées furent annulées, sauf pour les laboureurs. Tous les certificats de civisme étaient retirés à la suite de cette résistance. Les citoyens de dix-huit à vingt-cinq ans non mariés & les veufs sans enfants devaient être prêts à marcher dans les vingt-quatre heures. On formait des compagnies de cent hommes qu'on dirigeait sur Narbonne. Les armes de guerre & de chasse devaient être remises par toutes les municipalités.

Afin de faciliter l'approvisionnement de grains pour les hommes de la levée en masse, on exigea que les propriétaires, fermiers ou possesseurs de grains payassent leur impôt en nature. On réunissait aussi à Toulouse le plus de fourrage & de combustible qu'on le pouvait. Le 4 septembre étaient réquisitionnées toutes les charrettes des communes de Toulouse, Colomiers, Léguevin, Brax, Cornebarrieu, Aussonne, Pibrac, Villenouvelle [1].

Les municipalités de Tournefeuille & de Plaisance retenaient les véhicules qui, portant du charbon à Toulouse, traversaient leurs villages & en faisaient la distribution aux habitants de leurs communes [2].

Le 6 septembre, le général Puget-Barbatane demandait de prompts secours. Il était à Salses [3].

Malgré tous les arrêtés des représentants ou des autorités locales, les hommes de la levée en masse n'étaient pas facilement mis en mouvement. Le 8 septembre, le représentant du peuple Fabre lançait une proclamation aux départements [4].

Peu de jours après, le général Sahuquet entrait en Espagne par le col de Pailhas, à la tête de six cents hommes. Cette petite troupe allait être appuyée par la levée en masse ; mais cette diversion n'enlevait pas les appréhensions que l'on éprouvait du côté de Perpignan.

---

1. Archives de la Haute-Garonne, Registre des délibérations.

2. Archives municipales de Toulouse, registre de police, 1793.

3. Il réclamait 3,000 aunes de serge pour faire des gargousses & 5,000 feuilles de fer-blanc.

4. « Depuis quinze jours nous vous appelons à notre secours, depuis quinze jours on nous donne des promesses, des arrêtés & point d'hommes ; & pourtant l'ennemi s'avance. Qu'attendez-vous ? Qu'il vienne vous égorger dans vos foyers ? Vous n'avez pas longtemps à attendre ! Que vos villes soient livrées par la plus infâme scélératesse, comme Toulon ? Nos ennemis ont compté davantage sur leur or que sur leurs soldats. Et au milieu de cet état de choses, vous dormez ! Eh bien, nous allons vous dire l'affreuse vérité : Si dans huit jours dix mille hommes ne sont pas rassemblés à Salses, il ne restera plus aux vrais républicains que la mort, à l'égoïste que des larmes inutiles, aux lâches que les vers rongeurs du remords. »

Si dans le Midi on avait de grandes craintes, on était plus heureux à l'autre extrémité de la France. Houchard, qui avait succédé à Custine, à l'armée du Nord, battit le duc d'Yorck à Houdschotte, le 9 septembre[1].

L'état de dénuement dans lequel se trouvaient les troupes en campagne, manquant des effets de campement les plus indispensables, fit mettre en réquisition tous les ouvriers qui n'étaient pas employés par les préposés aux fournitures des armées, pour confectionner des tentes, des marmites, des bidons, &c. Les matières pour les confectionner étaient réquisitionnées, & ceux qui refusaient de les livrer ou de les façonner étaient déclarés traîtres à la patrie. Le Département dut aussi fournir à bref délai, pour l'armée : 3,000 capotes, 6,000 chemises, 8,000 paires de souliers, 3,000 couvertures, 6,000 paires de bas de laine, 2,000 habits, 2,000 vestes, 4,000 culottes. Tous les districts durent concourir à la fabrication de ces objets.

Les arrestations des suspects dénoncés par le Comité de surveillance de la Société populaire étaient commencées à Toulouse dès le 30 août. Il fut réservé une force armée de six cents hommes de la levée en masse pour rester à la disposition du Département, « les sans-culottes ayant un intérêt pressant à contenir les ennemis de l'intérieur. »

Les Sociétés populaires devaient se concerter avec les Conseils généraux des communes, à l'effet de dresser la liste de toutes les personnes qui étaient en état d'être arrêtées, mais l'arrestation des suspects devait être confiée à une municipalité autre que celle du lieu de leur résidence. Chaque sans-culotte voyait partout des ennemis ou des malversateurs. C'est ainsi que Sirven & Courties, administrateurs suspendus pour avoir fait partie des réunions des corps constitués, furent accusés d'avoir accaparé des grains, d'avoir laissé pourrir une grande partie de ceux destinés à l'approvisionnement de l'armée & d'avoir partagé entre eux une somme de 40,000 livres.

Langautier, administrateur destitué, écrivait à ses anciens

---

1. Une lettre adressée le 11 septembre de Lille aux citoyens Bellegarrigue & Cⁱᵉ, négociants à Toulouse, annonçait cette victoire.

collègues pour les informer que l'administration du District de
Revel avait pris des mesures pour le faire arrêter. Les administrateurs du District de Saint-Gaudens eurent à rendre
compte des suites données à une dénonciation contre le maire
de Saint-Bertrand, la municipalité du même lieu contre un
membre du Comité de surveillance de Saint-Gaudens & contre
Dorio, juge au tribunal & membre du même Comité.

Quelquefois les incarcérés parvenaient à faire accueillir une
protestation ; c'est ainsi que la municipalité de Bourg-Saint-
Bernard eut à rendre compte de l'arrestation comme suspect
d'un habitant de la commune. D'autres fois, la facétie se mê-
lait à ces tristesses : la municipalité de Miramont demandait
aux administrateurs du Département de la fixer sur les personnes qui devaient être arrêtées par mesure de sûreté, &
particuliérement si celles qui n'allaient pas à la messe étaient
de ce nombre.

La délibération du 15 août, relative à l'emprunt forcé, ne
fut définitivement décrétée par Baudot que le 23 septembre. Il
devait être appliqué aux riches reconnus pour être aristocrates,
égoïstes, feuillans ou modérés. Il produisit 1,598,646 livres.
On dépensa 822,712 livres 13 sols. Sur cette somme,
465,414 livres étaient remboursées au trésorier de la ville Abel
pour avances sur les subsistances, 42,327 livres étaient dépen-
sées pour construction de fours, 200,191 livres pour dépenses
portées sur un tableau remis au District, 75,078 livres pour
achat de la viande vendue aux malades de la commune,
13,015 livres pour indemnité de pain fourni par les boulangers aux sans-culottes, 47,200 livres pour les représentations
données gratis à la Comédie pour le peuple, 2,500 livres pour
la rédaction du *Journal révolutionnaire*, 50,000 livres pour les
indigents de la commune, 1,890 livres pour un banquet relatif
au mariage de quinze jeunes filles, 6,000 livres pour la formation de la garde révolutionnaire, 207 livres 10 sols pour
frais de recouvrement de l'emprunt & 4,300 livres pour rem-
boursements faits à divers [1].

1. Archives municipales de Toulouse : Registre des recettes de la
taxe forcée ou révolutionnaire faite sur les riches d'après l'arrêté du

Le 25 septembre, le District de Toulouse prit une délibération, en exécution d'un décret de la Convention du 18, réduisant le traitement de l'évêque & portant qu'il ne serait plus payé d'avance. Les vicaires épiscopaux, les supérieurs de séminaires étaient supprimés, ainsi que toutes les Académies ou Sociétés littéraires patentées ou dotées.

En exécution de la loi réglant le prix maximum des objets de première nécessité, le District de Toulouse en dressa un tableau valable pour un an[1], & le maire fixa aussi le maximum des salaires, gages, main-d'œuvre, journées de travail, prix des transports dans la ville & gardiage de Toulouse.

La circulation des espèces monnayées étant prohibée sous peine de mort depuis le 12 septembre, le 30 les administrateurs du Département prirent un arrêté qui ordonnait que toutes les espèces monnayées ou lingots seraient déposés chez les receveurs de district. Des assignats au cours étaient donnés en échange des matières d'or & d'argent. Les pièces métalliques, bronzes, médailles antiques, &c., n'étaient pas comprises dans cet arrêté & pouvaient être conservées par leurs propriétaires. Des visites domiciliaires étaient faites chez tous les individus suspectés de n'avoir pas remis leurs espèces métalliques... Celui qui dénonçait un possesseur d'espèces monnayées recevait en assignats moitié de la somme trouvée d'après sa dénonciation.

Les arrestations de suspects continuaient ; on ne se donnait pas la peine d'aller s'assurer de leur personne, on les invitait à se rendre en prison sous peine d'être traités d'émigrés. C'est ainsi que le 12 septembre, ordre était donné à Moysset aîné, ci-devant procureur du ci-devant roi, de se rendre dans les prisons de Toulouse, sous peine d'être déclaré émigré & d'avoir ses biens mis en séquestre. Le 13 septembre le bureau de sûreté de la municipalité de Toulouse écrivait à la municipalité d'Auch pour qu'elle invitât le ci-devant président Daspe à se rendre dans les prisons de Toulouse[2].

représentant du peuple Baudot, en date du 23 septembre 1793. — 98 feuillets séparés dans le même registre concernant les prêts volontaires d'août 1793.

1. Brochure de 30 pages in-8°, imprimée chez Brouilhet.

2. « Nous demeurons instruits que le sieur Daspe, ci-devant prési-

La multiplicité des arrestations rendaient les prisons insuffisantes & entraînaient de grands inconvénients soit par les maladies qui s'y perpétuaient, soit par le mélange des personnes qui y étaient renfermées. Dans le même local se trouvaient des gens suspects & des militaires; ceux-ci pouvant être démoralisés par ceux là. On ouvrit la prison des Carmélites.

L'administration du Département s'établit en permanence le 5 octobre. Trois commissaires du nouveau comité des sans-culottes de Bordeaux firent le tableau de la situation désastreuse où se trouvait cette ville par rapport aux subsistances & remirent une réquisition des représentants Izabeau & Tallien pour faciliter l'achat & le transport de grains. Le lendemain on donna lecture de cette réquisition aux officiers munici-paux, au Comité des subsistances & au fournisseur général des vivres de l'armée, réunis. Il fut décidé que le fournisseur des vivres de l'armée extrairait la quantité de farine de froment dont il pouvait disposer sans compromettre la subsistance des armées pendant un mois. La commune de Toulouse dut faire aussi une avance, & toutes les communes du département furent invitées à envoyer des grains pour remplacer ceux qui étaient cédés aux Bordelais.

Le 7 octobre les représentants avaient rendu un arrêté relativement au séquestre des biens de la famille Dubarry [1].

---

dent & habitant à Toulouse, réside dans ce moment sur ses possessions aux environs de votre ville, en vertu d'un passeport que nous lui avons délivré. Les circonstances ayant nécessité de nouvelles arrestations des personnes désignées suspectes & notamment de celles qui avaient été recluses, le sieur Daspe a été compris dans la liste des personnes à arrêter. Vous voudrez bien, en conséquence, s'il est dans votre ville ou dans les environs, le sommer d'avoir à se rendre sans délai dans la maison de réclusion, à Toulouse, & de lui déclarer que faute par lui d'obéir, il va être considéré émigré & ses biens mis en séquestre conformément à la loi. Vous voudrez bien aussi vous assurer qu'il ne quitte pas le lieu où il réside en ce moment. »

1. Les représentants du peuple en séance à Toulouse, considérant que la famille Dubarry doit sa fortune entière aux vols publics qu'elle a faits dans le trésor de la nation française, que l'impunité de ces crimes commandés par le despote Louis XV doit être sans effet lorsque les droits du peuple ont anéanti les droits & les voleurs qu'ils proté-

Le même jour le notaire Fargues était suspendu de toutes ses fonctions pour avoir partagé des opinions contraires à l'intérêt général de la République. Ayral, Roché & Rouget, administrateurs du District furent destitués. Dupuget, Trémoulet, officiers municipaux subirent le même sort. Le 13 vint le tour du maire Ferrand[1]. Le lendemain Groussac, négociant en grains, fut installé à sa place.

A peine installé, le nouveau maire informait tous les employés de la Maison commune qu'ils étaient tenus de justifier de leur civisme afin de pouvoir continuer leurs fonctions.

Le 20 octobre, un arrêté mettait en réquisition toutes les imprimeries du département ; elles ne pouvaient travailler que pour les administrations publiques & pour les sociétés populaires. Furent aussi réquisitionnés les moulins, les ateliers d'armes avec les bras qui leur étaient nécessaires. Les fabricants de bas & de couvertures eurent aussi leur tour. La saison était dure ; l'armée des Pyrénées en souffrait. L'exposé de ces souffrances fait dans une lettre très imagée du représentant

geaient au préjudice du trésor public, arrêtent que le procureur général syndic du département de la Haute Garonne, accompagné de deux membres du Comité public de la Société populaire de Toulouse & de deux autres de la municipalité se rendront dans les maisons de la famille Dubarry, se feront ouvrir toutes les portes, en retireront toutes les matières d'or & d'argent qui s'y trouveront, soit monnayées, soit ouvragées, ainsi que ce qu'ils trouveront de précieux par la matière ou le travail, séquestreront provisoirement tous leurs biens, dresseront procès-verbal du tout, &c.

1. Considérant, disent les représentants Baudot & Chaudron-Rousseau, qu'il est essentiel de retirer des fonctions publiques tous les hommes qui ne se sont pas montrés révolutionnaires, ceux à qui l'on peut supposer quelques raisons de regretter l'ancien régime, & voulant maintenir les bonnes dispositions du peuple de Toulouse en lui donnant des représentants vraiment sans-culottes... Le citoyen Ferrand est & demeure suspendu de ses fonctions de maire de Toulouse. Comme il faut que ce fonctionnaire rende compte de sa gestion, il sera gardé à vue chez lui par deux sans-culottes qui seront payés à ses frais. Il rendra le plus promptement possible ses comptes de clerc à maître à cinq commissaires, dont deux seront pris dans la Commune & trois dans la Société populaire.

Gaston & adressée aux administrateurs du Département justifiait les dernières réquisitions[1].

La Constitution dite de 1793, promulguée depuis quatre mois seulement, ne répondait plus aux besoins de la Révolution. Un décret de la Convention, du 10 octobre, déclarait que le gouvernement provisoire de la France était révolutionnaire jusqu'à la paix & plaçait *sous la surveillance du Comité de salut public* le Comité exécutif provisoire, les ministres, les généraux & les corps constitués. Un peu plus tard, le 4 décembre, la Convention se déclarait elle-même *le centre unique & l'impulsion du Gouvernement.*

Les préoccupations pour l'alimentation publique, pour la fourniture des objets nécessaires à l'armée, les mesures de sûreté nécessitées par la situation respective des partis, ne semblaient pas suffisantes pour absorber les pouvoirs publics; ils étaient tenus en haleine par des demandes incessantes, & tranchaient d'une façon plus ou moins heureuse une foule de questions. Le 23 octobre, le Comité de surveillance de la Société populaire écrivait à la municipalité pour blâmer les

---

1. Citoyens administrateurs, nos braves defenseurs meurent de froid; ayant bivouaqué moi-même sur le mont Serra où se fait continuellement sentir le zéphir qui n'est pas tendre, puisqu'il renverse souvent les chevaux & les cavaliers, je puis vous parler savemment des souffrances qu'endurent nos braves frères d'armes. Vous sentirez justement combien il est juste que ceux qui se chauffent tranquillement an coin d'un bon feu contribuent à leur soulagement. Mettez donc sur le champ notre arrêté à exécution; nous comptons assez sur votre zèle & votre patriotisme pour être bien assuré que vous ne nous ferez pas éprouver un plus long retard. Notre armée campée au mont Serra a fait des prodiges de valeur; rien n'égale l'intrépidité de nos guerriers. Ils se sont emparés de postes jusqu'alors imprenables; ils ont fait mordre la poussière à huit ou neuf cents Espagnols. La position qu'occupe actuellement cette armée est une des plus fortes de l'Europe. La nature a pris soin de ses fortifications, & le génie vient de les perfectionner. Nous defions toutes les forces réunies de l'Europe de nous en déloger. Nous pouvons le dire, nous avons aujourd'hui à la poche les clés du royaume du despote espagnol. Cette opération pourra bien vite forcer nos ennemis à quitter le sol de la liberté pour voler à la défense de leurs foyers sérieusement menacés. Zèle, activité, surveillance & çà ira, çà ira, çà ira. — Salut & amitié, GASTON.

fêtes publiques dont on avait abusé durant un mois : « Ces réjouissances ne tendent qu'à nous affamer & nous engager à une trêve avec l'aristocratie. » Le même jour, une proclamation de la Commune interdisait les fêtes, les repas publics & les farandoles.

La Société populaire demandait que la section des Pénitents-Noirs prît le nom de section de la Montagne, & les sans-culottes d'Arnaud-Bernard demandaient pour la leur le nom de Faubourg Antoine.

Les visites domiciliaires pour la recherche des objets dont la déclaration devait être faite étaient confiées à des membres de la Société populaire payés 5 francs par jour. Outre ce salaire, les dénonciateurs recevaient le tiers de la valeur des objets signalés ; les deux autres tiers étaient attribués aux indigents & à la République.

Les arrestations des suspects continuaient ; chaque comité statuait sur le sort des individus qu'il avait dénoncés [1].

La disette se faisant sentir à Montauban, Paganel réquisitionna 9,000 quintaux de grains à Toulouse pour y être transportés, 7,000 quintaux au département du Tarn & 5,000 quintaux au département du Gers, moitié seigle, moitié froment.

L'hiver arrivait & il était urgent d'approvisionner Toulouse du bois & du charbon nécessaires. Dosset fut désigné comme membre du Comité de la Société populaire pour réquisitionner & faire transporter à Toulouse le bois qu'il trouverait le long de la Garonne dans toute l'étendue du département.

---

1. Le Comité de sûreté de la municipalité écrivait sur ce sujet aux membres du Comité de surveillance de la Société populaire : « Citoyens, nous vous faisons passer les objets suivants : un procès-verbal dressé lors de l'apposition des scellés chez Pélegry, maire de Verfeil, & détenu dans les prisons de la commune de Toulouse, l'extrait d'une déclaration du Comité de surveillance de Verfeil contenant plusieurs dénonces graves contre Pélegry, un paquet cacheté du sceau de la commune de Toulouse contenant des papiers trouvés chez Pélegry. Comme c'est devers vous que les dénonces ont été portées, nous vous envoyons ces pièces pour que vous déterminiez dans votre sagesse les poursuites qui doivent en être la suite. Nous avons pensé que d'après les dénonces ce serait le cas de renvoyer cet objet à l'accusateur public. »

Des abus sans nombre se produisaient : les charretiers qui apportaient des charbons dans la ville y entraient de nuit; les portefaix & leurs femmes s'en emparaient & le distribuaient à leur gré; les acheteurs que l'on favorisait étaient trompés sur le poids; on dut retenir les charrettes chargées de charbon hors des portes de Muret, Saint-Cyprien & autres; trois commissaires avec main-forte furent chargés d'escorter ces charrettes à la place du Pont-Neuf & d'en faire la distribution au peuple.

Les approvisionnements de subsistances, comme les approvisionnements de matières combustibles, étaient loin de répondre aux besoins d'une ville comptant une nombreuse population qui, par sa position géographique, était soumise à des réquisitions pour l'armée ou pour les départements voisins.

Groussac, le nouveau maire, exprimait son appréhension sur les conséquences d'une pareille situation, au moment où les chemins devenus à peu près impraticables allaient rendre encore les approvisionnements plus difficiles. L'administration centrale du Département décida de faire adresser des réquisitions aux municipalités, que celles-ci devaient transmettre aux grands propriétaires ou aux particuliers connus pour avoir des grains, lesquels devront les faire transporter sans retard à Toulouse, sous peine d'y être traduits & jugés révolutionnairement.

Le jour de cette décision, 9 brumaire an II (31 octobre 1793), Hugueny & Blanchard reçurent une commission du représentant du peuple Paganel pour diriger la marche & les opérations de l'armée révolutionnaire qui devait : faire reparaître & rétablir la circulation des grains & de toutes les denrées de première nécessité; prendre le superflu aux riches, afin d'en faire jouir les autres, sauf à en payer la valeur d'après la loi sur le maximum ou l'estimation; mettre sous la main de la nation tous les objets de luxe qui pouvaient être utiles au service de l'armée ou des hôpitaux militaires; soutenir & protéger les bons citoyens sans-culottes & les mettre à l'abri des vexations des anarchistes, modérés, feuillants & fédéralistes; mettre en état d'arrestation & conduire dans les prisons, livrer aux tribunaux tous les hommes qui s'opposent à l'accomplissement de la Révolution, avec pouvoir de destituer, suspendre & remplacer provisoirement tous les fonctionnaires publics. Devaient être considérés comme chefs d'attroupements & de rébellion tous ceux qui s'opposeraient, soit directement, soit indirectement, aux opérations de l'armée révolutionnaire.

Le retrait des espèces métalliques, or & argent, ordonné depuis le 3o septembre sous le bon plaisir de la Convention devant être achevé le 1er décembre, un nouvel arrêté de Monestier réglemente cette mesure[1]. La monnaie de billon restera en circulation, & la Convention sera invitée à faire confectionner des assignats de 3 sous. Les orfèvres devront tenir un registre de l'or & de l'argent vendus.

Les fripiers, revendeurs, proxénètes, furent tenus de déclarer à la municipalité les objets qu'ils avaient en leur possession. On les obligea à étaler, selon l'habitude, sur la place Saint-Georges. Barateau & Troy assurèrent l'exécution de l'arrêté.

Les généraux commandant les armées n'étaient pas seulement subordonnés aux représentants envoyés près d'eux par la Convention; ils recevaient aussi quelquefois des avis qui, dans ces temps, étaient des ordres, témoin une lettre qu'adressait la municipalité de Toulouse au général en chef de l'armée des Pyrénées orientales, à propos du chef de bataillon Bastien, suspect aux sans-culottes[2].

---

1. Nous vous le disons franchement, républicains sans-culottes, la circulation du numéraire, or ou argent, vous nuit infiniment; elle vous porte de la part des agioteurs & des accapareurs un préjudice incalculable. La circulation du numéraire étant interdite, les citoyens qui possèdent *ce vil* (sic) numéraire devront l'échanger contre des assignats, s'en servir pour payer l'acquisition des biens nationaux, les contributions, les acquisitions des biens des émigrés.

2. Général, il est parvenu à notre connaissance que le nommé Bastien, de Toulouse, ancien greffier du ci-devant Parlement, homme condamné par l'opinion publique, occupe dans ce moment une place de chef de bataillon dans la levée en masse du département de la Haute-Garonne. Depuis longtemps, nous avons la douleur de voir que le commandement de nos troupes est livré à des hommes perfides que l'intrigue & les manœuvres de l'aristocratie a élevés à ces places; cette

Le 20 brumaire an II (10 nov. 1793), les circonstances provoquèrent une sorte de réunion plénière des diverses autorités. Le Conseil du Département était réuni à une commission du District, de la municipalité, de l'état-major de l'armée des Pyrénées, de la Société populaire & du Comité de sur-veillance, en présence de Paganel. L'assemblée avait été convoquée pour signaler plusieurs abus : l'affectation à envoyer au quartier d'hiver, bien avant la clôture de la campagne, les troupes le plus en état d'agir contre les Espagnols ; les congés multipliés, que les généraux se permettaient de donner à des soldats valides & desquels l'engagement n'était pas encore expiré montraient un projet suivi de désorganiser nos ar-mées ;... que l'autorité déléguée par la Convention aux repré-sentants du peuple près des armées n'atteignait pas le but de la délégation ou que l'autorité remise dans leurs mains produi-sait souvent un effet contraire, par le peu d'accord & quelque-fois par la contrariété évidente qui régnait dans leurs arrêtés ; que les représentants en séance à Perpignan, regardant la ville de Toulouse & ses magasins comme une propriété en quelque sorte de leur armée, accablaient l'état-major & les autorités constituées de réquisitions auxquelles il ne leur était pas toujours possible de satisfaire ; que de leur côté les repré-sentants en séance à Bayonne leur envoyaient des réquisitions diamétralement opposées, avec injonction de les exécuter & de n'avoir rien à envoyer à Perpignan ;... que les villes, villages,

trame odieuse, dont le fil se découvre chaque jour, excite de plus en plus la surveillance & l'indignation des hommes libres. C'est donc à toi, général, à prévenir les effets de leur ressentiment en marchant d'un pas ferme & rapide vers le point que la confiance nationale t'a désigné, en éloignant de toi tout ce qui pourrait tendre à affaiblir l'opinion que l'on a conçu de tes sentiments, en un mot à ne t'entourer que des hommes vraiment animés de l'amour de leur patrie. Ce lan-gage, général, te plaira sans doute si ton cœur ne te reproche rien. Aussi, avons-nous la fierté de te le dire, persuadés que loin d'en être surpris, tu approuveras nos motifs puisqu'ils sont dirigés par un senti-ment bien pur de l'amour de notre liberté. Nous attendons de ton patriotisme, du devoir que t'imposent tes fonctions, que tu éloigneras de l'armée un homme que nous te dénonçons l'ennemi de la Révolu-tion, & par conséquent incapable d'exercer aucune fonction publique.

bourgs, sur la route de ces deux armées, étaient remplis de soldats de la levée en masse sans organisation, sans instruction & sans armes, qui s'y corrompaient dans l'oisiveté & y consommaient en pure perte les deniers & les subsistances de la République. Le remède à tant de maux était dans les mains de la Convention. La municipalité de Toulouse venait de les dénoncer par une lettre énergique & détaillée. Hios, commissaire ordonnateur, & un membre du Comité de surveillance furent envoyés à Paris pour soumettre à la Convention un décret établissant à Toulouse une administration générale des deux armées, de Perpignan & de Bayonne. Comeyras & Borrel furent envoyés par les représentants aux deux armées des Pyrénées.

Profitant du rassemblement des corps constitués, tant civils que militaires, une députation de la Société populaire entretint le Conseil d'un vœu à l'occasion du relâchement que plusieurs membres des diverses administrations apportaient à leurs fonctions en ne se rendant pas à leur poste & en s'y faisant suppléer. Il fut décidé que tous les corps constitués seraient invités à rappeler dans leur sein les membres absents ; que tous ceux de ces membres qui ne se rendraient pas immédiatement seraient regardés & traités comme suspects. Tous les fonctionnaires durent avoir leur certificat de civisme le 10 frimaire suivant (1er décembre 1793).

On régla dans la même séance, sur la réquisition du procureur général syndic Descombels, la police & la discipline intérieure de toutes les maisons de réclusion du département.

Ces maisons devaient être gardées par une force armée suffisante, composée des citoyens les plus purs en patriotisme & le plus à la hauteur de l'esprit révolutionnaire. La solde, double de celle affectée aux autres troupes, était aux frais des détenus riches. Un commissaire permanent, changé toutes les vingt-quatre heures, était attaché à chaque maison. On ne pouvait correspondre que par écrit avec les prisonniers. Si quelqu'un se glissait dans la prison, il y restait enfermé, aussi bien que ceux qui se présentaient aux portes pour demander des entretiens ou des entrevues. Les commissaires qui accordaient des permissions pour les choses défendues étaient traités comme suspects & reclus sur-le-champ, aussi bien que les citoyens formant la garde. Il n'y avait dans les prisons aucune distinction entre les pauvres & les riches. Aucun domestique ne pouvait être introduit près d'un reclus sous prétexte de maladie ; les reclus devaient en pareille circonstance « faire les fonctions que l'humanité prescrit & commencer à contracter ainsi l'habitude de l'égalité & de la fraternité ». Les détenus devaient travailler. Les choses qui n'étaient pas d'une absolue nécessité devaient leur être refusées. Toutes les dépenses qu'ils faisaient ou qu'ils occasionnaient étaient à leurs frais, même le loyer des maisons qui leur servaient de prison.

Six jours avant l'arrestation à Paris des promoteurs du culte de la Raison, & alors qu'il s'effondrait sous le ridicule, les autorités constituées de Toulouse, cédant aux injonctions de la Société populaire & de quelques extravagants, résolurent de lui consacrer un temple.

Au nom de la liberté & de l'égalité, un officier du nom de Delpont demanda & obtint du représentant de la Convention la suppression des loges dans les théâtres & de toutes les divi-sions, afin que les citoyens soient libres de se placer à telles places qui leur conviendront. A ce moment, le directeur du spectacle, Lecomte, était en réclusion comme suspect ; les acteurs furent autorisés à exploiter pour leur compte le théâtre de la Liberté & de l'Eglité. On leur alloua même 3,000 livres pour cinq représentations données gratuitement au peuple ; mais lorsqu'il s'agit de payer cette somme, la municipalité voulait retenir 2,971 livres que lui devait Lecomte pour la location de la salle de spectacle ; on transigea, & sur les ins-tances de Desbarreaux, les comédiens reçurent moitié de la somme allouée.

Le comité de bienfaisance de la Société populaire invitait la municipalité à prendre des mesures pour que tous les arti-sans, ehefs d'ateliers & artistes de cette ville reçoivent gratui-tement, en qualités d'apprentis, un ou deux élèves, principa-lement des enfants de patriotes nécessiteux.

Dans le courant du même mois de frimaire an II, un offi-çier de santé, Grimard, fut attaché à l'hôpital Saint-Jacques en qualité d'apothicaire. Le chirurgien Larrey remplaça Viguerie. Lamarque & Parolle y entrèrent aussi.

L'approche de l'hiver provoquait certaines précautions afin d'éviter l'extension de la disette. Le représentant en mission demandait que tous les jardins & terrains dépendant des ci-devant monastères soient préparés sans retard pour recevoir des pommes de terre. Le 22 frimaire fut ouvert un registre à la Maison commune, afin que dans les trois jours tous les habitants déclarent la quantité de grains & de farine dont ils étaient pourvus. A l'expiration des trois jours, chaque dizenier visita, avec un « citoyen bon patriote », les maisons de son moulon pour recevoir la déclaration. Il relevait en même temps les noms des étrangers qui y résidaient.

Deux envoyés du Comité des subsistances de Paris pour l'approvisionnement en grains de l'armée devant Toulon vinrent à Toulouse pour réclamer la quote-part de la Haute-Garonne, dix mille quintaux. Il leur fut répondu que par suite des réquisitions des représentants, des fournitures de grains à la commune de Bordeaux en exécution des arrêtés des représentants Tallien & Isabeau, des besoins de Roze, s'élevant à quinze mille quintaux de grains ou de farines pour l'armée des Pyrénées orientales, les greniers de la commune de Toulouse se trouvaient si complètement dépourvus que les autorités de la Haute-Garonne avaient dû interdire aux commissiaires envoyés dans le Gers & dans le Lot-&-Garonne pour acheter des grains ou des châtaignes, de retirer aucun objet de subsistance de notre département. On exécuta un ordre du ministre de la marine qui prescrivait l'achat dans la Haute-Garonne de quatre cents porcs pour la salaison. Deux commissaires de Bordeaux vinrent avec une commission des représentants pour acheter des patates (pommes de terre) & des légumes[1].

Par ordre de la Convention on recensa les grains dans l'Aude & la Haute-Garonne. Le recensement dut commencer

---

1. Le Bordelais a de tout temps acheté certains produits de nos jardins maraîchers. On voit encore partir dans cette direction des barques chargées d'oignons, d'ail, &c.

le même jour dans tous les districts des deux départements. Un commissaire était désigné par canton : accompagné de la force armée, il recevait la déclaration des propriétaires & des cultivateurs, vérifiait l'exactitude des déclarations & mettait en état d'arrestation ceux qui en faisaient de fausses. Le résultat de ces vérificationt devait être transmis à l'administration des subsistances & approvisionnements de la République, pour qu'en attendant l'arrivée des grains de l'étranger la circulation la plus prompte des subsistances soit établie. Les directoires des deux départements répondaient sur leur tête du bon choix des commissaires. En cas de négligeance, on devait procéder révolutionnairement contre les coupables.

Dans ce même mois de frimaire, on réquisitionna aussi des fourrages pour l'armée des Pyrénées orientales. La résistance aux réquisitions était punie de mort. Le chef d'état-major était tenu aussi sous peine de la vie d'exécuter l'arrêté[1].

C'est obsédés par toutes ces préoccupations que les administrateurs du Département jetèrent les bases de l'organisation du Musée & de l'enseignement public[2].

1. Le papier étant aussi au moment de manquer, la Commission des subsistances & approvisionnements de la Convention conseillèrent d'économiser le papier, « afin de prévenir les maux qui résulteraient de la rareté d'une matière qui sert de véhicule aux actes du Gouvernement & aux maximes impérissables de la raison. »

2. Delherm, administrateur du Département, donna le 22 frimaire (12 déc. 1793) lecture de deux mémoires. L'un proposait l'établissement d'un Musée où seraient rassemblés, dans un même lieu, les objets d'art en tous genres & les morceaux précieux d'antiquités qui se trouvaient épars dans les différentes maisons nationales, y compris celles occupées ci-devant par les académies & les émigrés, desquels objets le choix serait fait pour servir d'instruction, de modèle & d'émulation aux savants & aux artistes. Dans le second mémoire, Delherm démontrait la nécessité d'organiser provisoirement, en attendant les décisions de la Convention, des cours d'enseignement public des sciences & des arts auxquels ce Musée serait ouvert. Delherm mourut le 8 fructidor an III. Sa collection d'objets d'art fut remise au Muséum. Il y avait des marbres & des bronzes : une tête de Vénus, un Amour couché, un fragment de groupe mutilé représentant une lutte de deux personnanages (Hercule & Antée), une tête mutilée, présumée Hermès, & dix-huit bronzes. Le détail de ces objets est au registre des délibérations, fᵒˢ 242 & 243, aux archives de la Haute-Garonne.

Le 29 frimaire (19 déc. 1793) un arrêté du Conseil général du département ébauchait l'établissement & l'organisation d'un enseignement public gratuit provisoire à Toulouse[1].

Le 4 nivose (25 décembre 1793), en exécution du décret de la Convention du 14 frimaire *sur le mode du gouvernement provisoire & révolutionnaire* portant suppression des conseils généraux des départements, Lafont, président de celui de la Haute-Garonne, écrivit au registre des délibérations que la séance du 29 frimaire avait été la dernière tenue par le conseil général. L'arrêté pris dans cette dernière séance fait le plus grand honneur aux hommes qui le composaient.

Le 19 nivôse (8 janvier 1794), le Directoire nomma les professeurs, bibliothécaires & autres attachés à l'enseignement public, gratuit & provisoire, & fixa leur traitement[2]. Les cours devaient être faits au Collège national. Bellecour fils & Romiguière devaient enseigner la déclaration des Droits de l'homme, l'acte constitutionnel & les devoirs des citoyens envers la République. Olléac & Bénazet étaient nommés professeurs du cours entier de mathématiques; Benet devait enseigner la logique & la physique; Carrère la grammaire française & l'art d'écrire; Carré les belles-lettres & l'éloquence[3]. Lafont avait à professer la physique expérimentale, Libes la

---

1. Une seule bibliothèque devait exister; mais on maintenait provisoirement la ci-devant Bibliothèque du clergé & celle du Collège national. Un musée aurait été créé dans l'église des Cordeliers. On devait y installer tous les monuments publics transportables : gravures, dessins, tableaux, bas-reliefs, statues, vases antiques, étrusques, médailles, antiquités, cartes géographiques, plans, reliefs, modèles, machines, instruments & généralement tous autres objets intéressant les arts, l'histoire & l'instruction. Deux citoyens amateurs & patriotes devaient être attachés au Museum, un comme démonstrateur, & l'autre comme conservateur.

2. Les professeurs recevaient 2,000, 1,800, 1,600, 1,400, 1,200 livres; les adjoints 12 & 1,600 livres.

3. Ce professeur était poète. On déclama & on chanta ses vers dans presque toutes les fêtes de la Révolution. Plus tard, en 1807, à la séance du 3 mai, il lut, en qualité de maître ès-jeux floraux, un discours en vers sur l'*Urbanité française*.

chimie [1], Benaben [2] devait enseigner la géographie & l'histoire philosophique des peuples; Vialas était chargé du cours d'évolutions militaires; Vidal devait professer, dans les bâtiments de l'Académie des sciences, un cours d'astronomie d'observation; Ferrière, jardinier botaniste, donnait des leçons pratiques de culture & de jardinage.

Larrey [3], professeur d'anatomie, devait faire l'hiver un cours d'anatomie & de physiologie, & l'été un cours d'accouchement, traiter des maladies de femmes en couches & des nouveau-nés; Villars devait faire le cours d'accouchement pour les femmes de la campagne; Brun était chargé du cours d'opérations & pathologie chirurgicales & de matière médico-chirurgicale; Lamarque devait professer la médecine théorique, la physiologie, l'hygiène, la pathologie, la thérapeutique & la matière médicale; Pérolle un cours de médecine pratique dont faisaient partie les épidémies.

Au Rempart, dans la tour, Bouillon avait à professer l'art vétérinaire, le traitement des maladies épizootiques.

A la ci-devant Académie de peinture, Lacaze devait faire un cours de géométrie transcendantale relative au génie civil & militaire. Bénazet devait y démontrer la géométrie, & Bertrand faire un cours de peinture & de la partie d'anatomie qui y est relative. Vigan professait la sculpture. Cammas l'architecture civile & hydraulique, la perspective. Malliot devait faire un cours d'histoire & de costume, ainsi que le cours de fortifications [4]. Gleizes professait la stéréotomie, la coupe de pierres, l'art du trait & de géométrie pratique. Suau & Salières enseignaient les principes du dessin. Gaudin la figure & la bosse; Lucas aîné le modèle vivant.

1. Ce même professeur fut nommé, le 23 ventôse, à la chaire de botanique & de physique médico-végétale.

2. Belou fut nommé, le 22 ventôse, à la place de Benaben, absent.

3. Le directoire avait proposé Duclos; le représentant Paganel imposa Larrey.

4. Ce professeur est l'auteur d'un ouvrage estimé sur ce sujet en 2 vol. in-4°. Il a aussi laissé un manuscrit sur les antiquités de la ville de Toulouse & sur la vie de quelques artistes, dont une copie est à la Bibliothèque de Toulouse.

Aux Cordeliers, la direction du Muséum devait être confiée à Lucas cadet, & la conservation à Durome[1].

Castillon était bibliothécaire au Collège national, & Berthoumieu à la Bibliothèque du ci-devant clergé.

La liste des professeurs fut soumise à l'examen épuratoire du Comité de surveillance de la Société populaire. Elle ne fut pas contredite.

L'ouverture de tous les cours, ou mieux l'installation des professeurs, eut lieu dans une séance publique tenue le 5 pluviôse (24 janvier 1794) dans la chapelle des Pénitents-Bleus, en présence des représentants du peuple, des corps administratifs & judiciaires, des citoyens composant la Société populaire de Toulouse & de l'état-major.

Les autorités invitées, auxquelles s'étaient joints les directeurs des deux théâtres & les artistes, se réunirent à la Maison commune & se rendirent à la séance, escortés de la garde nationale, de la garde soldée & précédés d'une musique militaire. Beaucoup de monde aux fenêtres & une grande affluence dans les rues témoignaient de la satisfaction publique.

On lut d'abord les arrêtés du Département & de Paganel organisant l'enseignement, puis Bellecour démontra, dans un « discours qui fait l'éloge de son cœur, de son patriotisme & de ses lumières par les vertus morales & politiques qu'il renferme, que c'est essentiellement l'éducation qui peut consolider la régénération de nos mœurs &, par suite, la stabilité de la République[2] ». Tous les professeurs prêtèrent individuellement le serment. Un discours en vers fut ensuite prononcé par Carré.

Quelques mois après, Dupau, docteur en médecine de la ci-devant Faculté de Toulouse, ayant l'intention d'avoir une école de médecine dans laquelle il voulait donner des leçons élémentaires sur la physique animale, l'histoire naturelle de l'homme & sur la médecine expérimentale, demandait à faire

---

1. Le 5 germinal (25 mars 1794), Amblard fut nommé portier du Muséum *aux Augustins*, ce qui fixerait à cette date le changement dans le choix du lieu où fut définitivement créé le Musée.

2. Le texte de ce discours est à la suite du procès-verbal de la séance. (Arch. de la Haute-Garonne, registre des arrêtés, n° 9, f° 41.)

ses cours à l'hôpital Saint-Jacques, & la permission de traiter une douzaine de malades. L'autorisation nécessaire fut accordée.

Le gouvernement révolutionnaire organisé par la Convention mettait au second plan les autorités élues, subordonnées dès lors aux Comités de surveillance. Des lettres & des demandes de renseignements se croisaient entre les Districts, les Municipalités & les Comités[1].

Le 25 nivôse an II (14 janvier 1794) commencèrent à Toulouse les audiences publiques du tribunal criminel révolutionnaire tenues dans le prétoire. Il était présidé par Hugueny.

Le tribunal se composait, outre le président, de trois juges : Rigaud, Pouzols & Guimbert, juges ordinaires du tribunal. Pouzols étant malade fut suppléé par Loubers, juge au tribunal du district. Cappeile était accusateur public; il requérait l'application de la loi. Les juges, avec l'assistance du jury, prononçaient la sentence.

---

1. La phraséologie de ces lettres nous semble mériter d'être connue. En voici une adressée par le District à la Municipalité, & les réponses de celle-ci : « 21 nivôse an II. *Les administrateurs du District au citoyen maire.* Le Tribunal révolutionnaire de Paris a condamné, le 28 frimaire, Baptiste Peyre, âgé de trente-sept ans, natif de Toulouse, curé de Noisy-le-Grand, district de Gonesse, à la peine de mort & à la confiscation de ses biens. D'après cet état de choses, il importe de sequestrer les biens de ce condamné, mais pour cela, il faut, citoyen, que vous fassiez dessuite toutes les démarches pour découvrir, s'il est possible, les biens que ce prêtre, de guillotineuse mémoire, paraît posséder dans l'étendue de votre commune, afin que dès que vous nous en aurez fourni le résultat, nous puissions faire ce que la loi exige de nous à cet égard. Salut & fraternité. Géraud, Calvet, Martin-Bergnac, signés. » — La réponse fut envoyée le 8 pluviôse : « ... Quant au citoyen Peyre, curé de Noisy-le-Grand, qui a été guillotiné, il conste que sa famille possédait une maison rue des Chapeliers qui a été vendue au citoyen Lamothe, cordonnier ; que ce dernier l'habite & qu'il est dû sur cette maison la somme de 2,000 livres, que l'acquéreur se réserva comme ayant été concédée pour le titre clérical du dit Peyre; que ce ci-devant, de guillotineuse mémoire, a fait l'impossible pour se la faire payer par Lamothe... La famille jouit de quelques vignes situées sur le territoire de Cugnaux. » (Archives municipales, registre des minutes écrites par le bureau de sûreté de la commune.)

Le premier accusé fut Boislong, capitaine au 9ᵉ bataillon de la Haute-Garonne. Il avait écrit une lettre conseillant la désertion. Capelle fut d'abord entendu. Boislong présenta ses explications & dit qu'il était en état d'ivresse au moment où il écrivit la lettre incriminée. On le conduisit ensuite hors de la salle d'audience. L'accusateur public parla sur l'application de la loi, le jury répondit que le fait était constant & le tribunal prononça la sentence : « Le tribunal, après avoir entendu l'accusateur public sur l'application de la peine, condamne ledit J.-F. Boislong à la peine de mort...; déclare les biens dudit Boislong confisqués. Ordonne que le présent jugement sera mis à exécution sur la place publique de la présente ville, dans les vingt-quatre heures, à la diligence de l'accusateur public, & qu'à la même diligence, il sera imprimé & affiché dans la présente ville, dans l'étendue du département & partout où besoin sera[1]. »

Le 26 nivôse comparaissait Jean-Baptiste-Michel Decamps, homme de loi, habitant de Toulouse, prévenu d'avoir tenu des propos tendant à exciter la contre-révolution. La déposition des témoins étant contradictoire avec la dénonce écrite, le jugement est ajourné.

Le 28 nivôse : Jean-Baptiste Dubarry, soixante & onze ans, ci-devant connu sous le nom de comte Jean, est prévenu d'avoir entretenu des correspondances avec les émigrés. Il est fait mention du décret de la Convention du 27 mars 1793

---

1. Registre des dépositions du tribunal révolutionnaire de la Haute-Garonne. Ce registre, demeuré jusqu'en 1885 au greffe de la Cour d'appel, est aujourdhui aux archives de la Haute-Garonne, section du Parlement, au Palais-de-Justice. Il contient : 1° dix-huit pages de papier plus long que le registre lui même & repliés dans le bas (liste des prévenus) ; 2° quarante-huit pages, la plupart non foliotées, contenant les arrêts, puis des feuillets blancs ; 3° soixante-quinze pages non foliotées, contenant la suite des arrêts, puis des feuillets blancs ; 4° cent quatre-vingt-six pages contenant les procès-verbaux des opérations des jurés révolutionnaires, foliotées seulement au recto jusqu'au chiffre 92 ; 5° trente-deux pages d'ordonnances du président du tribunal criminel révolutionnaire, les accusés étant acquittés & mis en liberté ; 7° sept pages de jugements recevant les excuses des témoins. — Chaque jugement est suivi de la signature du président & des juges.

mettant hors la loi les aristocrates [1]. Le tribunal, après avoir entendu l'accusateur public sur l'application de la loi, condamne ledit Jean-Baptiste Dubarry, ci-devant comte Jean, à la peine de mort, conformément à l'article 4 de la 1re section du titre I, 2me partie du Code pénal. (Suit le texte.) Ordonne que le présent jugement sera mis à exécution, à la diligence de l'accusateur public, dans les vingt-quatre heures, sur la place publique de la présente ville, où ledit Jean-Baptiste Dubarry aura la tête tranchée, conformément aux articles 2 & 3 du titre Ier de la 1re partie du Code pénal. Déclare les biens dudit Jean-Baptiste Dubarry confisqués & acquis au profit de la République.

2 pluviôse an II : Jean Pierre Balarat, dit Dominez, charpentier, habitant Lévignac, district de Grenade [2]. Aura la tête tranchée dans les vingt-quatre heures.

3 pluviôse : Pierre-Saturnin Parant, curé constitutionnel de Nailloux, prévenu d'avoir fait des prières pour les princes chrétiens [3]. Le tribunal déclare ledit Parant acquitté de l'accusation contre lui intentée & ordonne qu'il sera mis sur-le-champ en liberté.

4 pluviôse : Géraud-Gabriel Couzy Fajolle, habitant de Nailloux, accusé d'avoir tenu des propos contre-révolutionnaires [4]; acquitté, mais déclaré suspect & retenu en état d'arrestation jusqu'à la paix.

---

1. La base de l'accusation était non que Dubarry avait écrit à un émigré, mais qu'un émigré lui avait écrit. La seule pièce à l'appui de l'accusation était une lettre écrite par le chevalier Framond, datée de Turin, le 22 février 1792. L'accusé a pris la parole & a dit sur ladite lettre tout ce qu'il a cru utile à sa défense; il a dit tout ce qu'il a fait pour la Révolution. Puis, il a prétendu justifier sa conduite sous l'avant-dernier despote & les faveurs qu'il avait reçues de ce tyran.

2. Prévenu d'avoir dit qu'il voulait s'ériger en législateur; est accusé d'avoir agioté avec des assignats contre de l'argent pour fournir des secours aux émigrés; a recelé des effets de Lacoste, émigré; a apporté de l'argent aux émigrés en Espagne; a colporté le manifeste de Brunswick à Lévignac.

3. Aux débats, l'accusation se transforme en visites domiciliaires pour y recevoir des effets propres aux défenseurs de la patrie.

4. Etait accusé, sans preuves, d'insinuations perfides tendant à aigrir

5 pluviôse : Jean-Pascal Saint-Martin, marchand de cuirs, habitant de Toulouse, accusé d'avoir tenu des propos contre-révolutionnaires [1]; acquitté, mais condamné à la réclusion comme suspect jusqu'à la conclusion de la paix.

6 pluviôse : Jacques Bénac, habitant d'Escanecrabe, trente-sept ans; son jugement est ajourné. Le lendemain Bénac, poursuivi comme contre-révolutionnaire [2], est condamné à mort [3].

9 pluviôse : Pierre Deljougla, travailleur, ci-devant procureur de la commune de Finhan, prévenu de ne pas avoir fait ce qu'il aurait pu pour dissiper un attroupement en sa qualité de procureur de la commune. Condamné à un mois de prison & à 50 livres d'amende, par manière de police correctionnelle.

11 pluviôse : Jean-Joseph Auriolle, cinquante-trois ans, habitant de Toulouse, accusé d'avoir eu correspondance avec un émigré [4]. Peine de mort.

12 pluviôse : Baptiste Pla, voiturier, cinquante-neuf ans, habitant de Trébons, district de Saint-Gaudens, accusé de distribution de faux assignats de 5 livres [5]. Peine de mort.

les esprits des citoyens contre la Révolution & à les engager à mettre bas les armes devant l'ennemi s'il entrait sur le territoire de la République.

1. A tenté de jeter du discrédit sur les assignats; a tenu des propos outrageants contre la Convention nationale; a cherché à décourager la jeunesse d'aller à la défense de la patrie. Ces faits ne sont pas prouvés.

2. A prêché la désobéissance aux lois de la Convention nationale & a dit qu'il s'en foutait; que les jeunes gens qui allaient à la défense de la patrie étaient sacrifiés & allaient à la boucherie; que les membres de la Convention étaient de la foutue canaille qui cherchaient à accaparer l'or & l'argent.

3. Ce jugement n'est pas sur la table en tête du volume; nous y trouvons : 5 pluviôse, Jean Lauba, matelot, prévenu d'avoir tenu des propos contre-révolutionnaires; acquitté. Du même jour : Jean Vincens, habitant de Grisolles, accusé d'accaparement, acquitté; Jean-Nicolas Burgere, juge au tribunal du district de Cahors, prévenu d'abus d'autorité; jugé le 8, acquitté. — L'extrait de l'entière procédure de Burgere fut envoyé à Paganel le 8 germinal an II.

4. Aurait reçu une lettre de Mathus fils, émigré. Il proteste de son innocence.

5. Avait reçu de son frère, qui habitait Barcelone, de faux assi-

13 pluviôse : Henri Bonat, vingt-deux ans, dessinateur &
graveur, né dans le Haut-Rhin, habitant à Toulouse depuis
quatre mois, accusé de contrefaçon d'assignats & de distribution de faux assignats de 10 livres[1]. Annette Faure, reven-
deuse, trente ans, née à Valentine, habitante de Toulouse,
prévenue de complicité. Bonat, condamné à la peine de mort;
Annette Faure, acquittée.

15 pluviôse : Jean-Baptiste Turey, vingt-deux ans, né à
Cabrespine (Aude), lieutenant dans le 8me bataillon de la levée
en masse de ce département, accusé d'avoir tenu des propos
tendant à décourager les volontaires & à avilir la Convention[2].
Partage des voix du jury. Le tribunal en réfère à la Convention, & maintient l'accusé en état d'arrestation.

19 pluviôse : Miquel Fériet, vingt-neuf ans, commandant
des compagnies de houlans & de canonniers à cheval, natif de
la Côte-d'Or, accusé de plusieurs délits contre-révolutionnaires. Le jugement est renvoyé jusqu'après reddition des
comptes.

21 pluviôse : Paul-Joseph Debosque, trente-cinq ans, président du tribunal de Moissac ; Dominique Autefage, huissier à
Moissac ; Pierre Feyt, ci-devant procureur de la même commune, prévenus d'abus d'autorité, d'avoir pillé & vexé les
sans-culottes, & d'autres délits contre-révolutionnaires[3]. Le

gnats. Dans les pièces à conviction étaient deux paquets contenant
cent quatre-vingt-dix assignats de 5 livres. Le 26 pluviôse, un extrait
de la procédure fut envoyé au comité des assignats.

1. Pièces à conviction : soixante-dix-sept assignats faux ; un cachet
portant l'empreinte de la Liberté, propre à faire le timbre sec.

2. Nie la lettre qui sert de corps au délit. Cette lettre tendait à
ébranler la fidélité des soldats & autres citoyens envers la nation française, à avilir la Convention nationale & à discréditer les assignats.

3. Sont accusés d'avoir mis en réquisition des mantelets écarlates
pour les convertir en bonnets écarlates à l'usage du Comité & de la
municipalité de Moissac; d'avoir tracassé, vexé & pillé les propriétés
des habitants de Moissac; ont mis en réquisition des comestibles &
mis une grande confusion dans la comptabilité; ont méchamment employé vis-à-vis de divers citoyens des menaces de réclusion & de guillotine pour extorquer du numéraire, de l'argenterie & des assignats;
ont dissipé une grande quantité d'objets appartenant à la Nation &

procès dure du 21 au 26 pluviôse, mais l'audience du 26 n'est pas sur le registre[1]. L'extrait de la procédure & toutes les pièces originales furent remises au représentant Paganel le 9 germinal.

27 pluviôse : Joseph Jaubert, prêtre, trente-huit ans, ci-devant bénéficier chapelain de Céret (Pyrénées-Orientales). Peine de mort, pour avoir été sujet à la déportation & être rentré en France. Exécution dans les vingt-quatre heures.

Même jour : Jean-Baptiste-Joseph de Lisle, quarante-six ans, curé de Bellerive-sur-Save (ci-devant Saint-Laurens), district de Saint-Gaudens, prévenu d'avoir rétracté son serment. Peine de mort. Exécution dans les vingt-quatre heures.

28 pluviôse : Joseph Vallabrègue, quarante-sept ans, ci-devant commis de police de la commune de Toulouse, prévenu d'avoir abusé de son pouvoir & d'escroquerie[2]. Condamné à 5,000 livres d'amende & à deux années d'emprisonnement.

1er ventôse : Jean Andrieu, garçon meunier, natif d'Avignonet, habitant de Calmont, prévenu d'avoir tenu des propos contre-révolutionnaires[3]. Condamné à la déportation.

Même jour : Jean-Pierre Boutan, ci-devant employé à la direction des domaines, accusé de manœuvres contre-révolutionnaires[4]. Condamné à la déportation.

2 ventôse : Claude-François-Bertrand Boucheporn, cin-

qui étaient sous les scellés; ont pillé & dévasté beaucoup de comestibles, vins, liqueurs, sucre, café, amidon, à la faveur de menaces ou voies de réquisition; ont pillé, vexé, rançonné dans différents cantons du district de Lauzerte des sans-culottes reconnus.

1. Le plumitif de cette audience est sur une autre partie & dit que les objets faisant la base de l'accusation n'étant pas constants, les accusés sont acquittés & mis sur-le-champ en liberté.

2. Accusé, sans preuves, d'avoir procuré l'évasion d'un prêtre & d'avoir reçu une somme pour l'élargissement d'une femme détenue.

3. A tenu des propos contre-révolutionnaires dans un corps de garde & a manifesté des intentions hostiles contre la République.

4. Aristocrate prononcé & ennemi de la République. A tenté de soustraire une personne réputée émigrée à la vengeance nationale, moyennant des sacrifices pécuniaires.

quante-deux ans, ci-devant intendant de la généralité d'Auch
& précédemment conseiller au ci-devant Parlement de Metz,
accusé d'avoir fourni des secours aux émigrés [1]. Peine de mort.
Exécution dans les vingt-quatre heures.

3 ventôse : Vidal (Jean), père, cinquante-deux ans, ci-devant domestique de l'abbé Barbazan, émigré [2], prévenu d'avoir
recélé des effets dudit Barbazan. Guillaume Vidal fils, dix-
neuf ans, attaché au théâtre de la Liberté. Marie Dalliez,
soixante-quatorze ans, ci-devant servante dudit Barbazan.
Guillaume Vidal & Marie Dalliez, acquittés ; Jean Vidal,
condamné à quatre ans de fers, six heures d'exposition publique. Jugement exécutoire dans les vingt-quatre heures.

4 ventôse : Jean-Raymond Lansac aîné, habitant de Muret,
aubergiste, ci-devant officier municipal de cette commune,
suspendu en 1792 & réputé émigré [3]. Les formalités exigées
par la loi, déclaration de reconnaissance, étant accomplies, il
est condamné. Peine de mort [4].

5 ventôse. Bernard Lignères, négociant, originaire d'Azilles
(Aude), habitant de Toulouse depuis environ huit mois,
accusé de manœuvres contre-révolutionnaires [5]. Peine de mort.

---

1. A nié avoir écrit ni envoyé aucun secours en argent à des émigrés ; a fait l'éloge de sa vie politique avant & depuis la Révolution ; a
demandé d'être acquitté. Le jury répond que le crime est constant.

2. Réputé émigré d'après la loi du 17 décembre dernier, dit l'accusateur public. (Application de la loi des émigrés aux déportés.)

3. N'ayant fait qu'un voyage de quelques semaines dans les localités
environnantes, cet accusé avait assigné trois témoins pour fournir la
preuve qu'il n'avait pas émigré. La prévention d'émigration étant reconnue constante par le seul fait que son nom était porté sur la liste des
émigrés, les témoignages qu'il avait provoqués ne servirent qu'à constater son identité, & tout émigré dont l'identité était reconnue était
guillotiné.

4. Dans le relevé de condamnations publié par la Convention dans
un Bulletin spécial, le motif de la condamnation est « pour avoir
vendu de la viande pourrie ». (Arch. de la Haute-Garonne.)

5. L'accusé aurait écrit deux lettres à Lignères père & fils, négociants
à Carcassonne, les 14 & 15 pluviôse. Il n'a fait que signer les lettres.
Il voulait procurer une marchandise qui aurait été d'un grand secours.
Un républicain comme lui n'était pas capable de mauvaises intentions.
Il demande son acquittement. Il est convaincu d'avoir voulu troubler

6 ventôse : Barthélemy Bonnet, maire de Pins, accusé de propos contre-révolutionnaires[1]. Cette accusation n'est pas fondée. Acquitté.

7 ventôse : Tristan-David d'Escalonne, fils de David d'Escalonne, ci-devant conseiller au Parlement de Toulouse. Accusé de complot tendant à troubler l'Etat par une guerre civile[2]. Peine de mort[3].

9 ventôse : Antoine Cubissol, notaire à Toulouse, prévenu de propos contre-révolutionnaires. Après partage de voix dans le jury, il est retenu en prison. Acquitté le 1er germinal.

9 ventôse : Jean-Etienne Olombel, habitant de Mazamet & administrateur du directoire du district de Castres (Tarn), prévenu d'avoir tenu des propos contre la mémoire de Marat[4]. Condamné à la peine de mort en vertu de l'article 4 de la

l'Etat par une guerre civile en portant les citoyeus au désespoir par la disette des marchandises de première nécessité.

1. Douze témoins déposent sur l'accusation. Aurait découragé les jeunes gens soumis au recrutement, aurait dit qu'il fallait couper l'arbre de la liberté; qu'il fallait se tourner du côté du parti le plus fort, & que le parti le plus fort était le parti des émigrés.

2. Convaincu d'attentat contre la liberté individuelle des représentants du peuple séant à Toulouse dans le mois de juin dernier (1793); a comploté pour troubler l'Etat par une guerre civile; qu'il a été demandé au nom du peuple & dans une des assemblées des autorités constituées en juin dernier la brûlure (*sic*) d'un arrêté des représentants du peuple séant à Toulouse & qu'il est constant que l'accusé a fait cette demande. L'accusé a dit ce qu'il a cru utile à sa défense & a dit, relativement à sa justification, ce qu'il a cru nécessaire.

3. La mère de d'Escalonne était à ce moment détenue : 25 ventôse an II. *Les administrateurs du bureau des émigrés aux maire & officiers municipaux.* « La sainte guillotine a frappé sur la tête du traître d'Escalonne; nous venons d'être instruits que sa mère, renfermée à Saint-Sernin, a été le suivre dans l'autre monde. Comme ce renseignement nous est incertain, veuillez nous en donner connaissance dessuite. » *Réponse* : « Il est faux que la mère d'Escalonne soit morte; elle n'a d'autre propriété qu'une maison, 5e section nº 371, d'un revenu net de 1,500 livres. »

4. Il est constant qu'un administrateur du district a dit publiquement à Mazamet que Marat était un homme sanguinaire, qu'il souhaitait que la mort de Marat fût comme la bonne année accompagnée de la mort de plusieurs autres de ses adhérents.

3e section du titre Ier, 2e partie du Code pénal. L'exécution aura lieu dans les vingt-quatre heures sur la place de la Révolution, ci-devant Villeneuve.

12 ventôse : Antoinette-Adrienne Rabaudy, quarante-neuf ans, épouse du citoyen Cassan, ci-devant conseiller au ci-devant parlement de Toulouse, accusée d'intelligence avec les émigrés[1]. Peine de mort. Exécution dans les vingt-quatre heures sur la place de la Révolution.

13 ventose : Jean-Joseph Virebent, ci-devant capitaine de la troupe soldée de la commune de Toulouse, prévenu de complicité de complot contre-révolutionnaire[2]. Peine de mort.

14 ventôse : Causse, négociant à Bordeaux, contumax, accusé de complot contre-révolutionnaire[3]. Peine de mort.

18 ventôse : Jean Pujol, âgé de vingt-sept ans, homme de loi, habitant de Gardouch, prévenu de manœuvres tendant à faciliter l'entrée des ennemis sur le territoire de la République[4].

Peine de mort.

21 ventôse : Jean Guicbard, perruquier ; Barthélemy Lacoste, chirurgien-major ; Paul Guittou aîné, marchand ; Pierre Laperche, militaire ; Pierre Bégal, perruquier, tous habitants de Tonneins (Lot-et-Garonne), présents ; Perbous-

---

1. Aurait écrit à son fils, émigré le 13 décembre 1792. L'accusée nie avoir écrit la lettre incriminée. Dans cette lettre, on s'est apitoyé fortement sur le sort du dernier tyran ; on y a traité la nation française de criminelle & de vouloir se souiller de nouveaux forfaits. On présente à l'accusée d'autres lettres & une pétition qu'elle reconnaît être de son écriture ; elle dit que la ressemblance de l'écriture ne peut la faire condamner.

2. A formé, postérieurement au 31 mai 1793, un complot tendant à troubler l'Etat par une guerre civile & a tenu des propos tendant à avilir la représentation nationale.

3. Evadé de la prison de la Visitation. A formé dans la commune de Toulouse, postérieurement au 31 mai, des complots tendant à rompre l'unité & l'indivisibilité de la République, à la troubler par la guerre civile.

4. Lettres dans lesquelles on a méchamment & à dessein manifesté des opinions fanatiques ; que ces lettres présentent l'idée d'un plaisir secret du projet de nos ennemis de faire une irruption dans notre territoire.

tou, Roux, aussi habitants de Tonneins, en fuite. Accusés d'avoir formé un complot pour assassiner des patriotes dans des vues contre-révolutionnaires. Renvoi au représentant du peuple Monestier en mission dans le Lot-&-Garonne. Acquittés le 1er germinal.

24 ventôse : Julien-Joseph-Honoré Rigaud, Jean-Joseph Balsac, dit Firmy, Philippe Joseph-Marie Cuczac, Jean-François Montagut, Urbain-Elisabeth Seigla, Anne-Joseph Lafont Bouix, tous ci-devant conseillers au ci-devant Parlement de Toulouse & membres de la ci-devant chambre des vacations, prévenus d'avoir protesté contre les opérations de l'Assemblée constituante [1].

24 ventôse : Pierre Sabathier, cinquante-deux ans, habitant de Bélesta, canton de Montréjeau. Contre révolutionnaire. Acquitté [2].

25 ventôse : Jacques Sans Bayne, trente-six ans, ancien maire d'Aucamville, district de Beaumont, prévenu de contre-révolution [3]. Peine de mort.

26 ventôse. (Lacune du nom de l'accusé [4].)

27 ventôse : Jean-Pierre Lamire, trente-cinq ans, ci-devant

---

1. N'ont pas comparu devant le tribunal. (En marge.) Arrêté du Comité de la sûreté générale de la Convention qui ordonne à l'accusateur public de faire traduire sans délai lesdits accusés devant le Tribunal révolutionnaire de Paris. (Aubas.) Reçu l'imprimé devers le greffe des arrêtés contenant protestation de la ci-devant chambre des vacations des 25 & 27 septembre 1790. Ensemble les extraits des six interrogatoires. Toulouse, le 30 ventôse, an II de la République une & indivisible.

2. Retenu en prison à Montréjeau pour recel de meubles appartenant à un émigré.

3. Chef de parti, ennemi de la Révolution; agent de l'aristocratie; a toléré des attroupements illicites & séditieux dans la commune d'Aucamville pendant qu'il était maire.

4. Pièces à conviction : un calice avec sa patène, une grande cuillier d'argent, un joujou d'enfant, une tabatière argent, une serviette marquée E. B., une boîte des saintes huiles, une chasuble avec étole, manipule & bourse. En exécution de la loi du 8 messidor, remis le 2 fructidor au préposé de l'agence nationale qui en a fourni décharge, & les effets au district de Toulouse.

militaire dans un régiment de ligne en qualité de sergent, retiré depuis la Révolution & actuellement commandant de la garde nationale de Grisolles, accusé d'avoir tenu des propos contre-révolutionnaires[1]. Peine de mort.

1er germinal : Turry, dont la sentence avait été ajournée pour en référer à la Convention, est acquitté[2]. Prisonnier jusqu'à la paix.

3 germinal : Bertrand-Martin-Mariel Dalies, prêtre, natif de Carbonne, trente-trois ans, ex-curé de Montgaillard, accusé d'avoir tenu des propos contre-révolutionnaires[3]. Condamné à la déportation; ses biens sont acquis à la République.

4 germinal : François Lascombes, dix-neuf ans, fils d'un ancien procureur au Parlement, étudiant, accusé d'émigration. N'avait pas quitté la France[4]. Peine de mort.

6 germinal : Pierre Devoisins père, homme de loi, ex-constituant; Etienne Devoisins fils, habitants de Toulouse, accu-

1. Le jour de l'affiche du décret du 4 octobre 1792 portant peine de mort contre quiconque proposerait d'établir en France la royauté ou tout autre pouvoir attentatoire à la souveraineté du peuple, l'accusé a dit que le papier était un bon âne, qu'il portait tout ce qu'on y mettait; qu'il y aurait toujours un roi, sans quoi les affaires iraient mal.

2. Quoique acquitté, le tribunal ne saurait le renvoyer en liberté, parce qu'il doit le considérer comme un homme très suspect; qu'il serait très dangereux de le renvoyer aux frontières où il pourrait propager ses principes anticiviques & corrompre des braves défenseurs de la patrie.

3. Fanatique dangereux, qui a dit au prône de sa paroisse qu'il fallait prier pour le pape & les princes chrétiens, qu'on était dans un temps de persécution, qu'il voudrait être guillotiné dans l'église ou ailleurs; qu'il a demandé à ses paroissiens l'avance de 200 livres & de l'indemniser de ses charges.

4. L'accusateur public a dit que l'accusé ne s'était pas conformé à l'article 64 de la loi du 28 mars 1793, pour justifier de sa résidence en France, & ce dans le mois à compter du jour de la publication de la liste formée par le district, s'en faire rayer s'il y avait été mal à propos compris. Il n'est plus reçu à aucune réclamation. Il n'est plus question que de procéder à son jugement.

sés de manœuvres contre-révolutionnaires[1]. Acquittés; mais retenus prisonniers comme suspects.

7 germinal : Jean-Martin Soulié, trente-trois ans, notaire public à Verdun, accusé d'avoir tenu des propos contre-révolutionnaires[2]. Un mois de prison.

8 germinal : François Vinsac, homme de loi, habitant de Verdun, accusé de manœuvres contre-révolutionnaires[3]. Peine de mort.

11 germinal : Jean-Pierre Briffon, trente-trois ans, fils du ci devant lieutenant général du pays & jugerie de Rivière-Verdun, accusé de complot contre-révolutionnaire[4]. Peine de mort.

Même jour : François Durand, trente-trois ans, tailleur d'habits à Aucamville. Propos contre-révolutionnaires[5]. Peine de mort.

12 germinal : Jean-Baptiste Romiguières, vingt ans, laboureur, habitant d'Aucamville, accusé de propos contre-révolutionnaires[6]. Peine de mort.

---

1. Accusés d'être les chefs d'un parti fanatique & aristocratique à Lavaur dès février 1792; d'avoir tenu une assemblée de gens suspects à Lavaur; d'avoir refusé de vendre leur vin pour des assignats; d'avoir tiré de leurs fenêtres un coup de fusil contre des citoyens.

2. Accusé d'être ennemi dangereux du peuple; d'avoir dit qu'il vallait mieux empoisonner le blé que de le donner à 24 livres, prix du maximum.

3. Homme suspect & dangereux; a manifesté son contentement lorsque les nouvelles annonçaient que nos troupes avaient quelque désavantage, & a manifesté du déplaisir à la lecture des nouvelles qui annonçaient des avantages pour la République; s'est opposé à la réunion d'une société dont il était le chef à la Société populaire de Verdun; a lu dans un lieu public, sur un ton lamentable, le testament de Louis Capet; qu'il a pratiqué des manœuvres tendant à ébranler la fidélité d'un matelot mis en réquisition.

4. Détenteur de papiers suspects & contre-révolutionnaires, tendant à ébranler la fidélité des citoyens français : manifeste de la Vendée, un bulletin espagnol, deux hausse-cols fleurdelysés.

5. Accusé d'avoir tenu des propos tendant à décourager les citoyens & à ébranler leur fidélité à la nation française.

6. A tenu dans Aucamville des propos inciviques tendant à répandre l'alarme parmi les pères & mères des défenseurs de la patrie. A

13 germinal : Jean-Jacques Gros, prêtre, quarante-huit ans, ci-devant prieur des Bénédictins & ci-devant curé de Saint-Sever (Landes), natif de Béziers & habitant Toulouse depuis environ quatre mois, accusé de complots contre-révolutionnaires[1]. Peine de mort.

14 germinal : Jacques Richard, ouvrier imprimeur, trente-cinq ans, accusé de manœuvres contre-révolutionnaires[2]. Condamné à la déportation.

22 germinal : Pierre Delbanis, prêtre, curé de Villemur, habitant de Toulouse, accusé d'avoir fait un acte de culte extérieur, au mépris de la loi[3]. Condamné à la déportation.

23 germinal : Jean Capmartin, meunier, quarante huit ans, habitant du Mas-Grenier, accusé d'avoir coupé l'arbre de la liberté[4]. Peine de mort.

24 germinal : Géry Alaux, prêtre, curé de Sainte-Rade-

témoigné joie & plaisir de voir l'ennemi sur le territoire de la République.

1. A prêché à Saint-Sever contre la loi du divorce; a porté le costume de prêtre au mépris de la loi qui l'a défendu; a formé un complot tendant à la réunion des prêtres constitutionnels avec les prêtres réfractaires pour rallumer toutes les torches du fanatisme & susciter une guerre religieuse; a fait des écrits tendant à contrarier les lois relatives à l'éducation publique, à l'ère républicaine; a demandé le rétablissement de la dîme; a conspiré contre la sûreté de l'Etat.

2. Le 1er germinal, dans la salle du théâtre de la Liberté, à la représentation de *la Révolution de Sirenne*, lorsque l'actrice disait : « Il faut abattre la tête des tyrans », un coup de sifflet interrompit le spectacle; le représentant Dartigoeyte cherchait à découvrir l'auteur du coup de sifflet; on voulut faire répéter la phrase à l'actrice en criant *bis*. Un individu cria : « Point de *bis*, point de guillotine, qu'on continue le spectacle. » Richard était cet individu, qui a ainsi, à dessein, avili la représentation nationale dans le personnage de Dartigoeyte.
damné à la déportation.

3. A béni un bateau à Villemur revêtu des habits sacerdotaux; a ainsi causé un trouble à la Société populaire. L'accusé a répondu que pour bénir un bateau il a dû aller au bord de la rivière; qu'il ne pouvait la faire passer dans son église.

4. Est aristocrate & ennemi de la Révolution; a détruit l'arbre de la liberté dans le but d'avilir & de détruire le gouvernement révolutionnaire républicain. L'accusé nie s'être même approché de l'arbre.

gonde de Beaumont, accusé d'avoir fait le serment avec restriction [1]. Peine de mort.

25 germinal : Jean-Pierre Cazeneuve père, arpenteur; Jean-François Cazeneuve fils, habitants de Villenouvelle. Accusés de manœuvres contre-révolutionnaires [2]. Le père est reclus & le fils acquitté.

28 germinal : Jean-Antoine Belot, surnommé Monvalon, habitant de Polomy, & François Belot, cultivateur, habitant d'Orient, district de la Montagne, ci-devant Saint-Affrique, accusés, avec Pastourel père, d'avoir été les chefs d'une émeute contre-révolutionnaire à l'occasion du recrutement [3]. Acquittés.

1er floréal : Jacques Garnault, quarante-trois ans, commissionnaire, habitant de Toulouse, accusé d'avoir conspiré contre l'unité & l'indivisibilité de la République [4]. Peine de mort.

2 floréal : François Astrié, ex-prêtre, ci-devant vicaire de Saint-Augustin, commis à l'administration du district de Villefranche, habitant de Toulouse, accusé d'être un des auteurs du complot qui existe d'anéantir la liberté & l'égalité [5]. Peine de mort.

2 floréal : Pierre-Michel-Marie Burgère, homme de loi, habitant de Cahors, trente-six ans, accusé de complot pour détruire la liberté & l'égalité [6]. Peine de mort.

---

1. A fait précéder son serment d'un discours qui contenait des restrictions & modifications au serment. L'accusé nie les restrictions; il a toujours été bon patriote & a été le premier de son district à prêter le serment.

2. Ont intrigué en faveur de l'aristocratie en procurant une attestation de bonne conduite à un ex-noble; ont troublé la paix & la tranquillité qui régnaient dans la ville & dans la Société populaire.

3. Renvoyés devant le tribunal révolutionnaire par le représentant Paganel, en séance à Saint-Affrique. Ne peuvent être jugés par le tribunal révolutionnaire de Toulouse & doivent être renvoyés à la maison de justice de l'Aveyron, le délit ayant été commis dans ce département.

4. A été un des chefs du fédéralisme dans le département.

5. A médit du représentant Dartigoeyte, a avili la Convention dans un de ses membres, a alarmé le peuple sur les subsistances, & a répandu des nouvelles alarmantes.

6. La base de l'accusation repose sur deux lettres écrites les 3 &

3 floréal : Jean-Baptiste Cazeneuve, trente-cinq ans, juge de paix[1] du canton de Blagnac (*sic*). Acquitté[2]. Le président, le tribunal & les jurés ont donné à l'accusé le baiser fraternel.

3 floréal : Jeanne Labat, environ vingt-sept ans, épouse de Dominique Copiac, tanneur, habitant de Mancioux (Gers); accusée d'avoir tenu des propos contre-révolutionnaires[3]. Acquittée.

Avant & après les audiences du tribunal révolutionnaire, le tribunal criminel du Département prononça, dans les formes ordinaires, plusieurs condamnations capitales. Un grand nombre de personnes, nées ou domiciliées dans la Haute-Garonne, furent aussi condamnées par les tribunaux révolutionnaires, les tribunaux criminels ou les commissions militaires dans diverses parties de la France[4]. En voici la liste par séries alphabétiques :

Pierre Belmont, fusilier au 91e régiment, 15 frim., trib. rév. de Marseille.

Jean-Joseph Bordes, bachelier ès lois, 7 sept. 1793, trib. crim. du dép.

Léon Cassenacq, empl. aux subs. milit. de l'armée de l'Ouest, 1er sept. 1793, trib. crim. du département.

Armand Delpech, nég. à Villefranche-Lauragais, 1er frim. an II, trib. crim. du département.

Antoine Denis, boulanger, 11 oct. 1793, trib. crim. du dép.

Jean-Pierre Duchein, ex-vicaire à Pointis-Inard, trib. crim. du dép.

---

28 octobre 1792, par l'accusé à son frère. Ces lettres, dit l'accusation, sont des plus contre-révolutionnaires.

1. Aurait tenu des propos tendant à avilir la Convention nationale & à nuire à la vente des biens des émigrés.

2. Cette sentence n'a pas été plutôt prononcée que le peuple y a donné son approbation par de grands applaudissements & par des cris répétés de *Vive la République! Vive la Montagne!* Le peuple s'est porté en foule dans le parquet vers Cazeneuve.

3. Aurait dit : « Nous avions un roi & nous en aurons un. » L'accusée nie. Cette affaire est la dernière portée sur le plumitif.

4. Bulletin spécial publié par la Convention nationale, aux Archives de la Haute-Garonne. Pour tout condamné à mort, la peine n'est pas mentionnée, afin d'éviter des répétitions fastidieuses.

Antoine Ducos, dit Saint-Germain, entreposeur de tabac, six ans de déportation, 28 août 1793, trib. crim. du département.

Jean Dubuc, dit Ambroise, employé dans les charrois de l'armée, 11 octobre 1793, trib. crim. du département.

Pierre Hazara, dit Barjac, prêtre de la Merci, 30 sept. 1793, trib. crim. du département.

Louis Jannot, laboureur, 27 pluviôse an II, trib. crim. du département.

Pierre Lestrade, boucher & aubergiste à Cournaudric, 23 brum. an II, trib. crim. du département.

Malpel, fils, de Toulouse, 17 frim. an II, trib. crim. du département.

Teulleris, cadet, de Toulouse, 16 frim. an II, trib. crim. du département.

Villaret, fils, de Toulouse, 17 frim. an II, trib. crim. du département.

Marie-Antoine Barras, de Toulouse, 24 germinal, trib. révol. de Paris.

Jean-Jacques Balzac, dit Firmi, ex-conseiller du Parlement de Toulouse, 1er floréal an II, commission militaire séant à Nantes.

Philippe-J.-M. Cussac, ex-conseiller au Parlement, 1er floréal an II, trib. rév. de Paris.

Anne-Joseph Lafond, ex-conseiller au Parlement, 1er floréal an II, trib. rév. de Paris.

Jean-François Montégut, ex-conseiller au Parlement, 1er floréal an II, trib. rév. de Paris.

Urbain-Elisabeth Ségla, ex-conseiller au Parlement, 1er floréal an II, trib. rév. de Paris.

Jean-Jacques-Marie-Joseph Martin, dit Ayguesvives, ex-présid. aux enquêtes au Parlement, 26 prairial an II, trib. rév. de Paris.

Paul Bertier, ex-conseiller au Parlement, 3 frim. an II, commission militaire séant à Auxonne.

Clément-Marie Blain, ex-conseiller au Parlement, 26 prairial an II, trib. rév. de Paris.

Pierre-Jean-Baptiste Bonhomme, dit Dupin, ex-conseiller au Parlement, 26 prairial an II, trib. rév. de Paris.

Victor Brandouin, prêtre, 14 floréal an II, trib. crim. du départ.

Samuel-Jacques-Eugène-Louis-François Buisson Daussonne, ex-conseiller aux requêtes du ci-devant Parlement, 26 prairial an II, trib. rév. de Paris.

Jean-Nicolas Burgère, notaire & juge au tribunal du district de Cahors, 1er prairial an II, trib. révol. de Paris.

Joseph-Henri Cassaine, ex-conseiller au ci-devant Parlement, 26 prairial an II, trib. révol. de Paris.

Jean-Paul Cazes, ex-conseiller au Parlement, Jean-Joseph Daguin, Henri-Benoît-Bruno Déliot, Bertrand-Marie Dortet, dit Boune-Bitionnet, Mathieu-Marie-Arnaud-Pierre Dubourg, Jean-Louis-René Gaillard, ex-conseillers au Parlement, condamnés le 26 prairial an II, tribunal révol. de Paris.

Dominique Dupuy, négociant de Toulouse, 4 prairial an II, tribunal révol. de Paris.

Jean Gilèle, de Saint-Anatoli, 17 floréal an II, tribunal militaire du 1er arrondissement de l'armée des Pyrénées occidentales.

Jean-Baptistes Jorre, de Toulouse, 13 germinal an II, commission militaire séant à Auxonne.

Joseph-Germ.-Paul Labroue, Jean-François Larraquan, François-Joseph Marquier, de Fajac, An oine Miégeville, Raimond-Aud.-Philibert Montégut, Isidore Poulhariez, Louis-Isidore Poulhariez, Pierre-Marie-Emmanuel Reversac, Henri-Bernard-Catherine Sajot, Jean-François-Madeleine Savy, Pierre-Madeleine Senaux, ex-membres du Parlement, 26 prairial an II, trib. révol. de Paris.

Pierre Berdier, Jacques Berdier, de Seysses, 11 avril 1793, trib. crim. du département.

Rose Broumet, marchande, de Revel, 19 germ. an II, trib. crim. du département.

Pierre Garbonnet, capitaine au 41ᵉ régiment d'infanterie, de Toulouse, trib. rév. de Paris.

Joseph Coutaud, aîné, Jean-Pierre Coutaud, cadet, négociants à Toulouse.

Pierre Declais, de Toulouse, déportation pour deux ans, 26 sept. 1793, trib. crim. du département.

Blaise Dario, médecin de Mont-Unité (Saint-Gaudens), 11 messidor an II, trib. révol. de Paris.

Marc Derrey, maire de Toulouse, Jean Douziech, militaire, de Toulouse, 11 messidor an II, trib. révol. de Paris.

Jean Lassalle, 26 messidor an II, tribunal militaire du 1er arrond. de l'armée des Pyrénées occidentales.

Gabriel Latour, de Noé, 4 thermidor an II, trib. crim. du départ.

Georges Loubet, homme de loi, 11 messidor an II, trib. révol. de Paris.

Antoine Périés, 27 messidor an II, trib. militaire du 1er arrond. de l'armée des Pyrénées orientales.

Joseph Roudier, de Toulouse, 10 brumaire an II, trib. crim. du département.

Jean-Baptiste Ruffat, médecin, de Toulouse, 11 messidor an II, trib. révol. de Paris.

Sancené, ancien capitoul & officier de la Monnaie de Toulouse, déportation pour deux ans, 23 sept. 1794, trib. crim. du départ. du Nord.

Toussaint Sevenne, négociant, de Toulouse, 11 messidor an II, trib. révol. de Paris.

Pierre Fouque, de Montesquieu-Volvestre, 10 floréal an II, commission extraordinaire établie à Bayonne.

Dartigoeyte était à Toulouse le 9 pluviôse. Les arrêtés pris par le directoire étaient discutés à l'avance par la Société populaire en présence des représentants. La Société populaire invita le directoire du Département à siéger de huit heures du matin à trois heures du soir, afin que ses membres pussent assister aux séances de la Société. La municipalité, à qui pareille demande fut adressée, ne put se rendre à ce désir. Chaque comité de la commune dut pourtant envoyer un de ses membres aux séances.

La municipalité fut invitée par le Département à faire reti·rer les marbres déposés dans le cloître de la Daurade pour être employés à la décoration du temple de la Raison ou à la construction d'autres monuments nationaux[1].

Cammas présenta les projets relatifs à la décoration du temple de la Raison, avec plan, coupe & élévation. Ces plans furent communiqués à la Société populaire, aux représentants du peuple & puis exposés dans la salle des Illustres.

On conçut à ce moment le projet de construire un mur destiné à séparer la nef de l'église Saint-Etienne du chœur; ce projet, pas plus que les décorations dont Cammas soumit le plan à deux reprises, ne reçut aucune suite.

Dartigoeyte nomma Briant commissaire inspecteur pour tout ce qui concernait les arts. Ce commissaire avait le droit

---

1. Fonfrède, entrepreneur d'une manufacture d'étoffes de coton, avait été autorisé les 1er & 4 avril 1793 à s'établir dans les locaux des Jacobins. On dut, pour les besoins de l'armée, retirer ces locaux à Fonfrède qui, par arrêté du 11 pluviôse, fut autorisé en compensation à s'établir dans le cloître de la Daurade.

de recueillir partout les tableaux & monuments précieux qui pouvaient être conservés & placés dans le Muséum [1].

Les malades & les blessés encombraient les ambulances de l'armée des Pyrénées orientales; un arrêté des représentants du peuple ordonnait le logement des blessés & des malades chez les habitants les plus riches, à commencer par les plus suspects. La Société populaire était en même temps chargée de l'exécution d'un autre arrêté prescrivant de surveiller les employés des hôpitaux militaires & aviser à ce que les secours qui doivent être prodigués à nos braves défenseurs leur soient exactement administrés.

Le 21 pluviôse (9 février 1794), le district de Toulouse prit un arrêté ordonnant la démolition des clochers jusqu'aux combles des bâtiments. Les matériaux devaient être employés pour la République ou être vendus. Le 28, on fit dresser un devis pour la démolition du clocher de Saint-Etienne.

Dartigoeyte poursuivit tous les citoyens compromis dans les réunions des corps constitués tenues en juin 1793. S'étant rendu le 6 ventôse à Mont-Unité (Saint-Gaudens), il prit un arrêté relatif à l'épuration des autorités de ce district [2]. Le motif en était qu'il avait adopté les principes fédéralistes; que Cazaux, son président, devenu depuis commandant du bataillon de la levée en masse, se rendit à Toulouse à l'assemblée des autorités; que Sartor était, le 24 juin, à Montréjeau pour faire adopter les mesures girondines par l'assemblée primaire. Cazaux, Cazes, Sartor, Court, Dario, Dasties furent arrêtés; on les emprisonna à Toulouse, dans la maison de Sainte-Ca-

---

1. Les grilles de fer qui étaient dans la grand'chambre du palais furent portées au parc d'artillerie. La commune de Grenade prenait, le 20 pluviôse (8 février 1794), une délibération portant qu'à la diligence de la municipalité on devait transporter à Toulouse tout le cuivre provenant des églises, dont il était fait hommage à la République, ainsi que tout ce qui restait d'argenterie ayant servi au culte : trois calices avec leur patène, dont un de vermeil; trois ciboires d'argent. Ensemble, 17 marcs & 550 livres de cuivre poids de marc. Les citoyennes de Grenade joignirent à cet envoi 97 livres de bandes ou compresses & 87 livres de charpie.

2. Saint-Béat devint alors Entre-Mont, & Saint-Martory Montagne-sur-Garonne.

therine. Dartigoeyte invitait les Sociétés populaires à s'épurer, à chasser de leur sein les fédéralistes, les patriotes de nouvelle date, les modérés, les muscadins, &c., « pour ne conserver que ces enfants robustes de la liberté, ces montagnards fidèles que les poignards des assassins n'intimident pas ; que l'or, l'ambition, la mollesse ne corrompent pas. »

Rentré à Toulouse, l'envoyé de la Convention, mû par les mêmes sentiments qui venaient de le faire agir à Saint-Gaudens, « ... voulant poursuivre les Girondins & se montrer contre eux aussi terrible que la loi, » prit un arrêté aux termes duquel l'administration du district fut tenue de se faire apporter tous les registres des assemblées sectionnaires & de former un tableau de tous les présidents, secrétaires & députés de ces assemblées. Si, dans le délai d'une décade, ce tableau n'était pas remis, les membres du district devaient être traités comme fédéralistes. Les maires qui avaient convoqué les assemblées sectionnaires durent aussi être désignés au représentant du peuple. Les directoires des Départements du Gers & de la Haute-Garonne durent dans le même délai fournir l'état nominatif des membres du conseil général qui adhérèrent *aux mesures liberticides* en indiquant si ces représentants étaient ou non dans des maisons de réclusion. Les Sociétés populaires furent aussi invitées à indiquer *franchement* les administrateurs de district entachés de fédéralisme.

Le registre des assemblées tenues à Toulouse fut remis au président du Comité de surveillance de la Commune.

L'état sanitaire des prisons était mauvais. Benet, Lamarque, Tarbès, Larrey furent désignés pour visiter Sainte-Catherine. Quatre membres de la Société populaire les accompagnaient. Ces commissaires demandaient, le 12 ventôse : 1° que les femmes fussent transférées au Sénéchal, afin de diminuer le nombre de prisonniers qui pouvaient à peine contenir dans la prison ; 2° de faire les recherches convenables relativement aux dons faits par les prisonniers qui ont été suppliciés ; 3° de faire fournir aux prisonniers la paille nécessaire dont ils ont un pressant besoin ; 4° sans nuire à la sûreté de la détention des prisonniers, supprimer les cachots.

L'agent national près le Conseil général de la Commune

requit l'application de la loi du 18 vendémiaire ordonnant la confiscation des domaines, maisons ou parcs des particuliers qui n'auraient pas fait disparaître les signes de royauté ou de féodalité. Le 8 ventôse, le district rappelait à la municipalité que le décret des 29 & 30 vendémiaire an II ordonnait le séquestre des biens des prêtres déportés; le district voyait avec peine que l'exécution de ce décret éprouvait beaucoup de retards dans la commune de Toulouse; on devait dresser un état de tous les prêtres domiciliés à Toulouse & porter comme émigrés les manquants. La municipalité fit la promesse « de se retirer pardevant la Société populaire, pour prendre, conjointement avec des membres de cette Société tous les renseignements convenables sur l'existence des calotins, tant de ceux qui étaient originaires de cette cité que de ceux qui avaient un domicile commun. » Le même jour on demande pourquoi les biens de Bernadet, ancien curé de Saint-Etienne, ne sont pas séquestrés; même réclamation au sujet des prêtres Diouzède, Soulan, Ducasse, Chabanettes, ci-devant curé de Saint-Michel & député à l'Assemblée nationale.

Dartigoeyte emprisonnait journellement des suspects. Chacun craignait d'être frappé : c'est à ce moment que la délation fut largement pratiquée à Toulouse par les haineux ou les poltrons. Le frère dénonçait son frère, & les Comités provoquaient ces délations.

« Tartanac, amidonnier, logé hors de la porte du Basacle, est venu nous dénoncer François Tartanac, son frère, ci-devant professeur augustin; il nous a laissé un état de ses effets & nous a dit, de plus, qu'il y avait une maison du chef paternel, rue des Tourneurs[1].

« Lamorelle, logé à Saint-Cyprien, a un frère qui a suivi le comte d'Artois en Piémont. Martin, rue Bouquières, gère les biens de cet émigré, qui sont considérables. »

Rouquier remet un état que la « nommée Cassan, guillotinée », lui avait remis à l'époque de sa réclusion.

Lassalle, aubergiste au Griffon-d'Or, se dit détenteur d'un cabriolet découvert que Faverolles, de Paris, inspecteur

1. Archives municipales, registre du Comité de sûreté.

des fourrages, « soi-disant guillotiné », lui avait laissé lors de son passage.

Jean Gleyze, officier municipal de la commune de Caux, prés Pézenas, membre de la Société des Jacobins, écrivait aux membres du Comité de surveillance de la Société populaire pour dénoncer l'ex-noble Fleury, comme ayant deux enfants émigrés. « ... Ledit Fleury a avec lui un prêtre travesti qu'on appelle Jean-Pierre, originaire de la commune de Puichéry, prêtre qui fanatiserait le genre humain, prêtre qui doit être incarcéré pour la vie, ainsi que tous les individus de la maison dudit Fleury père, chez lequel on trouvera beaucoup de papiers de féodalité contraires à la loi & à l'esprit républicain. »

La réponse fut envoyée le 28 ventôse; on n'avait pu mettre la main sur Fleury, qui, dans sa soumission à l'emprunt forcé, n'avait déclaré qu'un enfant mâle du nom d'Urbain. Quoi qu'il en soit, la dénonciation « fournit la preuve qu'il a un « domaine dans Caux. Il n'en faut pas davantage pour lancer « le séquestre, sauf à lui à justifier de la non-émigration de « ses enfants... Sois convaincu que ce qu'il possède dans no- « tre département va être déclaré bien national, & qu'il aura « furieusement de travail s'il réussit à se soustraire à notre « vigilance... »

Le 18 germinal, Gleyzes écrit de nouveau aux membres du bureau des émigrés. Il a fait pratiquer la saisie des biens de Fleury, & envoie quatre baptistères pour prouver que Fleury a trois fils dont il a caché l'existence au moment de l'emprunt forcé ; cela doit le faire condamner à mort par le tribunal révolutionnaire.

« Il doit être facile de le faire arrêter à Toulouse, à moins qu'il ne se cache à Puycheric, près de l'étang de Marseillette; chez un nommé Périer, officier de santé, qui a un frère prêtre, qui est le mentor de Fleury & le conducteur de ses trois enfants mâles qu'il a amenés en Espagne. Ce prêtre est un petit qui s'habille de toute couleur; en conséquence faites le nécessaire pour l'arrestation de toute cette famille, tant mâles que femelles, par la raison qu'il pourra en résulter beaucoup de nouvelles pour la République. »

« Fleury est enfin arrêté, répond le Comité de Sûreté de Toulouse, le scellé est à ses appartements. On s'occupera dans peu de temps de sa personne. Quant à l'officier de santé, écrivez-en à votre district. » Cette réponse est du 23 germinal. Le 1ᵉʳ floréal, Gleyzes écrit de nouveau pour savoir si quelqu'un de sa commune s'intéresse à Fleury, & demande que la réponse soit adressée à lui-même.

Le bureau des émigrés envoyait au district le nom de plusieurs prêtres déclarés émigrés, entre autres une déclaration faite par Ortric jeune, de Baziège, frère de Gervais-Joseph & de Jean-Marie Ortric, ci-devant vicaire de Saint-Etienne [1].

Le 26 ventôse, Jacques Daram, laboureur d'Escalquens, dénonça Latannier, ci-devant curé de Portet, qui avait, étant en état d'arrestation dans la maison Soulages, derrière Saint-Barthélemy, fait porter dix-neuf pièces de vin chez Idrac, perruquier à Sainte-Claire [2]. Le même avait fait déposer du salé d'oie & de cochon chez la dame Azimon. Le dénonciateur ajoute que des meubles sont cachés dans le galetas de Soulages. Latannier avait beaucoup d'argenterie ; il avait hérité de celle de son frère, curé de Pinsaguel. L'argenterie & le numéraire que Latannier possède doivent être cachés dans une cave de la maison Soulages. Châteauneuf, ancien jésuite, mari de la citoyenne Bastard, fille du professeur, logé rue Saint-Remési, vient souvent voir Latannier, qui avait fait, il y a quatre ou cinq mois, un testament en sa faveur. Les biens de Latannier ont été séquestrés à Escalquens. Daram fait cette dénonce en vertu de la loi comme bon républicain ; il veut jouir des avantages que lui donne la loi. On mit les scellés au galetas & à la cave désignés [3].

1. Un de ces deux frères fut plus tard curé de la Dalbade ; l'autre devint évêque.

2. Cet Idrac était le père du Dr Idrac qui fut médecin à Toulouse.

3. On y découvrit de l'or, de l'argent en espèces, une jatte avec son pot-à-eau d'argent, un gobelet & deux couverts aussi d'argent. Les barriques avaient été trouvées vides chez Idrac. Une perquisition chez Châteauneuf n'avait amené aucun résultat. La disette de papier avait fait mettre tous les détails sur une seule lettre. Les membres du bureau des émigrés signalent ce fait aux membres du district & se disent assurés que *l'abondance des matières* ne sera pas une cause d'erreurs.

Jean Bertrand, prêtre déporté, avait déposé ses effets chez des imprimeurs & chez des libraires; on en avait trouvé chez Pijeon, chez Robert aîné, chez Manavit.

Jean-Marie Lacoste, curé de Fourquevaux, était mort il y avait dix-huit mois chez sa belle-sœur; sa succession avait été partagée. Voulant la saisir, on proposait de le supposer émigré, puisqu'il était mort insermenté.

Dans la suite de leur correspondance, les membres du bureau des émigrés rendent compte au district des procès-verbaux dressés, des arrestations opérées; ils signalent les sommes dues par des tiers à des déportés ou à des émigrés dans les termes en honneur à ce moment : « ... Cette prêtraille, au milieu de laquelle nous remarquons plusieurs chanoines, c'est-à-dire les cochons bénis de la tribu, doit posséder bien d'autres propriétés que celles que nous vous indiquons. Nous allons en rechercher les traces avec notre zèle ordinaire... Citoyens, notre lettre vous accompagne divers effets ci-devant consacrés aux superstitieuses momeries de nos charlatans en calotte; vous les trouverez mentionnés & détaillés dans le procès-verbal ci-joint de descente dans la maison ci-devant appelée collège Saint-Raymond; ces effets paraissent appartenir aux prêtres Justrobe & Vidal, que nous vous avons dénoncés comme émigrés. Nous nous occupons à former une suite à cette liste, surtout par les recherches que nous faisons de tous les prêtres partis dans les mois d'août & septembre 1792. Nous sommes persuadés qu'il y en a une grande partie d'ignorés. Nous finissons par vous annoncer quatre procès-verbaux sous les nos 2, 3, 4, 5, concernant les dépouilles de quelques prêtres morts dans la maison de réclusion Sainte-Catherine. Nous vous invitons à débarrasser le plutôt possible le concierge de cette maison de cette triste fripperie dont les rats sont prêts à faire un dernier morceau. »

Les subsistances continuaient à manquer. Des rassemblements quotidiens avaient lieu devant les boutiques des boulangers & des bouchers. Le savon & l'huile d'éclairage manquaient aussi. On dut offrir des primes pour faciliter l'arrivée du savon à Toulouse, afin que les particuliers & les hôpitaux pussent laver leur linge. Pour l'éclairage, on n'éclairerait que jusqu'à une heure après minuit, « imitant en cela la ville de Paris. »

Des représentations gratuites étaient données au peuple. Du 10 nivôse au 10 ventôse an II, le directeur reçut 4,200 livres. On faisait jouer des ménétriers sur les promenades les jours de décade. Les orchestres étaient au nombre de quatre : un dans la ville, un à la porte Arnaud-Bernard, un au Boulingrin & un au quai Saint-Cyprien [1].

Une musique guerrière devait, par sa présence, donner plus de pompe aux fêtes civiques. Elle était composée de dix-sept musiciens dont le salaire fut fixé, comme celui des soldats de la République, à 15 sous par jour [2].

Le temple décadaire était toujours à l'église Saint-Etienne mais chaque quartier éprouvait le besoin de posséder le sien. Le 22 ventôse, les montagnards du 11me bataillon demandaient les ci-devant églises de Saint-Pierre ou du Taur pour leur temple.

Le 26 ventôse, une proclamation visait « les muscadins & les muscadines qui affectent, les jours de décade, de se rendre à l'Esplanade & autres lieux pour y former des groupes particuliers, y étaler un luxe & une arrogance qui insultait à la simplicité des vrais républicains » [3].

---

1. Il y avait quinze musiciens. Le salaire de chacun d'eux, d'abord fixé à 3 livres, fut élevé à 5 livres ; ce salaire étant fortement diminué par la consommation extraordinaire de cordes & par les frais de buvette. On dansait en plein air ; il eût été impolitique de laisser danser dans des lieux renfermés, la surveillance publique ne pouvant parer aux suites qu'entraîneraient les rassemblements.

2. Il y avait quatre clarinettes, quatre octavins, deux cors, deux bassons, deux timbales, une trompette, un serpent, une grosse caisse.

3. La mode inaugurée par les sans-culottes en 1793, & surtout en 1794, était une grande négligence dans la tenue. Les étoffes neuves devaient être réservées aux militaires, les patriotes devaient se vêtir chez les fripiers. Ils affectaient de ne porter que de vieilles chaussures, quelques-uns des sabots. C'était une manière d'opposition au parti dominant de se vêtir d'une façon convenable. De là l'appellation de muscadin & de muscadine. Ce nom, resté populaire à Toulouse, est encore appliqué à un homme ou à une femme du peuple dont la mise paraît être recherchée.

On arrêta à Paris, le 24 ventôse, Hébert, Rousin, Vincent, Momoro, Clootz & autres pour avoir attaqué la Convention & les ministres. Ils furent condamnés à la peine de mort le 1er germinal. Le 6 (27 mars 1794), les administrateurs du Département de la Haute-Garonne rédigèrent une adresse à l'occasion des nouveaux dangers qu'avait courus la République.

La Convention se décimait elle-même.

On dressa, à Paris, l'acte d'accusation contre Chabot, Fabre d'Églantine[1], Bazire, Delaunay, Julien (de Toulouse), Hérault-Séchelles, Danton, Camille Desmoulins, Philippeaux, Lacroix, &c. Ils comparurent le 13 germinal devant le tribunal révolutionnaire. Danton & les autres accusés se défendirent avec véhémence. La Convention autorisa la mise hors des débats des accusés qui résisteraient ou qui insulteraient la justice nationale. Ce décret fut appliqué le 16 germinal par le tribunal révolutionnaire, qui mit les accusés hors des débats pour avoir manqué de respect à la justice & les condamna à mort[1].

A Toulouse, Dartigoeyte cherchait à imiter ou à dépasser les rigueurs de la Convention. A la suite de quelques troubles à Saint-Sulpice & à Montgazin, à propos du recensement des grains, il prit un arrêté où on lit : « ... Considérant que l'attroupement qui vient de se former à Saint-Sulpice & à Montgazin est un acte d'extravagance qu'il serait impossible de concevoir si on ne savait que les royalistes, les fédéralistes, les aristocrates, sont capables de tous les forfaits, & tellement frappés d'aveuglement par le dieu de la Liberté qu'ils viennent se présenter eux-mêmes sous le glaive de la guillotine. »

L'arrêté donne trois heures aux habitants pour se soumettre ; passé ce délai, ils seront déclarés en état de révolte, le représentant du peuple s'y transportera avec la force armée & le tribunal révolutionnaire. Les noms de ces communes seront changés. Les maires, officiers municipaux ou agents nationaux devront dénoncer les coupables ou ils seront eux-mêmes regardés comme suspects. Devaient être conduits à Toulouse les

---

1. Fabre avait reçu un Œuillet à un concours des Jeux Floraux. Voulant ajouter à son nom patronymique le nom d'une des fleurs distribuées, il choisit l'Eglantine, bien qu'il ne l'eût jamais obtenue.

curés de ces deux localités, ainsi que tous les autres prêtres ou ci-devant privilégiés, nobles, seigneurs qui peuvent exister.

L'arrestation de Gros, curé de Saint-Sever, fut une occasion pour Dartigoeyte de généraliser la mesure prise contre les curés de Saint-Sulpice & de Montgazin ; « … tous les prêtres qui se trouvent aujourd'hui sans fonctions, parce que les églises ont été abandonnées ou fermées d'après le vœu du peuple, seront tenus de se rendre au chef-lieu du district, & ce, quand bien même ils se seraient déprêtrisés postérieurement à l'abandon ou fermeture des églises [1]. Si les municipalités négligent l'exécution de ces ordres, elles seront déclarées suspectes, & par suite mises en réclusion. Les citoyens qui récéleraient des prêtres seront poursuivis devant le tribunal révolutionnaire. En cas de trouble, de résistance aux lois & aux arrêtés dans les communes où les prêtres exercent encore leur culte, ils en seront déclarés auteurs, & comme tels on les traduira devant le tribunal révolutionnaire… La municipalité de Toulouse fera sur-le-champ des recherches & des visites domiciliaires pour connaître & faire arrêter tous les prêtres cachés, ainsi que les citoyens non domiciliés qui ne pourraient justifier de leur civisme. Il en sera usé de même dans les autres communes. Tous les certificats de civisme accordés aux ci-devant nobles sont annulés. »

Les comités de surveillance doivent faire reclure tous les ci-devant nobles. Sont exceptés de ces mesures ceux qui, depuis 1789, ont constamment développé un patriotisme énergique ; à cet effet (s'il en existe quelqu'un), ils devront présenter au Conseil général de la Commune le tableau de leur vie politique appuyé de faits ; ce tableau devra être approuvé par le Conseil général de la Commune, par la Société populaire, par le Conseil général du district & par le Comité de surveillance. Faute de ces quatre attestations réunies, ils subiront la réclusion.

D'autres affaires occupaient pourtant les différentes autorités [2].

---

1. Le contre-coup des événements avait fait fermer un grand nombre d'églises dans les communes rurales ; les curés constitutionnels avaient eux-mêmes disparu.

2. Un arrêté, relatif aux haras, défend de donner des baudets aux juments, afin de ne pas favoriser l'élève du mulet & le commerce avec l'Espagne. Une grande quantité de petits cochons & de truies pleines

Le parti royaliste, toujours militant, espérait profiter de l'agitation causée par les malheurs publics pour ramener l'ancien régime. Le 15 germinal (4 avril 1794) Pinel & Cavaignac, représentants en mission près l'armée des Pyrénées occidentales, lancèrent un ordre d'arrestation contre Garat de La Chambre, ci-devant seigneur d'Urgens. Le motif était une lettre faisant appel aux ennemis de la France :

« *Samalet*, 1er *mars*. Persévérez, Monsieur, dans le projet d'entrer; voici le moment favorable; nous sommes tous à la famine. Les déserteurs sont en si grand nombre dans ce pays [1] que l'éclat n'est pas loin. Si l'Espagnol veut, vous ferez à votre aise. M. d'Urgens & M. Sorbus travaillent de tous leurs

ayant été entrés à Toulouse, la municipalité prend un arrêté, afin de préserver la destruction de l'espèce : on ne pourra tuer de porc à moins de 150 livres pesant.

Aucun soin n'était apporté à la culture du sol. La culture des fèves était fort négligée par suite d'une demande d'augmentation de salaires de la part des cultivateurs; les travaux des vignes se faisaient avec de telles difficultés que, le 10 germinal (30 mars 1794), les administrateurs du district invitèrent la municipalité à prendre des mesures pour que la taille des vignes fût terminée dans la décade.

On supprima officiellement, le 12 germinal, la chapelle de la maison commune & on y installa le bureau de police intérieure & extérieure. En germinal, la municipalité de Toulouse paya à Joseph Penna 300 livres pour la démolition des croix placées aux clochers & aux églises de Toulouse. Un autre maçon, du nom de Bernard, reçut aussi 178 livres pour journées employées à enlever les croix dans la banlieue. On mit en adjudication, moyennant 926 livres 15 sols, « des ouvrages à exécuter pour faire disparaître des édifices publics & particuliers tous les signes de la royauté & de la féodalité ».

1. Un cahier de dénonciations aux Archives municipales confirme cette allégation. Dès 1793, il n'y avait pas de jour où quelque déserteur ne fût signalé. En l'an II, il en était de même; on fut obligé de faire des perquisitions pour la recherche des déserteurs & des réfractaires. Dans le registre de correspondance, lettre 84, on trouve l'ordre suivant : « Nous te prévenons que tu as été nommé commissaire pour faire la visite de la 9e section; tu pourras t'adjoindre quelques bons sans-culottes pour t'aider dans ce travail, &, comme nous avons lieu de le croire, tu trouveras dans tes recherches des jeunes gens depuis dix-huit jusqu'à vingt-cinq ans, tu les feras conduire aux Hauts-Murats par deux citoyens voisins que tu requerras au nom de la loi. »

moyens, le premier en embauchant les déserteurs en secret,
& l'autre en mettant plus de régularité qu'il ne faut à ses
commissions[1] ; tous les deux s'entendent & ce sont eux qui
doivent commander sitôt que le premier mécontentement se
montrera ; il y a plusieurs de mes amis qui se prêtent & qui
se prêteront. Costadonat est terrible ; je n'ai pas osé le mettre
dans le secret, j'ai essayé de le corrompre, mais il m'a été impossible. Il tient toujours le fait des chevaliers de Don Qui-
chotte dans l'ordre des Ça-Ira, mais nous lui ferons bientôt
son compte, car il le mérite ; il est tout sans-culotte[2]. L'avocat Darbin nous sert aussi, car les déserteurs passent souvent
chez lui, à Serres, où il s'est retiré. Dites à l'Espagnol que
tous les nobles & seigneurs de ce pays sont à leurs secours &
que s'ils peuvent approcher Bayonne ils seront maîtres. J'espère que les Carmagnols danseront mal à leur aise. Ce sera
pour le 1er juin qu'il convient de choisir ce coup d'essai, parce
que la famine y sera plus que toute l'année. J'attends cette époque avec le désir de vous embrasser, &c. Signé Dumartin. —
*A Monsieur l'abbé Juncarot, au camp des émigrés, sur la mon-
tagne de la Rhune, en Espagne.* »

Les représentants près l'armée de Bayonne, Cavaignac,
Pinel & Monestier, étaient en séance à Dax lorsqu'ils appri-
rent que le 17 germinal (6 avril), au moment où leur collègue Dartigoeyte passait dans une rue de la ville d'Auch, une
brique faillit l'atteindre en tombant près de lui. Ils virent
dans cet accident ou dans cette tentative de crime une sorte
de ramification entre les projets développés dans la lettre saisie
chez M. d'Urgens & les tentatives d'insurrection qui avaient

---

1. Ce Sorbus jouait au patriote & paraissait même plus révolutionnaire que les vrais adeptes de la Révolution. Un grand nombre de
faits confirment l'allégation contenue dans cette lettre ; on cherchait à
pousser les choses à l'extrême pour amener une réaction. Voir aux
Archives municipales, *Cahier des dénonciations en* 1793, relié, dos rouge.

2. Cette menace est encore un vrai signe de ce temps, où le mépris
de la vie était passé comme une fièvre dans toutes les classes & dans
tous les partis. On parlait froidement de guillotine & d'assassinat
comme de la chose la plus naturelle du monde, & ces dires n'étaient
malheureusement pas de vains mots.

amené la mort des hébertistes. Dans leur opinion, cette conspiration devait avoir des ramifications à Auch ; leur arrêté en fait foi : « ... Considérant qu'en même temps que la Convention nationale devait être égorgée, chacun des représentants envoyés par elle dans les départements & auprès des armées avait derrière lui son assassin prêt à le poignarder ; que ces affreux complots avaient pour objet de dissoudre la République, d'allumer la guerre civile & de relever le trône des tyrans... »

Une commission extraordinaire créée à Bayonne devait se rendre à Auch afin d'y procéder sur-le-champ au jugement de tous les prévenus de l'assassinat ; cette commission jugera ensuite ceux qui seront soupçonnés d'avoir trempé dans la conjuration du département des Landes, & généralement tous les prévenus d'attentat contre la liberté du peuple. A la réception de l'arrêté, l'administration du district d'Auch fera dresser la guillotine sur la place publique.

Il est assez difficile de tracer une esquisse exacte de ces temps fiévreux où les citoyens étaient injustement soupçonnés, où la chute d'une brique de l'échafaudage d'un maçon faisait dresser la guillotine. Le registre de correspondance du bureau de la sûreté[1] donne cependant de curieuses indications.

Le 8 germinal, la municipalité de Toulouse répondait à celle de Pamiers, demandant un personnel pour remplacer les Sœurs de charité, qu'elle était dans l'impossibilité de répondre à son désir, n'ayant pu encore remplacer les Sœurs de Toulouse.

A propos du non-allumage de tous les réverbères du parc d'artillerie, la municipalité écrivait : « ... Cette négligence ou affectation étant très coupable, nous ne pouvons qu'assumer sur ta tête la responsabilité d'un objet de cette nature[2].

On écrivait au Comité révolutionnaire d'Agde pour qu'il procédât à l'arrestation de militaires dont les attaches étaient suspectes. Le Comité révolutionnaire se trompait & faisait

1. Archives municipales de Toulouse.
2. Lettre n° 80.

arrêter des homonymes. On continua à rechercher les premiers désignés, mais ceux qui avaient été incarcérés par erreur étaient retenus[1]. La municipalité, à l'occasion du passage à Toulouse de onze prêtres déportés par le Département de l'Aude & envoyés à Bordeaux, écrivait à l'administration du Département pour joindre à ce convoi les individus condamnés à la même peine existant dans les prisons de Toulouse. Les déportés recevaient 3 livres par dix lieues de route[2].

Le curé de Blagnac, Fraisengues, avait été appelé à Toulouse par deux inconnus & mis en état d'arrestation. La municipalité de Blagnac est informée du fait[3].

Un gendarme du nom de Duffaut était en état d'arrestation à Cahors. La municipalité, appelée à donner des renseignements sur son compte, écrit que sa conduite depuis la Révolution n'offre rien de saillant, si ce n'est une *exactité* dans le service. Quant à la manifestation de ses principes, les patriotes n'ont pas cru devoir y apercevoir de l'énergie, sans néanmoins qu'ils puissent le considérer comme suspect[4].

Alexandre Sambucy était venu à Toulouse pour faire plaider un procès de famille; il fut reclus comme suspect[5]. Un individu, nommé Castel, arrêté par mesure de sûreté générale, fut retenu pour avoir, au commencement de la Révolution, récusé un juge de paix & avoir cru au prochain retour du Parlement[6].

Le régime des prisonniers était réglé par Dartigoeyte sur l'avis du comité révolutionnaire. Les hommes qui étaient aux postes de surveillance empêchaient l'entrée de certains aliments dans les prisons, mais ils les confisquaient[7].

Le commandant de place était invité, le 4 messidor (22 juin 1794), à mettre une ou deux sentinelles à la porte de chacun des parlementaires guillotinés à Paris & dont les familles

1. Lettres 90, 92.
2. Lettre 98.
3. Lettre 102.
4. Lettre 105.
5. Lettre 108.
6. Lettre 116.
7. Lettre 120.

habitent Toulouse. Les sentinelles devaient veiller à ce que rien ne sorte desdites maisons[1].

Deux prêtres avaient été conduits de Muret aux prisons de la Maison commune pour y être *jugés* par le Comité révolutionnaire; le district de Muret n'avait pas indiqué les motifs de l'arrestation. Un d'eux avait abdiqué la prêtrise depuis plusieurs mois[2].

Un perruquier d'Auterive demande au bureau de sûreté s'il peut raser dans sa boutique ou ailleurs le jour de décadi. On lui répond : « Nous pensons, ainsi que toi, que tu peux raser & peigner soit dans ta boutique ou ailleurs, même le jour de décadi. »

Du 16 germinal au 9 thermidor (5 avril-27 juillet 1794), fut établi un régime qui amena par son horreur la fin de cette fièvre de tyrannie. Depuis la chute des Girondins, les Comités gouvernaient; les ministres n'étaient que des expéditionnaires. La Convention ne discutait plus; elle se bornait à décréter les mesures dont le Comité de Salut public discutait l'opportunité. Ce dernier, voulant concentrer de plus en plus entre ses mains l'administration & le pouvoir, supprima les Comités révolutionnaires des Communes, provoqua la dissolution des Sociétés sectionnaires de Paris où il ne resta que celle des Jacobins, abolit les ministères & institua douze Commissions sous sa dépendance administrative. Il fit rendre par la Convention un décret mettant hors la loi les ex-nobles ou les étrangers en guerre avec la République trouvés après un délai d'un mois dans Paris, les places fortes ou les villes maritimes. Tous les citoyens devaient informer les autorités des discours inciviques & des actes d'oppression dont ils auraient été les victimes ou les témoins. Celui qui se sera plaint de la Révolution, s'il n'est sexagénaire ou infirme, sera déporté à la Guyane. Les prévenus de conspiration seront traduits de tous les points de la République au tribunal révolutionnaire de Paris. Les Comités de Salut public & de sûreté générale devaient rechercher promptement les complices des conjurés & les faire traduire au tribunal.

1. Lettre 126.
2. Lettre 131.

Ce décret, voté à l'unanimité, fut bientôt mis à exécution dans la France entière. Dartigoeyte l'appliqua à Toulouse dans toute sa rigueur; dès le 29 germinal, le Conseil général de la Commune eut à statuer sur les pétitions de plus de cent citoyens arrêtés en vertu des ordres du représentant en mission. Voici leurs noms avec les réponses faites à leurs réclamations :

Berdole, dit Lalande, en liberté d'après les informations prises sur sa vie politique. — Jacob Bonhomme du Pin, réclusion. — Laujon, ex-noble, en liberté d'après sa vie politique. — Daunassans, ancien officier, en liberté; motif, le besoin qu'il a d'être auprès d'un oncle octogénaire & duquel il reçoit la subsistance. — Nicol, en liberté; n'est pas compris dans la classe des pères d'émigrés; n'a manifesté depuis la Révolution aucun signe d'incivisme; reconnu d'ailleurs très populaire. — Duprat, en liberté; reconnu en état de démence. — Roucous, dit Saint-Amans, en liberté comme étant utile à la chose publique par l'exploitation d'une mine d'alun; n'a jamais agi dans un sens contraire à la Révolution. — Fleyres, en réclusion, vu son aristocratie prononcée. — Dutrein aîné, en liberté, d'après les informations prises sur sa vie politique & les certificats de son service dans les armées. — Etienne Desclaux, la réclusion chez lui, vu son grand àge. — Cazals, reclus.

Vieussans, en liberté, ayant été arrêté comme noble & ne l'étant pas. — Brailli; on passe à l'ordre du jour. — Daunassans, en liberté; motifs : son peu de fortune & ses infirmités reconnues, suite de vingt-deux ans de services. — Pratviel fils, en liberté; l'empressement qu'il a mis à s'acquitter des devoirs que la nature lui imposait en faveur de deux de ses enfants en s'unissant à leur mère enceinte & sans fortune; sa vie simple & retirée. — Danceau, en réclusion comme aristocrate prononcé. — Miramont, en liberté; a donné depuis la Révolution des preuves non équivoques de son amour pour elle.—Chauliac, en liberté; motifs : sa conduite dans les différentes places qu'il a occupées dans les dernières administrations. — Delor, en liberté par suite de son attachement à la Révolution. — Cominhian, en liberté. — Vidal, dit Lacoste, en liberté; n'est pas noble.

Delherm, administrateur du département, en liberté; a manifesté des principes révolutionnaires. — Dolive, en liberté; motifs : son civisme. —Viguerie père, en liberté; a manifesté des principes patriotiques par ses paroles & par ses actes. — Justin Taverne, ci-devant curé (*sic*) de la Daurade, en liberté; motifs : la connaissance intime de sa vie patriotique. —Dubreuil, général de brigade, en liberté; attachement à la Révolution reconnu. - Jouvé, officier, en liberté; a toujours été constant dans les principes des vrais sans-culottes. —Trubelle, en liberté ; civisme reconnu. — Pavie fils, en liberté ; preuves de patriotisme. — Guillermin, en liberté ; a manifesté des sentiments d'humanité & n'a jamais pratiqué que les sans-culottes. — Déjean, ex-prêtre, ci-devant curé de Lévignac, en liberté ; n'a cessé de donner des preuves non équivoques de son amour pour la liberté & l'égalité.

Boisfranc, en liberté ; n'a cessé de montrer par des actes de bienfaisance & d'humanité envers les sans-culottes son attachement à la Révolution. — Vaissié, en liberté. — Teynier, vu ses incommodités, restera consigné chez lui. — Gounon aîné, fabricant d'indiennes, en liberté ; motifs : les principes qu'il a constamment manifestés depuis la Révolution. — Ribonet oncle, en réclusion chez lui à cause de son grand âge & de ses infirmités. — Villeneuve-Beauville ; vu son grand âge en réclusion chez lui. — Chirac père ; en réclusion chez lui. — Lecomte, en liberté, vu sa conduite politique. — Laporte, en liberté ; a toujours professé des principes patriotiques. — Bonfontan, reclus ; n'a pas donné des preuves suffisantes de patriotisme.

Supplici, reclus comme ex-noble. — Avisard, en liberté, vu les preuves non équivoques de son civisme. — Gélis, en liberté, vu son civisme. — Joulia fils, en liberté ; a obtenu son certificat de civisme. — Bastard, en liberté, vu ses bons principes en faveur de la Révolution.— Papus, reclus chez lui. — Peytes, dit Montcabrier, reclus comme aristocrate reconnu. — Gounon, place du Pont, reclus ; preuves insuffisantes de civisme. — Lastoureilles, en réclusion ; grande noblesse & fanatisme. — Bon, en réclusion.

Vignes Puylaroque, en liberté ; actes de patriotisme. — Laviguerie, en liberté ; sa vie politique n'a jamais troublé la marche des affaires publiques. — Durand, en liberté ; grand âge & bonne conduite politique. — Dupuget, en liberté ; preuves de civisme depuis la Révolution. — Sahuqué, en liberté. — Bertier le père, gardera la réclusion chez lui. — Bertier le fils, en réclusion comme aristocrate. — Laforcade, en réclusion comme aristocrate. — Persac, en réclusion comme ayant des frères émigrés. — Rouan, en réclusion comme frère d'émigré.

Arexy, en réclusion comme aristocrate. — Castelpert, Bousquet, Caustre, Saint-Simon, Madron, Bastide, Dupérier, Vaïsse cadet, Paulo, Darbon, Lafue, Castel, reclus comme aristocrates. — Puligneux, en liberté ; n'est pas noble. — Sirven, en liberté. — Delestang, en réclusion. — Sébastien Foulquier, en réclusion. — Lavelade, en liberté ; peu fortuné, chargé de sept enfants & de deux belles-sœurs, bon père, bon époux, vertus qui ne sont pas démenties par sa conduite politique. — Lespinasse père, en liberté, vu son grand âge & sa vie retirée. — Prévost, Moncassin, en liberté, vu leur grand âge & leur conduite paisible. — Catellan, en liberté ; a fourni des preuves anthentiques de son attachement aux lois.

Valinfort, Besaucèle, en liberté, vu leur grand âge & leur patriotisme. — Marcassus, en liberté; s'est rendu utile à la fonderie de canons & comme chef d'une manufacture. — Mourlens, en liberté; très
attaché à la Révolution. — Joulia, en réclusion. — Doujat, reclus chez
lui comme aveugle depuis trente ans. — Boyer, reclus chez lui, vu son
grand âge. — Gary, reclus chez lui, vu ses infirmités. — Fajole frères,
reclus. — Laburthe, reclus comme aristocrate. — Ribonet, Darbon,
Chalvet, Berdolle, Furgole, en réclusion. — Ségla fils, en réclusion
pour aristocratie. — Delon, en réclusion pour les froides apparences
de civisme qu'il a démontrées depuis la Révolution. — Fajole, réclusion motivée par son aristocratie.

Les administrateurs du Département décidèrent, le 13 floréal, de planter dans la cour de l'hôtel où ils tenaient leurs
séances [1] un chêne comme arbre symbolique de vertu civique,
& les officiers municipaux, pour se conformer aux idées d'ostra-
cisme, décidaient la suppression « de la salle de la Maison commune, appelée salle des Illustres, des bustes, & des inscriptions
proscrits par la Révolution ».

Le culte de la Raison n'avait été qu'une sorte d'intronisation
de l'athéisme. Il fallait un dédommagement, une chose qui ré-
pondît à la grandeur des formes dont on méditait l'établissement
& qui pût, par sa majesté, lutter avec les pompes du catholicisme
non encore oubliées. Robespierre fut chargé, le 18 floréal, de
présenter un rapport sur les fêtes nationales décadaires. Après
avoir posé en principe que la morale est le fondement de la
société civile, que l'immoralité est la base du despotisme,
comme la vertu est l'essence de la République, il ranima, exalta
tous les sentiments généreux, toutes les grandes idées morales
qu'on avait voulu éteindre en nationalisant l'athéisme. « Et
qui donc, disait-il, a donné aux athées la mission d'annoncer
au peuple que la divinité n'existait pas? Quelle puissance
assez ennemie du bonheur de l'homme, a pu les pousser à
arracher aux malheureux jusqu'à l'espérance? O vous qui
vous passionnez pour cette aride doctrine & qui ne vous pas-
sionnâtes jamais pour la patrie, quel avantage trouverez-vous
à persuader à l'homme qu'une force aveugle préside à ses destinées & frappe au hasard le crime & la vertu, à lui dire que

1. Aujourd'hui l'archevêché.

son âme n'est qu'un souffle léger qui s'éteint aux portes du tombeau ?... »

La Convention vota par acclamation un décret reconnaissant l'existence de l'Etre suprême, l'immortalité de l'âme & créant des fêtes qui devaient être célébrées chaque décadi[1]. Le discours de Robespierre devait être traduit dans toutes les langues. La Société des Jacobins remercia la Convention du décret solennel qu'elle venait de rendre. La Commune de Paris demanda qu'au lieu de cette inscription : *A la Raison*, qu'on voyait sur les frontispices des temples, on y gravât ces mots : *A l'Etre suprême*

A Toulouse, le même revirement se produisit. Le 20 prairial ce n'était plus la Raison qui était honorée, mais l'Etre suprême. La citoyenne Brives chanta, sur l'autel de la Patrie, *l'Hymne à l'Etre suprême* ; une hymne à l'Eternel fut aussi dite en patois. En voici un couplet :

> Dins nostros festos civiquos
> N'oubliden pas l'Eternel,
> Adressen ly de cantiquos
> Dignos d'un Diu paternel ;
> Proutejara nostro guerro,
> Fara per sa boulountat
> Flouri l'arbre de la libertat.

Chaudron-Rousseau envoyait de son côté, le 6 floréal (15 mai 1794), aux administrateurs du Département une prière

---

1. A l'Etre suprême & à la nature. — Au genre humain. — Au peuple français. — Aux bienfaiteurs de l'humanité. — Aux martyrs de la liberté. — A la liberté & à l'égalité. — A la République. — A la liberté du monde. — A l'amour de la patrie. — A la haine des tyrans & des prêtres. — A la vérité. — A la justice. — A la pudeur. — A la gloire & à l'immortalité. — A l'amitié. — A la frugalité. — Au courage. — A la bonne foi. — A l'héroïsme. — Au désintéressement. — Au stoïcisme. — A l'amour. — A l'amour conjugal. — A l'amour paternel. — A la tendresse maternelle. — A la piété filiale. — A l'enfance. — A la jeunesse. — A l'âge viril. — A la vieillesse. — Au malheur. — A l'agriculture. — A l'industrie. — A nos aïeux. — A la postérité. — Au bonheur.

de l'Homme libre à l'Eternel, pour être lue dans le temple tous les jours de décadi [1].

Afin d'assurer la célébration des fêtes décadaires & pour empêcher les populations de chômer le dimanche, Dartigoeyte appliqua des moyens révolutionnaires. Un arrêté mettait en réquisition tous les citoyens, chacun pour le travail qui le concernait. Il n'était permis de prendre de repos que le jour de décadi. Ceux qui contrevenaient à l'arrêté en chômant le dimanche ne recevaient pas, pour le jour passé dans l'oisiveté, de distribution de grain, pain ou farine. Une liste devait être dressée de ceux qui négligeaient de travailler deux jours par mois, sous ce titre : *Liste des citoyens fainéans & suspects de la Commune;* elle devait être transmise aux districts afin qu'ils prononcent la réclusion ou toute autre mesure de sûreté générale contre les fainéants. Les conseils généraux des Communes convaincus d'avoir négligé l'application de cet arrêté devaient être suspendus & reclus. Dans les Communes où les terres étaient négligées & où il se formait de nombrenx rassemblements sous prétexte de culte, les curés & autres prêtres pouvaient être retenus comme auteurs de troubles.

Le 14 prairial, le Conseil général de la Commune, ayant connaissance d'une tentative d'assassinat sur Collot-d'Herbois & sur Robespierre, fit une adresse à la Convention, &

---

1. « Etre suprême! que la raison annonce, que la vértu célèbre, que l'infortune implore ; ordonnateur de tous les mondes, père conservateur de tous les hommes, ô toi qui déposais les preuves de ton existence & le sceau de ta grandeur dans les organes d'un insecte comme sur le disque du soleil... Sans autels, sans prêtres, sans rois, nous dirigeons vers toi la prière des hommes libres & qui ne veulent d'autre temple que la voûte du ciel, d'autre autel qu'une âme pure, d'autre offrande que les vertus sociales, d'autre sacerdoce que la raison, d'autre maître que la loi, d'autre Dieu que toi, grand Etre, d'autres idoles que la patrie! Etre des êtres, toutes nos adorations sont pour toi, tous nos vœux sont pour elle ; protége-la d'un pôle à l'autre ; seule elle offre un asile à l'égalité de l'homme, à la liberté du citoyen, à la pensée du sage ; qu'elle soit celle des vertus & qu'elle devienne enfin celle de la paix & du bonheur! Etre suprême, l'âme de l'homme de bien ne périt pas! elle vivra toujours dans des souvenirs attendrissants & dans ton sein paternel. »

reçut la réponse suivante : « Il nous est parvenu, citoyens, l'adresse par laquelle vous témoignez votre indignation sur l'attentat dirigé contre les représentants du peuple Collot-d'Herbois & Robespierre. Elle a été lue ce jourd'hui à la tribune ; il en a été ordonné la mention honorable & l'inscription au Bulletin. »

La grande préoccupation était toujours la question de la vie matérielle. Le 9 prairial Dartigoeyte avait pris un arrêté relatif aux subsistances & à tous les genres de comestibles ; le 16, un nouvel arrêté ordonnait le recensement des grains ; le 18 (6 juin), il fut décidé que, dès la récolte des seigles ou des orges, il devait être distribué dans la campagne la quantité de grains nécessaires pour produire 52 livres de farine poids de marc. La distribution dans les ci-devant villes (grandes communes) ne pouvait excéder une livre un quart par jour par individu.

Ces mesures ne suffirent pas. Dans le courant de messidor, la disette à Toulouse était telle que des secours en grains furent demandés à diverses Communes, même en dehors du Département. Saverdun fit un envoi d'une valeur de 2,069 francs. La viande était d'une telle rareté que la boucherie municipale ne pouvait délivrer qu'une livre de viande de mouton pour chaque malade. Les représentants pour l'armée des Pyrénées orientales, considérant que des travaux de la récolte dépendait l'existence du peuple, prononcèrent la peine de mort contre ceux qui se refuseraient à la réquisition ou qui chercheraient à s'y soustraire en ne travaillant pas au prix du maximum.

On eut à ce moment à Toulouse de grandes craintes pour la santé publique. Une lettre communiquée le 6 messidor donnait des détails sur les ravages de la peste à Alger & à Tunis & faisait pressentir son approche par l'Espagne. Une Commission, composée de pharmaciens & de médecins, fut chargée de rechercher les moyens à prendre pour que la salubrité de l'air, celle des hôpitaux, des maisons d'arrêt, des rues & avenues de la cité ne fût pas infectée. Elle devait présenter les moyens de se défendre des épidémies ou autres maladies contagieuses.

Les administrateurs du Département s'occupaient de l'établissement d'un nouveau Jardin de botanique, d'une Ecole vétérinaire & d'une Société d'agriculture. Le jardin de botanique fut placé dans l'enclos des anciens carmes déchaussés. Ce fut l'origine du Jardin des Plantes actuel.

Voulant imiter la montagne élevée au Champ de Mars, à Paris, le bataillon de Brutus de la garde nationale de Toulouse se proposait d'en établir une sur le port Voltaire (ci-devant Saint-Pierre). Elle devait avoir cinquante pieds de haut sur une base proportionnée. L'emplacement était trop exigu, & l'espace manquant, on dut en réduire les proportions[1].

La Convention avait organisé la publication d'un *Recueil des actes héroïques & civiques des républicains français.* Ce recueil était envoyé en placards & en cahiers aux municipalités. Le département de la Haute-Garonne le réimprimait à Toulouse & le répandait à profusion[2]. Le but de la Convention était de donner à tous les jeunes citoyens un livre élémentaire de morale « substitué aux catéchismes & aux livres bleus dont on obscurcissait leur imagination[3] ». Le Conseil général de la commune publia aussi son *Journal révolutionnaire.* Un rédacteur du nom de Camille recevait 333 l. 6 s. 8 d. par mois sur l'emprunt de 1,500,000 livres imposé par Baudot.

L'anniversaire de la prise de la Bastille fut célébré le 26 messidor (14 juillet); mais, comme pour la fête de l'Etre suprême, la Commune de Toulouse était sans ressources : pour le paiement de la part qui lui incombait, on préleva 1,000 livres sur un reliquat d'une somme retenue en 1790 aux « ci-devant ecclésiastiques pour la célébration de cet anniversaire ».

Les ressources procurées à la Commune par les emprunts s'épuisaient par l'achat des subsistances, & aucune somme ne pouvait être appliquée à l'entretien de la voirie.

---

1. Un décret de la Convention du 2 ventôse an III ordonna la destruction de ces monuments comme rappelant les maux qui avaient déchiré la patrie.

2. Paraissait par numéros de 16 pages, in-8°, à Toulouse, à l'imprimerie du citoyen Sens, impr.-libraire, rue Liberté, 1ʳᵉ section, n° 87.

3. Bibliothèque bleue, Alphabets & livres divers se vendant chez les merciers.

Le peu de respect d'une partie de la population pour ce qui était du domaine national aidait à la détérioration des promenades publiques. L'Esplanade surtout avait à souffrir de dégâts journaliers ; les arbres étaient endommagés. Les inspecteurs de cavalerie & des charrois y passaient leurs revues ; on attachait les chevaux aux arbres qu'on froissait avec les charrettes ; on plantait des clous & des chevilles dans les troncs des arbres. Des marchands de bois, des charrons, des scieurs de marbre encombraient les allées.

La décision portant que l'église Saint-Etienne devait être transformée en un temple dédié à l'Etre suprême avait fait élaborer un nouveau projet par Cammas. Les devis approuvés portaient sur la construction d'une charpente pour les estrades & sur la décoration. La charpente devait coûter 68,414 francs & la décoration 202,840. On devait commencer par construire la grosse charpente, les galeries, les sièges, les escaliers. On projetait de fermer le fond de la nef par un mur dont la forme devait concourir à la décoration & empêcher que la voix de l'orateur se perdît dans le grand vide derrière la nef, ou qu'elle s'amortisse aux vieilles tapisseries qu'on y avait suspendues [1].

Robespierre, voulant lutter contre le Comité du Salut public, avait fait présenter par Couthon, à la Convention, le 22 prairial (10 juin), une nouvelle organisation du tribunal révolutionnaire. Malgré l'opposition de quelques conventionnels, effrayés des conséquences que pouvaient avoir ses dispositions, la loi fut votée le 22 prairial, puis exécutée avec une farouche énergie. Ce fut durant deux mois une nouvelle terreur au milieu de la terreur. Cette situation préparait les esprits à une réaction. Robespierre la fit naître le 3 thermidor (21 juillet), par un discours qu'il prononça aux Jacobins où il dénonçait d'une manière assez directe les Comités & les membres de la Convention en général.

---

1. Quelques mois après, on essaya de tenir les réunions décadaires aux ci-devant Grands-Carmes. On y dépensa 362 livres pour maçonnerie. Le 12 frimaire an III, il parut convenable de revenir à Saint-Etienne. Les échafaudages nécessaires pour placer les autorités & les musiciens y furent réintégrés.

Depuis deux mois Robespierre n'avait paru à la Convention. Il vint y siéger le 8 thermidor & prononça une harangue, véritable déclaration de guerre aux deux Comités. Il descendit de la tribune au milieu du plus profond silence.

Le lendemain, les membres de ces Comités se rendirent à la Convention. Saint-Just prit la parole & pencha contre les Comités en faveur de Robespierre. Billaud-Varennes, à son tour, accusa les Jacobins & Robespierre. Celui-ci voulut répliquer ; Tallien obtint la parole avant lui. Robespierre apostropha le président & supplia les membres de la droite de lui faire obtenir la parole. Il ne put l'obtenir. Maximilien Robespierre, Robespierre jeune, Saint-Just, Couthon & Lebas furent décrétés d'accusation. Les accusés descendirent à la barre & furent livrés à la gendarmerie. Il était cinq heures. Vingt coaccusés comparurent quelques heures après devant le tribunal révolutionnaire. La mise hors la loi dispensait des débats ; il suffisait de constater l'identité. Fouquier-Tinville n'eut que cette formalité à remplir. Le 10 thermidor (28 juillet) à trois heures de l'après-midi, les condamnés quittèrent leur prison. A cinq heures Robespierre avait vu tomber vingt têtes. Il mourut le dernier. L'ère la plus sombre de la Révolution était fermée.

Les détails de ces événements furent connus à Toulouse dès le 17 thermidor. Mailhe avait écrit à Descombels, alors président de la Société populaire. Groussac, présidant le Conseil général de la Commune, proposa l'envoi de deux adresses. l'une à la Convention & l'autre aux citoyens de Paris. Elles furent votées à l'unanimité & portées à Paris par un courrier extraordinaire que la Société expédiait la nuit suivante.

Douze jours après l'arrivée de ces nouvelles, le 29 thermidor (16 août 1794), Chaudron-Rousseau & Dartigoeyte ordonnaient l'arrestation de plusieurs membres de la Société populaire de Toulouse.

« Les représentants délégués dans les départements méridionaux, instruits qu'il existe dans la Société populaire des meneurs, des faux-patriotes & des intrigants qui entravent & quelquefois contrarient les plus justes opérations de représentants du peuple, tiennent les autorités constituées dans l'inaction & la stupeur, compriment les patriotes les plus purs par la terreur qu'inspire leur noirceur... qu'ils ont composé une dénonciation contre Leyris & Chaudron-Rousseau au moment où ces représentants avaient plus que jamais besoin de la confiance de la Convention pour achever de terrasser le fédéralisme à Toulouse & pour étouffer un mouvement contre-révolutionnaire; qu'ils ont écrit & fait insérer dans un journal de Toulouse une lettre où ils proclament l'innocence du 26ᵐᵉ régiment de cavalerie dissous par arrêté du Comité du Salut public... qu'usurpateurs des pouvoirs d'une autorité constituée, ils s'étaient ingérés, dans le temps que le représentant Dartigoeyte arriva à Toulouse, de nommer des commissaires pour maintenir l'ordre & la paix dans les théâtres... qu'ils avaient proposé à la Société d'appeler ce représentant pour lui faire une semonce, ce qui n'eut pas lieu parce qu'un patriote leur démontra qu'ils feraient en cela un acte de despect pour la Convention nationale...

«... Que tant que le Comité de surveillance de la Société populaire *a eu le mandat d'arrêt*, il a été fait dans ces mandats l'acception de personnes la plus contraire aux principes révolutionnaires. Beaucoup d'artisans, beaucoup d'ouvriers, beaucoup de femmes de travail, plusieurs chirurgiens ayant été incarcérés tandis que des ci-devant nobles & des contre-révolutionnaires se promenaient dans les rues & se montraient impunément dans les lieux publics... que les membres des Comités de surveillance de la Commune sont allés délibérer avec le Comité révolutionnaire; qu'ils ont fait déclarer par la Société populaire que toute la députation de la Haute-Garonne avait perdu sa confiance, alors que plusieurs membres de cette députation se sont maintenus purs & ont toujours voté dans le sens de la Montagne... qu'ils avaient fait délibérer d'éloigner le peuple des tribunes en instituant l'entrée par billets. Ces intrigants sont Tarbés, chirurgien; Delpont, pharmacien; Meillon, ci-devant avocat; Lapujade, greffier du tribunal de police correctionnelle.

« Tarbés, prodigue de principes austères dans ses discours, les dément comme tous les faux patriotes par sa conduite; il a fait imprimer en dernier lieu un écrit plein de déclamations

hypocrites sur la tempérance & la sobriété. Le jour où il lut
cet écrit à la tribune de la Société, il se trouva chez Delpont à
un souper splendide; le lendemain Tarbés fit lire le même
écrit dans le temple de l'Etre suprême, & le même jour il présidait à un souper de soixante couverts qui se donna dans les
jardins de l'émigré Cambon[1]... Intrigant, avide, intéressé,
Tarbés a fait créer pour lui une place très lucrative & il a
acheté à vil prix, avec d'autres intrigants, un bien national[2]
dont une partie a été revendue avec un profit considérable...
Les quatre dénommés plus haut seront mis en état d'arrestation. »

Ce fut un des derniers actes de Dartigoeyte à Toulouse;
nous le retrouvons encore, le 9 fructidor, mettant à la disposition
de la Commune 40,000 francs pour l'extinction de la mendicité & 10,000 francs pour les vieillards infirmes.

Dès que l'émotion causée par le coup de force du 9 thermidor fut un peu calmée, les mêmes hommes qui avait féli-
cité la Convention sans aucune réserve semblèrent craindre
qu'elle allât trop loin dans la répression. Le Conseil général
de la Commune fit une nouvelle adresse le 14 fructidor. On
applaudissait à la chute de Robespierre & on poussait à la con-
tinuation de la guerre aux opinions modérées.

« Citoyens représentants, l'énergie républicaine va reprendre
enfin sa première vigueur; déjà de grandes vérités commencent
à se faire entendre, puissent-elles être favorablement accueillies. Si elles cessaient un instant de vous plaire, vous ne
seriez plus dignes de représenter le peuple français. »

L'adresse continue, disant qu'il est temps que le patriote
qui attendait son supplice soit rendu à la liberté; que le
laboureur, l'artisan, détenus pour quelques instants d'erreur,
rentrent dans leurs foyers. Mais les suspects, les fédéralistes
reconnus, les contre-révolutionnaires doivent-ils être rendus à
la société? Ces gens qui remplissent les maisons de réclusion
affectent depuis quelques jours une audace & des propos mena-

---

1. C'est dans ce parc qu'a été construit depuis l'établissement d'instruction secondaire *le Caousou.*
2. Le bien des Carmes, à Montaudran.

çants; ils traitent de robespierristes les plus chauds amis de la liberté... On dirait qu'au régime oppressif établi par les tyrans abattus, l'intention du législateur est de substituer un système de modérantisme & de clémence pour des aristocrates, des royalistes & des traîtres. Quelques-uns d'entre eux viennent d'obtenir leur liberté; déjà ils exhalent leur haine contre les patriotes... Que la liberté de la presse, longtemps comprimée par Robespierre & ses complices, soit enfin garantie. Que les prêtres, les nobles, les fédéralistes, les intrigants qui infectent encore nos cités & nos prisons apprennent que cette justice qu'ils invoquent en ce jour avec tant d'arrogance & de perfidie ne doit être pour eux que la déportation ou la mort.

La Convention répondit, le 24 fructidor, en accordant à cette adresse une mention honorable. Elle envoya en même temps Mallarmé, un de ses membres, à Toulouse. Il se disait venu pour donner au gouvernement républicain la vigueur & l'énergie, examiner les causes des détentions & rendre à la liberté les citoyens victimes de l'erreur ou de l'intrigue.

Dans les huit jours qui devaient suivre le 25 fructidor, les administrations départementales, de district, les comités révolutionnaires, les tribunaux, les juges de paix devaient faire parvenir leurs noms au représentant. Les comités révolutionnaires devaient dresser un état de tous les détenus, avec les motifs de leur arrestation. Mallarmé prit connaissance de tous les arrêtés, adresses, écrits & délibérations de l'époque du fédéralisme.

Le même représentant prit, le 14 vendémiaire, un arrêté ordonnant la destruction des chapelles & croix isolées dans les campagnes, à la dénaturation extérieure des monuments religieux[1], aux anciens curés & aux ci-devant fêtes & dimanches. Sa lecture est attristante pour les amis de la liberté :

Un représentant du peuple souverain, qui est venu au milieu de vous pour établir sur des bases larges & inébranlables le règne trop

---

1. C'est en vertu de cet arrêté que fut commencée la démolition du clocher de la Dalbade. La flèche seule avait été abattue. M. de Laportalière, curé de la paroisse, la fit reconstruire vers 1875. L'architecte fut M. Bach.

longtemps méconnu de la liberté & de la loi, ne remplirait pas dignement sa mission s'il ne se hâtait d'anéantir, par des mesures révolutionnaires, *tout ce qui pourrait perpétuer le fanatisme & l'idolâtrie*,
s'il ne se hâtait pas de déblayer enfin tous les restes impurs du régime
des rois. Quand on s'est servi de la voie de la persuasion & qu'elle a
été infructueuse, ce serait *compromettre la tranquillité publique,*
retarder le triomphe de la raison, que de balancer un seul instant pour
comprimer les fanatiques, ou de laisser subsister les moindres vestiges
d'un culte qui nous rappelle l'ignorance & la servitude où l'aveuglement de nos ancêtres nous avait plongés.

Le représentant du peuple s'est assuré, d'après les preuves les plus
convaincantes, qu'il était temps de livrer une guerre à mort à tout ce
qui peut non seulement éteindre le flambeau de la vérité, mais en
diminuer la lueur. Il s'est assuré que dans des communes on conserve
encore, malgré la disposition textuelle de la loi, des signes extérieurs
du culte, des croix multiples qui souillent les regards de l'homme libre.
Si l'on s'est mis en devoir ailleurs d'exécuter la loi, elle ne l'a été que
d'une manière imparfaite; on s'est contenté d'enlever l'effigie ridicule
de celui que des imposteurs nous présentaient comme l'homme-Dieu;
mais les attributs de son supplice & tous les accessoires de la superstition subsistent toujours.

Mallarmé assure que dans d'autres communes, au lieu d'avoir livré
aux flammes des tableaux ridicules connus sous le nom de saints ou de
saintes, on les conserve aussi précieusement que s'ils devaient un jour
réaliser de prétendus miracles..... Il s'est assuré qu'il existe dans des
champs où la charrue aurait dû passer depuis longtemps de ci-devant
chapelles... Il s'est assuré que dans plusieurs communes, au lieu de
vomir ces ci-devant ministres qui jadis y exerçaient des fonctions curiales, on a porté l'incivisme jusqu'à relever leur permanence..... Que
dans un grand nombre de communes on solennise avec la plus grande
contre révolutionnaire affectation le jour que la scélératesse & l'imbécillité consacraient à l'idolâtrie, tandis qu'on profane les décadi par
de mercenaires travaux..... Dans les vingt-quatre heures qui suivront
le présent arrêté, tout ce qui était autrefois chapelles & qui se trouve
isolé dans les campagnes ou à l'entrée des communes, sera renversé,
démoli de fond en comble, de sorte qu'il n'en reste plus le moindre
vestige..... Les images, figures de bois, pierre, désignées sous le nom
de saints ou de saintes, seront réunies, dans les mêmes délais, dans un
lieu commun, brisées ou brûlées en présence de la municipalité. Il est
ordonné aux municipalités de faire démolir & enlever, dans le délai
d'une décade, toutes les croix, sans excepter un seul endroit, même
celui destiné à la sépulture des citoyens. Il ne suffira pas de briser ou
d'enlever la première pierre, mais on devra démolir les accessoires.
Les signes extérieurs du culte devront disparaître des façades des anciennes chapelles dans une décade, & dans un mois la forme exté-

rieure de la construction devra être modifiée de façon à ressembler aux constructions ordinaires. A défaut, le propriétaire devra être déclaré suspect.

Tous les anciens ministres devront, dans les trois jours, abandonner les communes où ils exerçaient les fonctions curiales, sous peine d'être traités de suspects & d'être incarcérés, & se rendre au chef-lieu du district, où ils seront sous la surveillance immédiate du Comité révolutionnaire. Les ci-devant prêtres ne seront pas inquiétés ; ils devront se procurer le certificat de civisme. Les presbytères devront être fermés dans une décade & mis en location. Quiconque solennisera les fêtes & les dimanches, soit en cessant de travailler, soit par l'affectation d'un costume particulier, ou qui ne célébrera pas le décadi, sera incarcéré pendant une décade pour la première fois, pendant deux décades en cas de récidive. Il en sera rendu compte au représentant pour la troisième fois. Toute réunion de citoyens ou de citoyennes, à certains jours, dans les communes adjacentes, sera punie des mêmes peines. Le port de la cocarde tricolore est obligatoire.

Un grand embarras surgissait encore à propos des subsistances. Le 4 fructidor, il y avait à Toulouse 1,583 quintaux 48 livres de blé, 388 quintaux de mixture, 924 quintaux de seigle, 738 quintaux de millet. Cette provision suffisait à peine pour cinq à six jours, ayant à alimenter une population de cinquante à cinquante-cinq mille individus. Le maire, en exposant cette situation, en était effrayé. « Si nous sommes embarrassés, disait-il, au sortir de la récolte, que serons-nous dans le cœur de l'hiver ? »

Les motifs de cette situation étaient, de l'avis du maire, la rareté des bras dans les campagnes, le défaut de moyens de transport, la médiocrité de la récolte, la défiance générale, le découragement, peut-être l'égoïsme des paysans. Toutefois, la récolte des pommes de terre étant abondante, les citoyens furent invités à en faire un approvisionnement pour les mélanger à la farine de blé.

L'institution des fêtes décadaires avait amené la périodicité des spectacles gratuits sur les deux théâtres. Plusieurs arrêtés des représentants du peuple furent pris à ce sujet. Un premier, de Paganel, portait que les directeurs devaient être payés chaque mois, le lendemain de la troisième décade, par le trésorier de la Commune sur un bon du procureur général syndic du

Département visé par le maire. La caisse de la Commune devait être réintégrée des sommes ainsi payées par une taxe jetée sur les riches aristocrates de la ville, indépendamment de toutes celles qui avaient été payées jusqu'à ce jour. Les représentations coûtaient d'abord 600 livres au théâtre de la Liberté & 500 au théâtre de la République. Dartigoeyte en avait porté le coût pour les deux théâtres au prix uniforme de 600 livres, & quelques jours après à 800.

La sécurité n'existait plus dans les rues de Toulouse. Le manque d'huile avait fait suspendre l'éclairage des quelques reverbères existant alors. Des maisons étaient pillées; la nuit, des militaires profitaient de l'obscurité pour maltraiter & dépouiller les citoyens dans les rues. La municipalité ne parvenait pas à ramener la sécurité. Plusieurs réclamations de sa part au commandant de la place étaient restées sans résultat, & il semblait que les militaires étaient auteurs ou complices des actes de pillage nocturne.

Mallarmé accomplissait à Toulouse les ordres de la Convention. Le 11 brumaire, Desbarreaux, Gélas, Barousse, Arthaud étaient arrêtés. Lespinasse fut aussi mis sous les verroux, par suite de ses liaisons avec Ruffat à l'époque du fédéralisme. Le 26 brumaire, venait le tour du maire Groussac; il fut ensuite destitué le 15 frimaire & remplacé par J. Cames, ancien administrateur du District. Cames dut entrer immédiatement en fonctions sous peine d'être réputé suspect & mis en état d'arrestation. Mallarmé & Bouillerot réformèrent le conseil de la Commune le 19 frimaire. C'était une réponse à l'envoi du 14 fructidor à la Convention nationale. Le nouveau conseil de la Commune expédia le même jour une adresse où était stigmatisée la tyrannie ayant opprimé la France avant le 9 thermidor.

La nouvelle municipalité se trouva en présence des mêmes difficultés que la précédente au sujet des subsistances. Le 24 frimaire, il n'y avait dans les magasins que 250 quintaux de grains & de légumes, ce qui était insuffisant pour la panification du lendemain. Deux arrêtés de la Commission de commerce & approvisionnement de la République des 9 & 13 frimaire arrivèrent le même jour; le premier dispensait la Commune de remplacer dans le magasin national les 3,000 quintaux prêtés & mettait à sa disposition 654 quintaux existant au même magasin; le deuxième mettait en réquisition 14,000 quintaux de grains que le district de Revel devait verser dans les magasins de l'armée, & tous les grains provenant des domaines nationaux dans l'arrondissement de Toulouse. Le 28 frimaire on avait réuni 1,936 quintaux de grains divers, dans lesquels le blé entrait pour 752 quintaux.

Le pain était amalgamé de blé pour moitié, l'autre moitié consistait en millet, fèves, orge, vesces. On ne pouvait mettre moins de moitié de blé sans rendre le pain insupportable, & cependant on fut obligé de fabriquer, pour les habitants & les prisonniers de guerre, du pain fait de millet, de fèves & autres menus grains. Le blé & le seigle furent réservés pour la fabrication du pain des armées.

La Commune de Toulouse demanda à la Convention, à titre de prêt, l'avance d'un million en numéraire pour acheter du blé à Gênes. La Convention refusa & permit d'exporter pour 600,000 francs de marchandises, & avec le produit de leur vente d'acheter des subsistances; mais les marchandises du pays étaient les produits agricoles qui manquaient. On essaya l'achat d'eaux-de-vie dans le bas-Languedoc pour les échanger contre du blé, mais cela ne put réussir.

La Convention rapporta la loi sur le maximum. La perturbation fut aussi grande au moment de la disparition de cette mesure antiéconomique qu'au moment de son adoption. Les prix de certains objets varièrent dans les proportions de un à quatre & à cinq. On dut exciter les habitants des campagnes à approvisionner les marchés publics.

Il y a lieu de signaler, au milieu de cette crise, un essai de création de manufacture. Moës & Souliard fondèrent au ci-devant moulin du Château une machine propre à filer la laine & le coton. Moës avait été employé à la manufacture de Boyer-Fonfrède; il avait Souillard pour bailleur de fonds. L'établissement proposé présentait de grands avantages à la Commune de Toulouse en particulier, & en général à la République entière, en créant une branche de commerce qui lui était étrangère[1].

Ce n'était pas sans éprouver de nombreuses difficultés que les représentants envoyés dans les départements arrivaient à rétablir un peu de confiance. Tout devait être réorganisé. De criants abus de pouvoir, des malversations, des tentatives de corruption[2] se découvraient tous les jours.

Le 25 frimaire, les représentants demandaient compte aux administrateurs du Département des sommes en argent monnayé versées dans la caisse du receveur du District & des dons patriotiques dont ils auraient pu être dépositaires. Les administrateurs, à leur tour, demandèrent aux citoyens & aux Communes la liste des dons qui leur auraient été remis[3].

Le lendemain, 26 frimaire, Gratian[4], agent national près le District de Toulouse, se présentait à Béguillet, secrétaire général du Département, pour requérir la transcription, sur le registre des délibérations, d'un arrêté des représentants Mallarmé & Bouillerot remplaçant les administrateurs en exercice par les citoyens Duhoey, homme de loi, administrateur du district de Rieux ; Pons-Devier, homme de loi à Revel ; Gary & Clausolles, hommes de loi à Toulouse ; Durand, négociant à Mont-Unité ; Tatareau, homme de loi, aussi à Mont-Unité ; Deville, négociant à Villefranche ; Olivier aîné, négociant à Toulouse.

La Société populaire régénérée reprenait ses séances le 19 nivôse (8 janvier 1795). Elle fut reconstituée de la manière suivante : six citoyens choisis par les représentants en nommèrent six autres qui, eux-mêmes, en nommèrent six autres jusqu'à quarante-huit. Les nouveaux membres prêtèrent le serment

1. Registre de délibérations, Archives municipales.

2. En demandant l'élargissement d'un prisonnier, un notaire de Grenade & des femmes du Faget avaient déposé sur la cheminée d'un des secrétaires des représentants une boîte garnie d'écaille, dans laquelle étaient plusieurs pièces d'or de 24 livres couvertes de dragées.

3. Par suite de l'émigration, des emprisonnements, des départs pour les armées & des changements dans les administrations communales, il était impossible de dresser ces états.

4. Gratian était propriétaire de la maison portant le nᵒ 29 de la rue des Couteliers.

civique entre les mains des représentants, qui leur rappelèrent que le vrai patriotisme ne peut exister sans moralité, que l'oubli de ce principe pourrait amener les plus grandes calamités en faisant admettre des intrigants, des exagérés, des fripons, des ambitieux qui, sous le nom imposteur de patriotisme & de probité, dépouilleraient, incarcéreraient, égorgeraient les citoyens & ramèneraient le terrorisme... Les représentants adjurèrent les citoyens d'employer leurs soins pour éviter à jamais toutes les discussions étrangères à l'institution des Sociétés populaires, qui ne tendaient qu'à reproduire des temps malheureux, celui des délations, des dénonciations calomnieuses.

Un pamphlet antiterroriste parut à Toulouse : *Proposition de conciliation faite à la jeunesse toulousaine par les terroristes & les buveurs de sang* [1]. C'est une sorte d'amende honorable faite par les hommes les plus compromis de la Terreur. Ils confessent avoir été excités par Chabot; mais il y a fagot & fagot. Il y aurait quelques nuances à présenter dans le tableau des différents fripons qui s'étaient emparés de la souveraineté populaire. Ils admettent que plusieurs d'entre eux méritent certaines peines. Parmi eux sont Descombels, Capelle, Hugueny, Blanchard, Groussac, Barateau, Clausolles, Couderc, Bergès, Labri, Panebiau, Laforgue, le faux noble Dupuget, Arthaud, Tarbès, Zimmermann, Sorbos, Bezombes, Sarrans, Couzot, Miot & Verdier.

Les fêtes décadaires, instituées depuis huit mois seulement, n'étaient pas célébrées avec la solennité qu'avait prescrit la Convention. Les orateurs qui devaient y prendre la parole n'y accomplissaient pas leur tâche. Aux deux dernières décades précédant le 28 nivôse (28 déc. 1794), il n'avait été prononcé aucun discours ni exécuté aucune pièce de musique. Gleizes & Cammas furent chargés de veiller à la bonne exécution des fêtes républicaines.

Ces commissaires dressèrent un programme qui devait être rempli par des citoyens volontaires ou par des citoyens payés. Des acteurs avaient pour mission la lecture des pièces offi-

1. Quatre pages sans nom d'imprimeur.

cielles. Après l'arrivée des corps administratifs, la cérémonie
débutait par une ouverture à grand orchestre ; on faisait la
lecture des lois & des arrêtés ainsi que des actions héroïques
des républicains ; des couplets analogues à la fête étaient
chantés & un discours, prononcé par un orateur désigné à
l'avance, devait être inspiré par le sujet de la solennité. La
fête était clôturée par une pièce de musique à grand chœur.

Le 2 pluviôse an III correspondait au 21 janvier 1795. On
célébra au Temple de la Raison[1] la « Fête anniversaire de la
juste punition du dernier roi des Français », & on donna, aux
heures d'usage, dans chacune des salles de spectacle, de par &
pour le peuple, une représentation de pièces de théâtre, chants
& danses les plus appropriés à la fête.

D'autres préoccupations devaient pourtant hanter le cerveau
des hommes qui avaient assumé sur leurs têtes le dangereux
honneur d'administrer la cité, car trois jours auparavant on
avait dû réduire la ration de pain d'une livre à demi-livre par
habitant.

Les réclamations multipliées des Toulousains & des étrangers sur le changement du nom des rues firent rendre, le
8 pluviôse an III (27 janv. 1795), leur ancienne désignation
aux portes, barrières, faubourgs, places, rues, toutes les fois
qu'ils n'avaient aucun rapport avec l'ancien régime[2].

La monnaie d'appoint faisait complètement défaut, soit que
l'accaparement de cette monnaie se fût produit comme celui de
la monnaie d'or & d'argent, soit que sa fabrication ait été trop
limitée. Depuis un an, il ne paraissait plus un seul sol de
cuivre dans la circulation, il n'y avait pas d'assignat inférieur

---

1. Cette appellation du Temple de la Raison au lieu des réunions
décadaires est très souvent employée ; il n'y faut voir qu'une expression
habituelle & non une résurrection du culte condamné par la Nation &
par la Convention.

2. La place Royale continua à être la place de la Liberté ; la place
Saint-Sernin, la place de Tell ; le Jardin Royal, le Jardin Public ; le
canal Royal, le canal National ; la rue des Nobles, la rue de l'Egalité
(aujourd'hui rue Fermat) ; rue de l'Inquisition, rue de la Tolérance ;
la rue Vidale, rue du Jeu-de-Paume ; la place Saint-Georges, place
Calas. On devait aussi supprimer le nom de saint à tout ce qui le portait anciennement : porte Cyprien, faubourg Michel, &c.

à dix sous; on ne pouvait donc faire d'appoints de moins de dix sous.

Comme pour accroître la gêne des Toulousains, les habitants des communes frappées de réquisition opposaient les plus grands obstacles aux départs des grains. Ils empêchaient même l'exécution des marchés faits de gré à gré avec les propriétaires. Montgiscard, Deymes & tout le district de Villefranche s'opposaient à l'envoi à Toulouse d'aucune espèce de grains; le district de Muret s'opposa au départ pour Toulouse de grains achetés à Venerque. Cent sacs de blé & cent sacs de menus grains achetés & payés à l'Isle-Jourdain furent arrêtés par l'agent national de cette commune.

Après avoir apporté tous les retards possibles au départ des grains par les oppositions de toute sorte, les communes exigeaient le payement au taux du jour de la livraison, bien qu'une hausse continue se manifestât. Alors que la loi du 22 brumaire disait que les cultivateurs ou propriétaires réquisitionnés devaient transporter gratuitement leurs grains au lieu de dépôt, à moins qu'il ne fût distant de plus de deux lieues, les communes de Mascarville & Bélesta faisaient payer le transport du sac de maïs 6 francs au lieu de dépôt distant d'à peu près une lieue, & 10 francs pour les parcours de deux à trois lieues.

Le pain, fabriqué sans levain, continuait à être intolérable à la digestion. On ne pouvait faire de levain qu'avec de la farine de froment, & il n'en existait pas même la quantité nécessaire à faire la levure. Il avait été acheté 120 setiers de blé à Beaumont; mais le représentant Projean en arrêta l'envoi à Toulouse. La municipalité dut faire intervenir le représentant Colombel afin de pouvoir faire la levure.

La vente du pain à 5 sous la livre amenait pour la ville de Toulouse une perte de 30,000 francs par jour. La Convention ne pouvant combler ce gouffre[1], force fut à la municipalité d'élever le prix du pain. D'après les derniers achats, la livre

---

1. Le trésorier général du Département compta, le 14 ventôse, 1,500,000 francs à la municipalité comme avances pour le prix des subsistances. Déjà, le 20 nivôse, la Commune avait reçu une avance de 600,000 francs.

de pain aurait valu 21 sols 2 deniers; elle fut fixée à 20 sols; la commune de Toulouse gardait à sa charge 1 sol 2 deniers par livre.

La Maison des orphelines n'avait pas été fermée; mais depuis plusieurs mois aucune caisse ne fournissait à ses besoins. La trésorière était, dès le commencement de l'année 1795, en avance de 8,000 francs; elle demandait non seulement à être remboursée, mais aussi l'assurance de l'existence matérielle des orphelines dont le travail, d'une valeur de 2,400 francs par an, était loin de suffire à leurs nécessités.

L'ingénieur Courtalon proposait, le 16 pluviôse an III, d'établir une pompe à feu pour la forerie des canons à la fonderie, &, au moyen de cette pompe, espérait procurer à la Commune l'avantage de donner aux divers quartiers de la ville la distribution des eaux vives & clarifiées de la Garonne.

Bergé demandait le local de la maison des Carmélites[1] pour l'établissement d'une fabrique d'impression de la toile des Indes.

Cramp demandait l'église des Pénitents-Noirs pour y établir une fabrique de faïence anglaise.

Baudens exploitait une manufacture de tabacs à l'ancien couvent Saint-Pantaléon.

L'exercice public du culte catholique était à peu près abandonné à Toulouse. L'évêque Sermet, arrêté en brumaire an II en même temps que les curés constitutionnels, ne fut remis en liberté qu'après le 9 thermidor; il demeura quatre mois malade après sa sortie de prison & se reclut ensuite volontairement pour éviter les outrages des Enfants de Jésus, du Soleil, & les tracasseries du représentant Laurence. Sermet était à Toulouse le 16 messidor an III; il alla ensuite à Cazères où il exerça le ministère comme curé[2].

Un grand nombre de prêtres non assermentés demeurés ou revenus à Toulouse, y exerçaient secrètement leur ministère & administraient les sacrements au péril de leur liberté

1. La maison des Carmélites est aujourd'hui occupée par la manutention militaire, rue Périgord.

2. Lettre du 5 sept. 1796 à l'abbé Grégoire, *Revue des Pyrénées*, 1898.

& même de leur vie. Ils avaient pris l'habit séculier & exerçaient les professions les plus diverses[1]. Ces hommes courageux étaient en assez grand nombre ; peu furent surpris.
Pourtant, dans une visite de police faite le 14 pluviôse dans la
maison appartenant à la citoyenne Banquet, ci-devant religieuse de Sainte-Claire de Toulouse, on surprit Pierre Lautrec, prêtre insermenté ci-devant chartreux, disant la messe
devant trente-huit personnes de tout âge & de tout sexe.
Procès-verbal fut dressé & le surlendemain on interrogea tous
les surpris en flagrant délit[2]. Il n'y avait pas égalité dans
l'action de la justice, car le 2 ventôse seulement on procéda à
l'arrestation & au dépôt à la Conciergerie du citoyen Hugueny,
ancien chef de l'armée révolutionnaire & ex-président du tribunal criminel. Le mandat d'amener était du 11 nivôse ; il y
avait donc cinquante jours qu'il était lancé.

Le nombre des administrateurs des Départements fut réduit
à cinq. Pour se conformer au décret du 2 ventôse, de nouvelles élections eurent lieu le 18. Furent élus : Tatareau,
Pons-Devier, Gary, Dehoey, Olivier.

La Convention fut envahie le 12 germinal aux cris : « Du
pain ! du pain ! » Les envahisseurs demandaient la Constitution de 1793. Les sections vinrent encore une fois dégager
l'Assemblée. L'état de siège fut proclamé & Pichegru nommé
commandant de la force publique. Le directoire du Département fit, le 19, une nouvelle adresse de dévouement.

Le 21, la Convention vota une loi enjoignant à tous les
membres des administrations municipales, Comités révolutionnaires, Commissions populaires, à tous les employés destitués
depuis le 9 thermidor, de rentrer dans leurs communes respectives. Ils devaient être désarmés. Cette loi fut rendue sur un
rapport de Marie-Joseph Chénier : « Citoyens représentants,

1. L'abbé de Chièze, ancien vicaire général de Carcassonne, était
entré dans les rangs de la garde nationale ; l'abbé Barquisot chantait
dans les rues des airs patriotiques ; l'abbé Douarre visitait les malades
habillé en petit-maître, & l'abbé Ortric, sous un bizarre travestissement,
vendait de la poudre odontalgique.

2. Cet interrogatoire, formant un cahier de 76 pages, fut envoyé à
l'accusateur public près le tribunal criminel.

les amis de la terreur & les partisants de la royauté, depuis longtemps coalisés & composant une même armée, ont voulu dissoudre la représentation nationale & rétablir une domination sanguinaire. Votre courage les a vaincus, mais il faut compléter le 12 germinal; il serait d'une extrême imprudence de prolonger les périls qui environnent la patrie & de laisser encore le peuple français courir les chances d'un nouveau combat entre la justice & le terrorisme, entre la République & la royauté. Tel est l'esprit du décret que vous avez rendu hier dans le désarmement des hommes cruels qui ont couvert la France de sang & de larmes[1]. »

Une loi du 28 germinal réorganisant les administrations de Département & de District arriva à Toulouse le 5 floréal. Le 6, Colombel forma les nouvelles administrations. Olivier, Gary fils, Leygue, Guiringaud, Sartor, Courties, Tissinier & Bragouze formaient le directoire du Département. Gratian était agent national. Cassaing, Cammas, Laneluc, Dèzes furent membres du District avec Martin-Bergnac comme agent national.

Un conflit s'éleva entre la municipalité de Toulouse & Brian, inspecteur du Muséum, qui désirait placer au Musée le grand tableau d'Antoine Rivalz, *la Fondation d'Ancyre par les Tectosages*. La municipalité refusa le tableau en objectant qu'il avait été fait pour servir de fond à la salle des Illustres, qu'il était là à son point d'optique. Elevant ensuite les motifs de son refus, la municipalité répondait que la loi créant les musées disait qu'on devait réunir dans un seul & même lieu les richesses artistiques éparses dans les maisons nationales supprimées, & que les Maisons communes n'étaient pas dans ce cas.

Des troubles se produisirent sur l'Esplanade, à Toulouse, les 20 & 21 floréal; il fut commis de graves excès sur la personne de plusieurs canonniers. Leur prétexte était une rixe survenue durant les danses. Les terroristes furent accusés d'être les provocateurs. Il fut défendu, à partir de ce jour, de porter

---

1. Archives de la Haute-Garonne. Ce rapport est inséré au long dans le registre des délibérations (germinal an III).

des cannes à lance, des cannes ferrées, des bâtons courts &
noueux connus sous le nom de triques. Les militaires ne
purent porter d'armes d'aucune espèce. La police des bals fut
confiée à la municipalité [1].

Laurence réunit, le 24 floréal (13 mai 1795), les autorités
constituées afin de leur faire connaître ses pouvoirs & leur
communiqua sa proclamation aux habitants de la Haute-
Garonne, du Gers & du Tarn. « Il venait, disait-il, faire
exécuter les lois, compléter les administrations, surveiller &
épurer, s'il en était besoin, les autorités & les sociétés populaires, maintenir la tranquillité publique & verser sur les
plaies que le régime de la terreur a faites à la patrie le beaume
de la justice & de l'humanité. »

Le 9 prairial, on apprit à Toulouse l'envahissement de la
Convention & la mort de Féraud ; le 21, on décida la célébration d'une fête funèbre à la mémoire de ce représentant.

L'administration du Département, les corps constitués
furent renouvelés le 29 prairial. Laurence nomma les administrateurs du Département, le directoire du District, la
municipalité, le tribunal criminel, les membres du bureau de
conciliation, les juges de paix, les assesseurs & les greffiers
des sept arrondissements [2]. Tous les citoyens nommés furent
tenus d'entrer en fonctions dans les vingt-quatre heures.

---

1. Ces troubles se renouvelèrent les 27, 28 floréal & 5 prairial. Les
citoyens portaient plainte les uns contre les autres ; chacun disait avoir
été attaqué.

2. Administrateurs du Département : Olivier, Lafage, Martin, du
district de Toulouse ; Combes, du district de Muret ; Roger, du district
de Saint-Gaudens ; Prieur, du district de Grenade ; Bessières, de Revel ;
Mieulet de La Rivière, de Castelsarrasin ; Gary fils, agent national ;
Béguillet, secrétaire général. — Administrateurs du District : Lanneluc, Malfré, Dupau, Ruste. — Du conseil du District : Cassaing, Ayral,
Casseyrol, Saubiac, Baville, maire de Fronton ; Monna, notaire ; Gounon, négociant ; Chambert ; Espinasse, agent national. — A la Municipalité : J. Cames, maire (quelques jours après, Roussillon) ; dix-sept
officiers municipaux, trente six notables. — Au tribunal criminel :
Bragouze, président ; Flottes, accusateur public. — Au tribunal de
District : Romiguières, président ; Guyon, Janole, Loudiers, Carles,

Les autorités ainsi constituées durent procéder à la prompte épuration de leurs bureaux ou de leurs greffes.

Cinq individus de Verdun[1] furent mis en arrestation pour s'être rendus coupables de vols, de dilapidations, d'actes arbitraires, pour avoir opprimé par la terreur leurs concitoyens, cherché à corrompre la morale publique par des fêtes obscènes, par des prédications sanguinaires. Ils avaient envoyé à l'échafaud des individus innocents, avaient été les apôtres du pillage & auraient dressé des listes de proscription.

Groussac, ancien maire de Toulouse, avait été mis en liberté & s'était retiré à Orthez; il fut de nouveau décrété d'accusation par Laurence. On arrêta aussi Pefau, perruquier, & Plantier, sellier. Le premier comme ayant présidé le tribunal révolutionnaire avant le 9 thermidor, & le second comme prêtant sa maison pour des rassemblements journaliers. Moulis, ancien concierge de la prison de la Visitation, fut arrêté à Rouffiac & conduit à Toulouse. Des dénonces contre Hugueny, alors en jugement, furent adressées au directeur du jury.

Fabre, ancien concierge de Saint-Sernin, condamné aux fers, était un des principaux agitateurs causant du trouble dans la maison de justice par ses propos menaçants & sanguinaires. Pour faire cesser ce désordre on pressa son départ.

Des événements d'une certaine gravité continuaient à agiter Toulouse. Le terrorisme & le fanatisme, pour employer les expressions du temps, causaient de fréquentes alarmes. Les autorités étaient journellement obsédées par des alertes & craignaient des troubles sérieux. Les terroristes cherchaient à sauver leurs complices ou leurs chefs détenus dans les prisons de la Maison commune; un mouvement en sens contraire était à craindre pour les arracher des mains de la loi & les immoler peut-être en suivant le fatal exemple donné à Lyon & dans d'autres Communes. Le 11 messidor, sept à huit indi-

Loubens, juges; Caissel, commissaire national; Cabos, greffier. — Au tribunal de commerce : Vignolles, président. (Arch. de la Haute-Garonne, registre II, f° 149.)

1. La Magdeleine, juge de paix; Céran-Double, commis d'enregistrement; Bernède, instituteur; Lambert, ci-devant curé à Verdun; Soulié, ex-prêtre, ci-devant chef de l'armée révolutionnaire.

vidus étaient venus demander à la municipalité la liberté de toutes les victimes du terrorisme détenues depuis le 10 mars 1793 jusqu'au 9 thermidor. Pendant que ces citoyens exposaient leur demande, un grand nombre d'individus se rendirent à la maison de réclusion Sainte-Catherine, où étaient renfermés les prêtres sujets à la déportation, & en arrachèrent de force les reclus [1].

Les prêtres ainsi élargis se présentèrent volontairement aux autorités les 12, 13 & 14 messidor & indiquèrent leur demeure [2]. On chantait la *Marseillaise* dans les rues, & on affectait surtout de la chanter devant les prisons. Les terroristes incarcérés répondaient. La municipalité dut interdire la *Marseillaise*.

Plusieurs arbres de la liberté furent abattus : devant le collège Sainte-Catherine, devant la maison de Groussac, près de la porte Saint-Michel, rue de la Colombe vis-à-vis les écuries du Département, devant le bureau de tabac de la rue de la Pomme.

Durant tout le mois de thermidor & la première quinzaine de fructidor, ce n'avaient été que rixes particulières. Picot Lapeyrouse avait été insulté & frappé dans la rue le 20 thermidor [3]. Le 5 fructidor, la municipalité & le commandant de place se réunissaient pour « s'entretenir de choses qui intéressaient le repos public & la force armée ». Le 11 fructidor, une rixe entre citoyens & militaires entraîna la mort d'un de ces derniers. Un nommé Lavigne fut arrêté ; l'émotion était telle que le lendemain, 12, la municipalité écrivait au juge de paix chargé de l'instruction : « La municipalité réclame de nouveau, au nom de la garde nationale & de tous ses conci-

1. Le concierge de la prison avait reconnu parmi ces individus un ouvrier imprimeur, nommé Souques, logé rue des Pénitents-Noirs.

2. Dans quelques lieux du département, la Terreur avait tellement conservé son empire que, dans un chef-lieu de district, à Villefranche, les nouveaux administrateurs nommés par le représentant du peuple hésitèrent à entrer en activité ; les habitants refusaient de les loger. Des municipalités étaient encore composées en grand nombre d'agents robespierristes.

3. Archives municipales, Correspondance, lettre 626.

toyens, la plus prompte instruction de la procédure que vous avez commencée contre le citoyen Lavigne, prévenu d'assassinat. Nous vous observons que les vingt-quatre heures dans lesquelles la loi vous ordonne de recevoir son interrogatoire seront bientôt écoulées... Nous mettons sous votre responsabilité tous les accidents auxquels pourraient donner lieu la lenteur que vous apporteriez à l'instruction de cette procédure[1]. »

Le 13, les rixes sanglantes continuaient & un artilleur était tué devant un poste occupé par les gardes nationaux.

La réorganisation ou épuration de la garde nationale ajoutait aux causes de troubles. Le 17, la municipalité donnait au procureur général syndic le détail des opérations préliminaires de cette opération[2] & écrivait au général de brigade commandans l'artillerie, au sujet de provocations par les ouvriers du parc, à la garde nationale. Les militaires, ouvriers ou soldats, prenaient parti pour les terroristes ou du moins insultaient la garde nationale. Des individus non employés au parc d'artillerie se rendaient dans les ateliers & y excitaient les ouvriers. Dans une des lettres du registre, il est dit : « Ce qui s'est passé ce soir (17 fructidor) sur la place de la Liberté, les provocations que nous avons remarquées de la part d'un grand nombre de ces ouvriers, nous ont convaincu que ces manœuvrés criminelles n'ont peut-être que trop réussi, & qu'elles pourraient avoir des conséquences funestes si l'on ne se hâtait de les réprimer[3]. »

Le même jour, une longue lettre du maire & des officiers municipaux au général de division Pérignon[4] donne de nombreux détails sur les méfaits qui troublaient la cité ; on avait profité du passage des troupes devant les prisons où étaient les terroristes pour jeter par les fenêtres des paquets d'assignats ;

---

1. Archives municipales, registre de Correspondance, n° 682.

2. *Ibid.,* lettre n° 686.

3. *Ibid.,* lettre n° 687.

4. Par une singulière coïncidence, le général Pérignon, qui commandait à Toulouse au moment où se produisaient ces ferments de guerre civile, commandait vingt ans plus tard la 10ᵐᵉ division militaire, alors que fut assassiné le général Ramel par les verdets. (Voir *Revue des Pyrénées*), t. IX, *la Réaction royaliste à Toulouse*.)

on avait répandu dans les casernes des imprimés annonçant le triomphe de l'aristocratie. Un arrêté du représentant du peuple avait renvoyé devant le tribunal criminel un individu ayant prêché dans les casernes le soulèvement & le meurtre. Les militaires étaient devenus la terreur des citoyens[1].

1. Général, vous ignorez sans doute les excès & les violences que se permettent les troupes de la garnison envers la garde nationale, parce que si vous les connaissiez vous vous empresseriez de les réprimer. Chaque jour, chaque instant les voit se reproduire; la garde nationale est abreuvée d'outrages & d'humiliations. On ne se contente pas d'arracher aux individus qui la composent, quand on les rencontre isolément, leurs pompons & leurs épaulettes; on les maltraite, on les frappe; on vient même les insulter jusque dans leur corps de garde, jusqu'aux portes de la Maison commune. Hier encore, à l'entrée de la nuit, par une affectation peut-être surprenante, la même troupe défilait jusqu'à deux fois devant les gardes nationales rangées en bataille devant la porte de la Maison commune; les huées, les injures les plus dégoûtantes lui étaient prodiguées. Un garde national étant à son poste fut atteint d'un coup de sabre qui lui perça l'habit. Dans le même moment, les épaulettes arrachées à quelques-uns étaient traînées dans la poussière ou portées en triomphe au bout des bayonnettes. Les menaces étaient jointes aux insultes; la municipalité elle-même a été outragée. Avant-hier, un de ses membres revêtu de son écharpe, voulant dissiper des groupes que formaient des militaires sur la place, fut maltraité par l'un d'eux & accablé des injures les plus grossières.

Général, cet ordre de choses doit-il durer? Sommes-nous en pays ennemi? Sommes-nous opprimés par la force ou gouvernés par les lois? Vos principes nous rassurent, mais il faut qu'ils servent de règle à tous ceux qui commandent sous vos ordres; il faut qu'ils sachent que tout le mal qu'ils voudront empêcher, ils l'empêcheront & qu'il ne peut y avoir de désordre que celui qu'ils toléreront.

Leurs soldats ou bien eux-mêmes voudraient-ils tirer conséquence des événements arrivés dans la journée du 13? Le lieu où ils se sont passés annoncent assez d'où est venue la provocation. Un canonnier a péri; il est tombé devant le corps de garde, son sabre nu à la main; un autre a eu les doigts coupés; mais ils étaient les agresseurs; ce n'est qu'à la dernière extrémité que la force a agi à leur égard; c'est ce qu'attestent encore une fois le lieu de la scène, les procès-verbaux & la déposition des témoins les plus irréprochables. Dans ces circonstances, l'action de la force était autorisée par la loi & par une légitime défense.

Un officier de la garnison a été atteint dans le même moment, dans la cour de la Maison commune, d'un coup de bayonnette. Nous avons

Le District s'adressait à la municipalité pour avoir des explications sur les terroristes arrêtés, émettait l'avis qu'il eût suffi de les désarmer. La municipalité répondait qu'occupée de la

gémi sur ce malheureux événement; nous avons été recueillir la déclaration de cet officier; nous prenons tous les renseignements propres à nous faire connaître le coupable pour le livrer à la justice.

D'ailleurs, général, le désir de la vengeance peut-il jamais autoriser un système d'oppression & de persécution contre les citoyens? C'est à la loi que chacun doit confier le soin de se venger. Nous connaissons nous-même à ce qu'elle soit égale pour tous, soit en protégeant, soit en punissant.

Au surplus, il ne faut qu'ouvrir les yeux pour s'apercevoir que cette prétendue vengeance n'est qu'un prétexte, que d'autres motifs agissent bien plus puissamment; que les soldats de la garnison, enfin, ne sont ici que l'instrument des malveillants qui les égarent ou les font agir. Rappelez-vous la distribution d'assignats qui leur a été faite des fenêtres des prisons le jour de leur arrivée; la prodigalité avec laquelle on a répandu dans leurs casernes les couplets qui annoncent que sur toute la surface de la République les patriotes sont dans les fers & que l'aristocratie triomphe. Jetez les yeux sur l'arrêté du représentant du peuple qui renvoie au tribunal criminel un agitateur de cette commune qui avait été dans les casernes pour y prêcher le soulèvement & le meurtre; considérez l'extrême facilité avec laquelle on souffrait hier au soir dans les rangs, au moment où la troupe défilait devant le poste de la Maison commune, des hommes & des femmes qui donnaient l'exemple & le signal des outrages faits à la garde nationale, exemple qui n'était que trop fidèlement suivi par la troupe.

Enfin, général, dans ce même moment, l'on a entendu tous les cris qui, dans le temps de l'oppression, servaient de ralliement aux partisans de la Terreur; aucun des cris qui ont concouru à leur défaite ne s'est fait entendre, tandis qu'ils paraissaient devoir concourir avec le chant de ceux qui ont conduit nos armées à la victoire. Les oreilles même ont été salies d'invocations à la Montagne.

Sans doute que nos braves frères d'armes ont acquis des droits à notre reconnaissance en combattant & dispersant nos ennemis de l'extérieur; mais les citoyens de l'intérieur ont aussi bien mérité de l'armée, car ils ont aussi des guerres à soutenir & des combats à livrer; mais le véritable courage se soumet aux lois; mais la force armée doit être dans l'intérieur l'appui & non la terreur des citoyens. Mais elle ne doit jamais perdre de vue qu'elle ne peut agir que sur la réquisition de l'autorité civile, à laquelle elle est entièrement subordonnée à cet égard.

Nous ne ferons, général, qu'invoquer vos propres principes. Ils font publication de la paix & de l'assemblée des sections il lui était impossible de faire le travail demandé ; elle rappelait aussi aux membres du District qu'ils avaient coopéré à la liste & qu'ils y avaient fait eux-mêmes des changements, soit en supprimant, soit en ajoutant.

Des mouvements tumultueux se produisaient aussi dans l'assemblée des sections pour la réorganisation de la garde nationale. Plusieurs citoyens, qui ne devaient pas entrer dans cette organisation, étaient intervenus pour la nomination des chefs de compagnies. On élut plusieurs terroristes. Clauzel, en séance à Toulouse, annula ces élections.

La Convention avait rendu, le 3 ventôse an III (21 février 1795) un décret sur la liberté des cultes. L'exécution de ce décret provoqua une certaine agitation. On avait rouvert des églises & sonné les cloches sans se conformer au texte du décret. Dans plusieurs communes, les clés des églises furent reprises & les rassemblements religieux tenus sans avis préalable aux magistrats chargés de surveiller la libre pratique du culte de chacun, interdits sans préférence aucune. Les frais de culte ne devaient pas être supportés par la République, & aucune taxe ne pouvait être imposée pour en acquitter les dépenses [1]. Colombel fit une proclamation sur ce sujet le 11 germinal (31 mars 1795).

Un arrêté désignait à Toulouse les édifices nationaux non aliénés à ouvrir pour la célébration du culte [2].

---

notre espérance. Dès ce moment, nous sommes sûrs de ne plus voir de désordre, parce que nous vous l'avons fait connaître & que vous n'en voulez pas. Salut & fraternité. — Quelques heures après, la municipalité dut écrire une nouvelle lettre relatant de nouveaux actes de violence. (Arch. municipales, registre de Correspondance, lettres nᵒˢ 688, 689.)

1. C'est pour avoir contrevenu à ce décret dans la commune de Montégut que le maire & l'agent national furent mandés à la barre du directoire du Département le 15 prairial.

2. Le chœur de l'église Saint-Etienne ; la chapelle de Notre-Dame-de-Pitié, aux Augustins. Les anciennes églises du Taur & de Saint-Sernin ; les Chartreux, pour Saint-Pierre. La nouvelle église de la Daurade & provisoirement Sainte-Ursule. La Dalbade, l'ancienne église, & provisoirement la chapelle Saint-Jean ; Saint-Nicolas, l'ancienne église ;

Le Comité de législation de la Convention adressa aux administrations des départements & aux municipalités le texte de la déclaration exigée des ministres du culte, en vertu de la loi du 11 prairial.

La municipalité ouvrit un registre *destiné à recevoir les déclarations des prêtres ou autres ministres de divers cultes & leur soumission aux lois*, en exécution de celle du 11 prairial an III[1]. La première déclaration est ainsi conçue : « Aujourd'hui 16 messidor, troisième année républicaine, a comparu le citoyen Antoine-Paschal-Hyacinthe Sermet, lequel a déclaré qu'il se propose d'exercer le ministère d'un culte connu sous la dénomination de culte catholique dans l'étendue de cette commune & a requis qu'il lui soit donné acte de sa soumission aux lois de la République, de laquelle déclaration il lui a été décerné acte conformément à la loi du 11 prairial an III & a signé : A.-P.-H. Sermet. »

Il y a dans le registre vingt-huit déclarations, du 16 au 29 messidor ; ce jour l'administration municipale informait le directoire du Département qu'un prêtre, Jean-Louis Lartigue, avait fait insérer dans sa déclaration les mots « prêtre de la communion de François Fontanges », & demandait si la déclaration faite dans ces termes pouvait être reçue. Le directoire répondit qu'il avait passé à l'ordre du jour motivé « sur l'existence de la loi qui permet le libre exercice des cultes ».

Le 29 messidor commencèrent donc les déclarations des prêtres de la communion de François Fontanges. Ils déclaraient, comme la loi le demandait, faire soumission aux lois de la République & en recevaient acte. La première de ces déclarations est signée Marie-Jean-Philippe Dubourg. Jusqu'au 4 fructidor, les déclarations furent ainsi faites[2] ; mais à

Saint-Michel, l'ancienne église des Carmes-Déchaussés ; Saint-Exupère l'ancienne église des Grands-Carmes. — L'église Sainte-Ursule devait être mise à la disposition des non catholiques dès que le culte catholique serait exercé dans la nouvelle église de la Daurade.

1. Archives municipales, registre parchemin, parafé & paginé par J. Cames, maire de Toulouse, le 16 messidor an III.

2. Cent vingt-sept prêtres adoptèrent la formule de déclaration de communion ; cent vingt-quatre communion de Fontanges, deux com-

partir de ce jour les déclarants durent se conformer aux nouvelles instructions envoyées le 22 thermidor par le Comité de
législation de la Convention nationale. Ces instructions indi-
quaient que les lois du 3 ventôse & 11 prairial an III sur le
libre exercice des cultes avaient fait naître chez plusieurs administrations des doutes sur la conduite qu'elles devaient tenir à
l'égard des ministres du culte catholique que les lois avaient
précédemment soumis à la peine de la déportation pour le
refus du serment prescrit par les lois des 26 septembre 1790 &
17 avril 1791. La Constitution civile du clergé n'étant plus
une loi de l'Etat, on ne peut invoquer la non-prestation de
serment à cette Constitution. Toute espèce de serment est
aboli. Les autorités doivent se borner à recevoir la déclaration
de soumission aux lois prescrite par la loi du 11 prairial; mais
trois choses sont essentielles à observer :

La première consiste à exiger cette soumission pour exercer
le culte dans quelque édifice que ce soit; la soumission ne
peut être faite pour l'édifice, mais pour l'exercice du ministère.
La seconde observation tend à ne pas accepter une soumission renfermant d'autres expressions que celles déterminées
par la loi. La soumission doit être pure & simple, sans modifications, réserves, ni exceptions. La troisième indique la validité de la déclaration faite dans une autre commune. Dès le
5 fructidor, les termes des déclarations furent ramenées à la
première formule [1].

munion de Seignelé Colbert & un communion de Eymar-Claude
Nicolaïm.

1. Le dernier acte de soumission est du dernier jour complémentaire
de l'an III (septembre 1795). On fit en tout deux cent trente-huit
déclarations d'exercice du culte & de soumission aux lois de la République. Il y eut aussi cent vingt & une déclarations de religieuses;
voici la première d'elles : « Est comparue ce jourd'hui 10e thermidor,
troisième année républicaine, la citoyenne Anne Lambert qui a dit
avoir été religieuse du couvent de Notre-Dame du Refuge, & a requis
qu'il lui soit décerné acte de sa soumission aux lois de la République,
de laquelle déclaration il lui a été décerné acte, conformément à la loi
de 24 messidor dernier. » — Les habitants du faubourg Saint-Michel
avaient demandé, le 26 messidor, la réintégration des trois sœurs qui
étaient précédemment dans la Maison de charité de ce quartier. Les

De nouvelles compétitions & de nouveaux conflits ne tardèrent pas à se produire. L'application de la loi du 11 prairial n'était pas chose aisée. Le 20 thermidor, le Temple décadaire (grande nef de Saint-Etienne) fut fermé aux autorités & au peuple par des individus qui s'y étaient réunis en assemblée illicite. Les catholiques, qui avaient l'usage du chœur, avaient présenté, le 16 thermidor, une pétition tendant à ce que la nef de l'édifice servant à l'exercice de leur culte soit laissée libre les jours de fêtes décadaires, & que ces fêtes soient célébrées dans un autre local. Le conseil général de la Commune, considérant que, puisque la loi du 11 prairial accordait provisoirement la jouissance des édifices non aliénés pour l'exercice du culte, les pétitionnaires étaient fondés dans leur demande, décida que l'édifice des Pénitents-Bleus devait être consacré aux exercices décadaires[1].

Une maladie qu'on croyait épidémique sévissait dans un quartier de Lardenne. Les officiers de santé Roaldès, Sol, Cazaubon & Ribes y furent envoyés pour faire l'autopsie du cadavre de la femme d'un « estachan » au Miral, ci-devant Saint-Quentin. Un prisonnier espagnol, aussi atteint de cette maladie, fut transporté à l'hôpital du Sac.

Les mouvements de l'armée espagnole menaçant le département de l'Ariège préoccupèrent un moment les habitants & les autorités. Le général Sol, commandant à Toulouse, fut chargé par le général Scherer, commandant en chef de l'armée des Pyrénées orientales, d'organiser un bataillon de 1000 hommes de gardes nationales, qu'il dirigea sur Ax.

A Cadours, l'arbre de la liberté avait été abattu pendant la nuit; on avait dansé autour en criant : Vive le roi! au diable la Nation! Une croix fut placée près de l'endroit où avait été l'arbre de la liberté. La loi défendant tout signe extérieur d'un culte quelconque, la croix dut être enlevée. La municipa-

officiers municipaux décidèrent, « pour le bien du service, » que les trois sœurs pouvaient reprendre leur poste lorsqu'elles se présenteraient.

1. Ce local demandant des réparations, les assemblées devaient être tenues provisoirement au Collège national, dans la salle des Droits de l'homme.

lité de Cadours fut suspendue comme complice de ces troubles.

Les gaspillages de toutes sortes sont démontrés par le registre des délibérations de la municipalité de Toulouse : « On se plaint de la dilapidation du bois & des chandelles appartenant à la Commune. Il est dû trente-huit pagelles de bois dont la rentrée ne peut être opérée... il est encore dû quantité de chandelles fournies sur des bons de l'adjudant provisoire de l'armée des Pyrénées... il paraît extraordinaire que la ville soit la pourvoyeuse des représentants du peuple qui viennent en mission, des militaires & même des particuliers ; qu'elle soit encore exposée à perdre les avances ou prêts qu'elle a faits par la négligence ou la mauvaise foi de ceux qui les ont reçus. On doit faire les diligences nécessaires pour faire rentrer dans la caisse du trésorier de la Commune le produit des avances faites à Paganel & à Dartigoeyte, à l'armée révolutionnaire, à l'hospice Sainte-Ursule, au receveur des contributions, à des généraux & autres particuliers. »

Le 19 fructidor (5 septembre 1795) eut lieu, sur les places publiques de Toulouse, la proclamation officielle de la paix avec l'Espagne.

Une loi du cinquième jour complémentaire de l'an III portait que les pères, fils, frère, oncle, neveu & époux d'émigré ; les alliés au même degré ne pouvaient continuer à exercer des fonctions publiques. Courties, administrateur du Département ; Auguerres, procureur syndic du District de Rieux ; Gaubert, membre du directoire du même District ; Corail jeune, président du tribunal criminel, se déclarèrent atteints par cette loi. Clauzel les requit de ne pas quitter leur poste. Ce représentant réorganisa la municipalité de Toulouse ; Roussillon fut maintenu comme maire.

Les marchés continuaient à être si mal approvisionnés que, pour leur alimentation, la municipalité de Toulouse dut mettre en vente les grains qu'elle avait achetés pour les distributions de pain. On fut obligé d'augmenter la quantité de grains grossiers dans le pain fabriqué pour ces distributions, & le peuple murmurait contre leur insuffisance. La halle était envahie avant l'heure du marché. La livre de pain valait, payée en assignats, 4 francs.

Tous les salariés se plaignaient de l'insuffisance de leur traitement, & la municipalité était à bout de ressources par suite de cette nouvelle crise. Le nombre des employés à la Maison commune fut réduit au strict nécessaire & on ouvrit les bureaux de huit heures du matin à trois heures du soir, afin de faire une économie sur les dépenses pour chandelles.

Une nouvelle insurrection contre la Convention éclata le 11 vendémiaire an IV. Barras, général en chef, demanda pour commandant en second le général de brigade Bonaparte. On se battit dans les rues de Paris le 13, de quatre à sept heures du soir. Grâce à Bonaparte, la Convention demeura victorieuse. Les administrateurs du Département & les officiers municipaux de Toulouse envoyèrent séparément des adresses à la Convention pour la féliciter de la fermeté & du courage qu'elle avait mis à repousser & à punir les attentats du royalisme.

Le 20, le maire & les officiers municipaux, accompagnés des autorités constituées, tant civiles que militaires, des administrations publiques & des troupes de ligne, proclamèrent à Toulouse la Constitution française & les décrets des 5 & 13 fructidor. La première lecture fut faite au Boulingrin, la deuxième sur la place Saint-Etienne & la troisième sur la place de la Liberté.

Les événements du 11 vendémiaire avaient démontré le danger de la réaction royaliste, & les administrateurs durent — pour employer une expression consacrée aujourd'hui, — appuyer à gauche. Aussi le Conseil général rendait le 30 vendémiaire un arrêté par lequel il ordonnait que, dans les spectacles publics, les orchestres feraient entendre les airs que chérissent les républicains : *Hymne des Marseillais* [1], *Chant du départ, Ah! ça ira! Veillons au salut de l'Empire! La Liberté soumise aux lois... Français, laisserez-vous flétrir; Où peut-on être mieux qu'au sein de sa famille.*

La Convention vota, le 29 vendémiaire, la loi relative aux

---

1. Avant d'être désigné sous le nom de *Marseillaise*, ce chant avait porté le nom de *Chanson pour l'armée du Rhin*. Nous possédons un imprimé de l'époque. On le chantait sur l'air de la *Caravane du Caire*.

assassinats commis par les Compagnies dites de Jésus, du Soleil & autres associations royalistes; sur l'invitation du représentant du peuple, la municipalité de Toulouse satisfit aux dispositions qu'elle renfermait. Le 3 brumaire, une nouvelle loi ordonnait l'incarcération d'un certain nombre d'ecclésiastiques.

Les églises furent de nouveau fermées & plusieurs citoyens réclamèrent des tapisseries & autres objets prêtés afin d'orner les édifices publics pour solenniser l'exercice du culte.

Le 4 brumaire, on proclama le résultat des opérations du collège électoral qui avait siégé à Rieux pour élire cinq administrateurs du département : Pons-Devier, Sartor, Dast, Leygue, Lacroix avaient été élus. Martin Romain fut nommé commissaire du directoire exécutif. Le procureur général syndic disparut alors définitivement. Béguillet demeura secrétaire général.

Ce même jour, 4 brumaire, la Convention adoptait une loi abolissant la peine de mort à dater du jour de la proclamation de la paix générale; elle donnait à la place de la Révolution, à Paris, le nom de place de la Concorde. Une amnistie était aussi proclamée; en furent exceptés les individus compromis dans la dernière insurrection, les prêtres déportés ou sujets à la déportation, les fabricateurs de faux assignats ou fausse monnaie, les émigrés rentrés ou non sur le territoire de la République.

Après l'adoption de ces mesures, le président prononça, debout, les paroles suivantes : « La Convention nationale déclare que sa mission est remplie & que sa session est terminée. Union, amitié, concorde entre tous les Français, c'est le moyen de sauver la République. »

Un cri unanime de : Vive la République! retentit dans la salle.

Il était deux heures & demie quand l'Assemblée se sépara.

IV.

4 BRUMAIRE AN IV. — 7 GERMINAL AN VIII.

Le Conseil des Anciens, le Conseil des Cinq Cents, représentants, d'après la nouvelle Constitution, le pouvoir législalatif, s'étaient constitués & avaient élu le Directoire exécutif de la République française. La mission de ces pouvoirs était de rétablir la confiance en ramenant le calme; ils devaient aussi combattre le royalisme.

L'activité se porta vers l'agriculture & l'industrie; la population déserta un moment la place publique pour les champs & l'atelier. Le Directoire vint en aide à cette surexcitation d'activité en établissant d'une manière régulière les expositions publiques de l'industrie. Le sytème d'instruction décrété par la Convention fut coordonné. Il fallait organiser l'administration & surtout les finances. L'esprit d'opposition royaliste & surtout l'agiotage paralysèrent les bonnes intentions du Directoire. Les partis politiques se terrorisaient mutuellement.

A Toulouse, Clauzel venait, en personne, se plaindre le 10 brumaire (4 novembre 1795), des troubles qui s'étaient manifestés dans les assemblées primaires. Plusieurs citoyens avaient été privés du droit de suffrage; on avait proscrit, exclu, chassé avec outrages un nombre considérable de citoyens; quelques-uns avaient été meurtris de coups; tel était proscrit comme royaliste dans une section, un autre ailleurs était chassé comme terroriste.

Le 16 brumaire (10 nov.), une nouvelle municipalité fut installée : Souchon, président; Lafont père, Mazaignes, Marie aîné, Sieurac, Desbarreaux, Aymes, Couderc, officiers municipaux. Destrem, commissaire du pouvoir exécutif.

Une loi votée par la Convention le 3 brumaire mettant en arrestation une certaine catégorie de prêtres, fut mise à exécution à Toulouse le 27 brumaire (21 nov. 1795). On emprisonnait à Sainte-Catherine les sexagénaires & les infirmes;

quant aux autres, on devait les déporter. Les détenus devaient recevoir la ration des militaires convalescents[1].

Les administrateurs du Département signalaient le 29 brumaire au Directoire exécutif l'état toujours inquiétant de la ville de Toulouse au point de vue économique. Dans les communes rurales, la misère n'était pas moins grande; dans la plupart, les nouvelles administrations municipales ne pouvaient s'installer faute d'objets de première nécessité, comme tables, chaises, chauffage, luminaire, &c[2]. La malveillance ne négligeait aucun moyen pour agiter l'esprit public; elle discréditait le papier-monnaie & faisait cause commune avec les agioteurs pour dépriser les assignats. Dans les foires, sur les marchés, sur les places publiques & dans la plupart des magasins on les refusait, & presque toutes les affaires commerciales se traitaient par échange ou en payant en valeur métallique. Le Directoire exécutif avait pris un arrêté réglant que le salaire des employés attachés aux différentes administrations devait être payé, en valeur de 1790, en assignats de trente fois la somme. Cette base était reconnue comme au-dessous des besoins journaliers des employés, souffrant depuis longtemps de la nullité de leurs appointements. L'administration municipale se trouvait dans une triste situation pour accomplir cet acte de justice. Le nombre des bureaux fut réduit & chaque bureau ne put avoir que quatre employés[3].

Le 1ᵉʳ pluviôse an IV (21 janvier 1796), on *fêta la mort du dernier tyran des Français*. Les corps constitués se réunirent

1. Le concierge n'ayant pu trouver un aubergiste pour fournir la nourriture aux détenus, on alloua, en assignats, 50 francs par jour à chaque prisonnier. Cela faisait un peu moins de 2 francs en valeur réelle.

2. A Toulouse, malgré la diminution du nombre de reverbères & la suppression de quelques mèches à ceux qui restaient, on était au moment de ne pouvoir éclairer la ville. L'huile coûtait 26,000 francs le quintal, & pour payer soixante quintaux d'huile, on vendit deux mille setiers de fèves destinées à secourir les nécessiteux.

3. La caisse des charges locales avait un produit de 200,000 francs par an, & les charges nouvelles lui auraient imposé une dépense de 50,000 francs par mois.

sur la place de la Liberté & prêtèrent le serment de haine à
la royauté & d'amour pour la République.

De leur côté, les ennemis de la Révolution faisaient une
active propagande pour discréditer les hommes qui déte-
naient le pouvoir. *L'Antiterroriste*, dont des rédacteurs avaient
été condamnés à la déportation, était répandu à profusion
dans les campagnes. La force armée, envoyée dans une petite
ville voisine où avait été assassiné le commissaire du directoire
exécutif au sein de son administration, trouva *l'Antiterroriste*
dans la localité, bien qu'aucun habitant n'y fût abonné[1].
Afin de contre-balancer son influence, on prit des abonne-
ments à *l'Observateur*, imprimé chez Robert.

Après la presse, le théâtre devenait le champ clos où lut-
taient les deux courants d'opinion. L'autorité ordonnait
l'exécution de *Veillons au salut de l'Empire* & du *Ça ira!* &
défendait de chanter le *Réveil du peuple*. Aucun uniforme
blanc ni aucune décoration pouvant rappeler des idées anti-
républicaines ne pouvaient paraître sur la scène.

Les autorités n'étaient pas obéies. Les spectacles com-
mençaient à des heures irrégulières, le chant des hymnes
patriotiques n'avait pas lieu quotidiennement. Un acteur,
chargé spécialement de ce chant, risquait d'être emprisonné
s'il se permettait un acte dérisoire. Des citoyens se promenaient sur la scène durant les chants, & des éclats bruyants
partaient des loges.

Si, à Toulouse, on avait, dans les premiers mois de l'an IV,

---

1. Dans les papiers de Brouilhet, imprimeur de *l'Antiterroriste*, saisis
durant les poursuites, se trouve la lettre qui suit, adressée à Meillac,
par Romiguières qui fut pendant les Cent-Jours député de la Haute-
Garonne, puis procureur général à Toulouse (de 1833 à 1840), mourut
pair de France & conseiller à la Cour de cassation. Romiguières y
déclare avoir rédigé *l'Antiterroriste*, pendant quatre mois. — « Mon
cher Meillac, j'ai travaillé quatre mois à notre journal; j'ai reçu trois
louis, je crois avoir travaillé pour l'argent. Vous me promettez continuellement. Vous m'annoncez l'arrivée de Brouilhet, ou que vous
lui écrivez. Il n'en est rien. Je suis au désespoir; mais je ne puis plus
rédiger notre feuille. Nous n'en resterons pas moins bons amis.
Romiguières. » (Arch. de Toulouse, *Affaires politiques*, I, n° 413.)

apporté des restrictions au libre exercice du culte catholique, il n'en était pas de même dans les campagnes où une grande tolérance était pratiquée par les municipalités. Dans un grand nombre de communes rurales, le culte s'exerçait publiquement. La plupart des prêtres qui avaient refusé d'adhérer à la Constitution civile du clergé ne daignaient même pas faire la déclaration de soumission aux lois de la République. A Aussonne, l'abbé La Terrasse, ci-devant directeur du séminaire Saint-Charles, disait quotidiennement & publiquement la messe dans l'église. La cloche l'annonçait & sonnait l'*Angelus* aux heures accoutumées. Le 4 pluviôse (24 janvier 1796), La Terrasse célébra une messe solennelle & fit faire amende honorable aux habitants, un cierge ardent à la main. Il leur fit demander pardon à Dieu & aux hommes d'avoir suivi la doctrine du prêtre constitutionnel qui l'avait précédé & leur fit jurer d'être invariablement attachés à la religion catholique, apostolique & romaine.

L'agent municipal d'Aussonne fut mandé à Toulouse le 17 pluviôse & interrogé sur ces faits par le président de l'administration du Département. Il lui était même reproché d'avoir assisté à la cérémonie. L'agent répondit que, ne sachant pas qu'on disait la messe, il n'avait pu y assister. Quant à la sonnerie des cloches, l'agent a fait des reproches au sonneur & a retiré les cordes; le sonneur a prétexté que des enfants montaient au clocher & attachaient de nouvelles cordes, qu'il avait fait même enlever les battants; mais on entend toujours la sonnerie des cloches, les enfants y ayant attaché un marteau. On demande encore à l'agent municipal s'il n'a pas connaissance que, le 7 pluviôse, ce même prêtre réfractaire ait dit la messe & célébré des mariages; que le nommé Crestenet étant mort, il a été inhumé par La Terrasse, & que lui, agent municipal, a assisté aux obsèques. L'agent répond qu'il ne sait de quoi on lui parle.

La recherche des déserteurs était souvent entravée par les populations. Les commissaires du gouvernement, Ferry & Foucher (de Nantes), étaient à Toulouse avec rang de chefs de brigade; n'ayant pas de force armée, ils firent, le 1er ventôse, une réquisition pour l'armement immédiat des gardes

nationales dont le civisme connu devait réprimer les soulève-
ments.

Le 2 ventôse, un attroupement séditieux se forma à Saint-
Nicolas-de-la-Grave. Le 15 (5 mars 1796), Goti-Roquebrune
tenta sans succès de soulever les paysans des environs de Cintegabelle. Un habitant de Gaillac-Toulza, Lavaur, fut tué par
cet émigré, qui fut arrêté par Abadie, commissaire du pouvoir
exécutif, & Fort, habitant de Gaillac-Toulza [1].

L'esprit d'insubordination & de mépris contre le gouvernement était toujours inspiré par *l'Antiterroriste*, qui ne cessait
d'exploiter le mécontentement causé par la misère. Des querelles particulières surgissaient de tous côtés; les individus
maltraités portaient des plaintes verbales qu'ils n'osaient
signer; dans les salles de spectacle, les acteurs étaient menacés par ceux des spectateurs à qui le personnage représenté
déplaisait. Des rassemblements journaliers, composés de domestiques, avaient lieu au ci-devant Jardin Royal. On y dénigrait
ouvertement la municipalité, la garde nationale, les agents
militaires du gouvernement. De là des rixes particulières.

Les tentatives des royalistes amenèrent de nouvelles poursuites contre les prêtres réfractaires. Un arrêté du 4 germinal
(24 mars 1796) ordonnait leur arrestation. Les fonctionnaires
municipaux qui ne les auraient pas arrêtés dans les vingt-
quatre heures devaient subir deux années de détention.

Le 10 germinal fut célébrée la fête de la Jeunesse. L'autel
de la patrie avait été érigé sur la place de la Liberté; on y
déposa un registre civique destiné à recevoir le nom des jeunes
gens qui avaient atteint l'âge prescrit pour être admis au rang
de citoyen; mais les fêtes ne calmaient nullement les esprits
& n'arrêtaient pas les actes malveillants.

Un vol d'un nouveau genre fut commis à Toulouse. Le
tranchant de la guillotine avait disparu. Le jour de la découverte de ce vol, la guillotine, qui était déposée dans la tour
qui servait de demeure à l'exécuteur, fut transportée à la Mai-

---

1. Une couronne civique fut décernée à Abadie & à Fort; une urne
funéraire fut déposée à Toulouse dans le Temple décadaire pour honorer la mémoire de Lavaur.

son commune, & on demanda au Département de faire confectionner un nouveau tranchant. Le 20 germinal, l'administration municipale dut prendre des mesures pour empêcher le vol de drap vert qui servait de décoration au grand Consistoire & la détérioration du mobilier qui le garnissait [1].

L'*Antiterroriste* fut dénoncé au jury d'accusation après la découverte de la conspiration de Babœuf (25 floréal an IV, 14 mai 1796). Babœuf & ses complices avaient signalé Toulouse comme l'un des points du territoire où ils devaient expédier des hommes sûrs & intelligents pour l'accomplissement de leurs desseins & comme renfermant le plus de germes d'insurrection. La ville de Toulouse avait donc ce privilège ou ce malheur d'avoir été considérée comme un foyer de fédéralisme par les sans-culottes durant la Terreur, & d'être désignée comme le principal point d'appui d'une conspiration tendant non seulement à ramener la Constitution de 1793, mais encore à réaliser les utopies de Gracchus Babœuf, « que la propriété indivisible est la cause de l'esclavage, que la société doit être conçue comme une communauté de biens & de travaux, que le but de cette société doit être l'égalité des travaux, des jouissances, &c. »

La fête de la Reconnaissance, à laquelle on joignit celle des Victoires, fut célébrée le 10 prairial. On avait construit au fond de la Grande-Allée un amphithéâtre à trois gradins; sur le plus élevé était la statue de la Liberté. Le président de la municipalité distribua une branche de laurier à chacun des militaires blessés ou convalescents.

L'administration municipale, étudiant le prix réel des objets de première nécessité payé en numéraire & non en assignats, & le comparant aux prix de 1790, avait reconnu que

---

1. « Malgré que l'administration soit parvenue à faire mettre en arrestation un militaire convaincu d'avoir coupé & volé partie du drap vert qui sert de décoration au parquet du grand Consistoire, les dégradations & les vols de pareils objets se continuent tellement que, depuis ce premier vol, on a encore volé des rideaux de fenêtres, coupé la couverture de plusieurs chaises garnies de maroquin rouge & dégradé une infinité d'autres objets. » (Archives municipales, procès-verbal de la séance du 22 germinal an IV.)

sur certains objets, comme le pain, la viande, le vin, cette différence était du septième au huitième ; quant aux autres comestibles ou objets de nécessité pour le vêtement & le logement, la différence était du tiers au quart ; le prix moyen des
divers objets était donc du quart au cinquième. Le seul moyen
de ramener la confiance était la suppression des assignats. Le
Directoire exécutif tenta cette opération en faisant échanger
les assignats contre des mandats délivrés par les caisses publiques qui recevaient les assignats au taux de trente capitaux
pour un, du 2 au 10 messidor (20 au 28 juin 1796). Passé ce
délai, les caisses publiques ne pouvaient les accepter qu'au
taux de cent capitaux pour un.

Il fut employé à Toulouse 3,600,000 francs pour cette conversion. C'était toujours du papier échangé contre d'autre papier, & ces mandats ou promesses de mandat n'en subirent
pas moins une forte dépréciation. La fortune publique
resta gravement atteinte jusqu'au moment où la circulation
des espèces métalliques ne fut plus une exception restreinte à
des opérations tenues secrètes[1].

La fête de l'Agriculture fut célébrée le 4 messidor. L'autel
de la patrie, établi sur la place de la Liberté ; à côté de cet
autel, des charrues attelées de bœufs & ornées de fleurs &
de feuillages. Un char, traîné par quatre chevaux, était sur-

---

1. Treize mois après leur émission, ces mandats furent cédés à 15 %
de leur valeur contre du numéraire. Pour les assignats, voici quelle
avait été leur dépréciation : de janvier à décembre 1791, les 100 livres
subirent une diminution ; en janvier, les 100 livres en valaient 97 ;
en décembre, 84 ; en janvier 1792, 100 livres d'assignats descendirent à 81 livres, & en décembre à 75 livres ; en janvier 1793, les 100 livres en valaient encore 72, & en décembre 54, après être descendus en
septembre à 36 ; en janvier 1794, 100 francs d'assignats valaient 57 fr.;
en décembre, 25 francs ; en janvier 1795, ils étaient encore à 20 fr.;
ils descendirent à 18 & à 16 francs jusqu'au 20 mars (1er germinal
an III) ; de cette époque jusqu'au 23 septembre (1er vendémiaire
an IV), ils valurent 14, 11, 9, 6, 5, 4 francs & enfin 2 francs 5 sous ; de
septembre 1795 à août 1796 (1er vendémiaire an IV à thermidor même
année), ils descendirent à 3 sous 6 deniers par 100 francs. Ces chiffres
démontrent dans quel gouffre avaient sombré les richesses de la
France.

monté de la statue de la Liberté, aux pieds de laquelle se trouvait une corne d'abondance. Des branches d'arbre & divers instruments aratoires complétaient l'ornementation de ce char.

Un groupe de laboureurs de diverses communes du canton, de tout sexe & de tout âge, des feuillages & des rubans tricolores à leurs chapeaux, les femmes & les enfants des épis & des fleurs à la main, étaient rangés sur la place & se formèrent en cortège aux autorités pour aller tracer un sillon dans un champ du quartier des Minimes. On dansa dans la journée à la Grande-Allée & sur le quai Saint-Cyprien.

L'administration municipale ayant été accusée de complicité dans le complot de Babœuf crut devoir se justifier en adressant, le 26 messidor, un mémoire au ministre de la police, après l'avoir fait approuver par l'administration centrale. Ce mémoire contient un détail piquant : les bourreaux, l'ancien comme le nouveau, n'étaient rien moins que des chefs de brigands, voleurs & assassins, dont plusieurs furent condamnés à mort par le tribunal criminel[1].

L'administration du Département motivait son adhésion au

---

1. Depuis neuf mois, nous sommes en butte aux manœuvres de la malveillance ; le passage du régime révolutionnaire au gouvernement constitutionnel a fourni de prétextes fréquents aux vendémiairistes de nous calomnier. Le royalisme provoque à des excès pour nous perdre, & les anarchistes à un silence coupable pour rendre les lois sans effet ; c'est entre ces deux écueils que la Constitution traça notre route, & c'est pour l'avoir suivie sans relâche que les gazettes royales nous injurient. A notre entrée en fonctions, les réactionnaires quittaient les armes & les patriotes reclus arbitrairement étaient rendus à leurs familles. Le représentant du peuple Clauzel venait d'organiser la garde nationale ; son arrêté, en éloignant des compagnies les individus qui avaient figuré dans le tribunal révolutionnaire, rassura tous les bons esprits... Nous trouvâmes la force armée ainsi disposée quand le peuple nous appela aux fonctions municipales. Dès notre entrée, nous fûmes obligés de supprimer la distribution de pain que la Commune était dans l'usage de fournir aux habitants de Toulouse à un prix modique, afin d'échapper à la banqueroute. Ce début était peu favorable, & malgré les efforts du royalisme, cette suppression se fit sans murmure & sans commotion.

mémoire de la municipalité en critiquant le système d'épuration en grand honneur à chaque fluctuation politique. « Elle croirait manquer à son devoir, à la justice, perdre de vue l'intérêt public, si elle n'avertissait pas le Directoire d'écarter les délateurs ténébreux qui ne cherchent qu'à faire reparaître une manière ridicule d'épuration qui a fait douter le vrai patriote de l'affermissement de la liberté. »

Les appointements de messidor an IV furent payés aux employés, moitié en numéraire, moitié en assignats, &, pour les indemniser de la privation de leur salaire des mois précédents, on leur paya en numéraire un double mois. Les fonds manquaient aussi à l'agent des fournitures pour l'armée. Le général Sol dut solliciter un prêt du Département; on n'avait même pas de quoi acheter de la viande pour le bouillon des malades. Le 5 fructidor, le ministre des finances tirait sur la caisse du receveur du Département une traite de 100,000 francs payable en numéraire à dix jours de vue.

Pour arriver à l'acquitter, les administrateurs durent, à la réception de l'arrêté, ordonner aux percepteurs de lancer des contraintes aux contribuables qui ne s'étaient pas libérés de ce qu'ils devaient en grains sur les contributions de l'an III, & de faire procéder contre ceux qui n'y auraient pas satisfait dans les vingt-quatre heures.

Le 12 fructidor an IV (29 août 1796) fut décidée l'aliénation de quinze édifices nationaux reconnus inutiles à des établissements militaires. Quelques-uns ne furent pas vendus sans que rien en indique les motifs.

La Visitation[1], les Tierçaires, le couvent de la Porte[2], la Merci[3], le Refuge[4], *le collège National, Sainte-Anne*, les

---

1. Le nom des établissements non vendus sont en italiques. La Visitation était située sur la place de ce nom, au bas de la rue Rémusat, faisait l'angle de la rue du Salé.

2. Près de la porte de l'Ile, à Saint-Cyprien; est aujourd'hui une dépendance de l'hospice de la Grave.

3. Près de la porte Arnaud-Bernard.

4. Rue du Taur, au coin de la rue Montoyol.

Minimes[1], Saint-Rome[2] les *Cordeliers*, les Maltaises[3] & l'enclos du collège de Caraman, le *cloître Saint-Etienne*. Ces im-
meubles pouvaient être payés avec les mandats donnés en
échange des assignats.

On reprit, à Toulouse, la fabrication de la monnaie. Il fut
frappé des pièces de 5, 10 & 20 grammes, Cette monnaie fut
mise en circulation au commencement de fructidor an IV ; la
population, excitée par des meneurs, refusait de la recevoir
pour 5, 10, 20 centimes.

Les 9 & 10 thermidor an IV (27 & 28 juillet 1796) on fêta
l'anniversaire de la prise de la Bastille, le renversement du
trône & la chute de la « tyrannie triumvirale ». L'autel de
la patrie, dressé toujours sur la place de la Liberté, était
couvert de haches, de massues & d'un faisceau de drapeaux
aux trois couleurs. Non loin se trouvait un trône sur lequel
étaient les emblèmes de la royauté & un cahier où on avait
écrit : Constitution de 1791. Les citoyens prirent les armes,
& le trône s'écroula sous leurs coups, puis le président alla
planter un drapeau tricolore sur ses débris. Le lendemain
on voyait un nouveau trône recouvert d'un manteau aux trois
couleurs & surmonté d'emblèmes de la tyrannie : un masque,
un bandeau, des poignards, des torches & un cahier sur
lequel étaient écrit ces mots : Constitution de 1793. Le président de la fête, une torche allumée à la main, se rendit près
du trône, le dépouilla de son manteau tricolore & y mit le
feu. Une statue de la Liberté parut ensuite sur l'emplacement
qu'avaient occupé les trônes.

La fête commémorative du 10 août fut célébrée le 23 thermidor (10 août 1796); on y brûla aussi un trône fleurdelisé &
de ses débris jaillit encore la Liberté.

1. L'ancienne église du couvent sert aujourd'hui de paroisse au
quartier de ce nom. Elle fut rachetée, vers 1846, avec une partie du
couvent qui sert aujourd'hui de presbytère, par M. Bonnal, curé, à l'aide
d'une souscription faite par les habitants du quartier, à la famille Corail
qui s'en était rendue adjudicataire en l'an IV. L'horloge qu'on y a placé
provient de la Pierre, & était autrefois au coin de la rue Saint-Géraud.

2. Etait situé dans le moulon entre la Petite rue Saint-Rome & la rue
Baour-Lormian.

3. Au Faubourg Saint-Cyprien, non loin des Feuillants.

La Convention, en instituant une fête pour chaque décadi, avait eu l'intention de les faire célébrer dans le Temple ; en l'an IV, elles étaient célébrées sur les places publiques ; on lançait des fusées volantes, on tirait des salves d'artillerie, on les accompagnait de jeux & de danses. Le 10 fructidor (27 août) fut célébrée la fête de la Vieillesse. C'est à la salle de spectacle qu'elle finit. Les vieillards couronnés dans la journée y eurent une place d'honneur.

L'anniversaire de la proclamation de la République fut célébré le 1er vendémiaire an V (22 sept. 1796) par des chants & des discours au temple de la Liberté, par un exercice de tir au *Pré* du faubourg Saint-Cyprien & par un feu d'artifice tiré au Boulingrin. Des danses suivirent le feu d'artifice. La Grande-Allée fut, à cette occasion, éclairée de réverbères & de pots à feu.

La rentrée d'une partie des fonds des charges locales permit de s'occuper de quelques objets négligés par suite de la pénurie de la Commune. On commença par les réverbères, dont le nombre était réduit au tiers de ce qu'il était en 1790.

Les fontaines, en petit nombre, que possédait Toulouse n'y étaient d'aucun service ; les aqueducs destinés à y conduire les eaux étaient en partie comblés par des immondices ; on les déblaya, on répara les tuyaux & on nettoya les bassins. On put aussi consacrer quelque argent aux réparations du pavage.

Le 25 vendémiaire an V (15 octobre 1796), la cession du couvent des Carmes était demandée au Corps législatif, & le 2 brumaire (23 octobre 1796) l'administration municipale donnait un avis favorable au projet d'établir à Toulouse une école de sourds-muets. Saux, médecin, avait, dans une séance publique, démontré le système de l'abbé de L'Epée.

Les royalistes de Toulouse s'agitaient toujours ; on les accusait même de faire commettre des actes de brigandage. Dans la nuit du 6 au 7 brumaire, le courrier de Paris fut attaqué & dévalisé à une lieue de Toulouse[1].

---

1. Les rapports qui ont été faits sur la qualité des personnes & le langage qu'elles ont tenu audit courrier & au voyageur sont des preuves bien évidentes d'un complot formé par les ennemis de la Révo-

Quatre cent dix-sept citoyens de Toulouse avaient adressé au Conseil des Cinq Cents une pétition tendant à obtenir la cassation des élections de la municipalité, dont les membres y étaient peints comme des hommes gorgés de sang & de rapines. Le rapporteur de la pétition proposait l'annulation des élections; mais il semblait vouloir retarder sa proposition & il ne vint à la tribune qu'après une vive réclamation de Colombel, dont le passage à Toulouse avait laissé le meilleur souvenir. Une des principales pièces de la pétition était une lettre de l'accusateur public Janole, écrite au ministre de la police, & dont le moindre défaut était d'être calomnieuse. Les Cinq Cents avaient, dès le 17, décidé l'impression du rapport pour le discuter le lendemain; mais le rapporteur retint pendant six jours les épreuves, & la délibération ne put venir que le 27. C'est Pérès qui défendit la municipalité & les Toulousains. Mailhe, ancien procureur général syndic du département & ancien député de la Haute-Garonne, représentant le département de l'Yonne, combattit les dires de Pérès. Son discours ne fut qu'un long tissu d'invectives & de calomnies, non seulement contre la municipalité, mais même contre toutes les autorités de Toulouse, qu'il eut l'impudence de dire être toutes composées de brigands.

« Pour ma part, dit Desbarreaux, qui avait assisté à la séance[1], je reçus plusieurs bordées de sa bile écumante; il me désigna & fut assez lâche pour m'insulter personnellement dans un lieu & dans un moment où il ne m'était pas permis de lui répondre. Je le fis dans la nuit du 27 par la voie de l'impresssion, &, le 28, je fis distribuer une courte réponse aux calomnies de Mailhe & le démenti des faits qu'il avait avancés à la tribune. Je ne lui répondis pas par des invectives; j'aurais

lution pour opérer la dissolution du Gouvernement... Les efforts du royalisme se réunissent pour tâcher de pervertir l'esprit public... C'est sans doute dans ces vues qu'une foule de brigands a été jetée dans la cité pour y porter le désordre; que, ne pouvant y parvenir, ils s'attachent à porter l'alarme sur les routes.

1. Destrem, premier officier municipal, & Desbarreaux avaient été envoyés à Paris, porteurs des procès-verbaux des assemblées primaires.

eu beaucoup trop à lui dire si j'avais fait part au Conseil des motifs que nous avons tous de lui avoir retiré notre confiance. »

Un membre combattit le projet & s'attacha à démontrer la validité des élections & à justifier la conduite de la municipalité. Un autre combattit le préopinant & soutint que dans les assemblées primaires il y eut expulsion violente & arbitraire d'un nombre considérable de citoyens. On passa au scrutin &, au courant du vote, on s'aperçut que des bulletins portaient à la fois O, pour oui, & N, pour non. Le lendemain, sur 351 votants, 207 membres votèrent pour l'ordre du jour.

Les délégués, rentrés à Toulouse, rendirent compte de leur mission & parlèrent des soins qu'ils avaient pris pour d'autres objets intéressant le bien & l'agrément de la Commune, tels que l'agrandissement de l'atelier monétaire, l'alignement de a rue du Petit-Versailles, la concession des ci-devant Carmes déchaussés pour le Jardin des Plantes & Botanique, & celle des ci-devant Grands-Carmes pour une place publique & une halle.

Des agitations continuaient à se produire par intervalles, & le 18 nivôse (7 janvier 1797), l'administration municipale invitait la force armée à redoubler de surveillance. On avait crié en conduisant un mort au cimetière : Vive la Vendée! & les prêtres réfractaires publiaient des écrits contre-révolutionnaires. Six jours après, à la suite de troubles survenus dans la salle de spectacle, on dut interdire une pièce ayant pour titre : *la Chaste Suzanne*, & le 30 nivôse, on envoya cinquante hommes de la garde nationale & douze gendarmes à la salle établie au collège Saint-Martial. Le prétexte du tapage était une citoyenne Crescent qui jouait le rôle de Virginie dans *Paul & Virginie*. On dut faire évacuer la salle; des coups de pistolet furent tirés au dehors[1].

Dix-huit procès-verbaux, dressés du 22 au 30 nivôse, furent envoyés au directeur du jury. Ils constataient que des assemblées illicites avaient été tenues; des compagnies par dizaines & par centaines avaient été organisées; on avait promis des

---

1. Ce trouble avait paru être la suite de la manière indécente dont l'actrice s'était conduite à l'égard des citoyens qui étaient au parterre.

secours pécuniaires à ceux qui feraient cause commune avec les organisateurs ; des tentatives avaient été faites pour se procurer des armes. On avait essayé de provoquer un mouvement le 30 nivôse, l'avant-veille du 2 pluviôse (21 janvier), date où tous les fonctionnaires devaient prêter le serment de haine à la royauté, à l'anarchie, & d'attachement inviolable à la République & à la Constitution de l'an III.

Le message du Directoire exécutif au Conseil des Cinq-Cents, relatif à la découverte de la conspiration contre la République par les agents de Louis XVIII, était connu le 19 pluviôse & provoquait une adresse de félicitations de la part de l'administration municipale.

En vertu de l'article 185 de l'acte constitutionnel, il fut procédé, le 15 ventôse, au tirage au sort pour le renouvellement de l'administration municipale. Souchon, Magaignes, Marie aîné, Couderc & Comon devaient cesser leurs fonctions au mois de germinal an V. Laffont, Sieurac, Desbarreaux, Aymes devaient les continuer jusqu'en germinal an VI. Les membres sortants furent remplacés par Murel, arboriste; Béziat, négociant; Mercier, négociant; Rigaillon, ancien boulanger; Vaysse, négociant. La nomination de ces cinq administrateurs fut suivie, comme de coutume, de quelques protestations. Desbarreaux fut nommé président de l'administration municipale.

Le 20 ventôse, un nouvel accord fut conclu entre Louis Bertha, Étienne Lahodey, *artistes de Passy*, & l'agence de la grosse artillerie. Il avait pour objet la fabrication de la monnaie de cuivre & la fabrication de la grosse artillerie. Pour la monnaie, on établit que le métal de cloche devait produire 60 livres de cuivre par quintal, que les scories appartenaient à l'entrepreneur à qui on payait, en outre, 7 sous 6 deniers par livre pour l'extraction.

Pour la fabrication de l'artillerie, on donnait aux entrepreneurs les bâtiments, fourneaux, ustensiles, outils, &c., sans aucun loyer à payer. Le traité était fait pour quatre années. A son expiration, les constructions & outillages ajoutés devaient se régler par un inventaire. On avait à fabriquer des piéces du plus gros calibre & établir des foreries à l'eau. Trois fourneaux étaient en pleine activité. Cent mille francs furent remis, à titre d'avance, aux entrepreneurs. L'artillerie de 1,800 livres & au-dessous était payée 20 sous la livre; de 1,800 à 3,200 livres, 16 sous, & au-dessus de 3,200 livres, 12 sous la livre[1].

Le 17 germinal (6 avril 1797), l'administration centrale du Département transmettait aux officiers municipaux un arrêté ordonnant la mise en liberté des prêtres détenus dans la maison de réclusion. L'administration municipale, tout en chargeant un de ses membres de se rendre le 18, à sept heures du matin, dans la prison pour y mettre à exécution l'arrêté, protesta contre cette mesure. Elle consigna sur son registre que, chargée de l'exécution de l'arrêté du Département, elle cède à l'autorité supérieure que la loi a placée au-dessus d'elle.

Alexandre-Louis Cambon, ex-noble, compris sur la liste arrêtée le 24 juin 1793 comme émigré, ayant prouvé sa résidence à Paris du 3 mai 1792 au 7 vendémiaire an IV, & de cette date au 8 floréal an V, fut rayé de toutes les listes des émigrés[2].

Le 10 floréal (29 avril 1797), la fête des Epoux fut célébrée

---

1. Cette fonderie acquit plus tard une très grande importance; on y installa une belle machine à forer & un laminoir à cuivre pour le doublage des navires. Cet établissement, installé dans l'ancien couvent des Clarisses, a fonctionné jusqu'au milieu du dix-neuvième siècle. L'Institut catholique de la région du Sud-Ouest est aujourd'hui établi dans ces locaux.

2. Jean-Louis-Auguste-Emmanuel de Cambon, & non Alexandre-Louis (ces erreurs de prénoms étaient fréquentes pendant la période révolutionnaire), était né en 1737. Il fut reçu avocat général en 1761; en 1779, il était président à mortier. Procureur général en 1786, il fit partie, en 1787, de l'assemblée des notables, & peu de temps après, il devint premier président du Parlement de Toulouse. Il se cacha à Paris pendant la Révolution & mourut à Toulouse en 1807. — Mᵐᵉ de Cambon, née Elisabeth de Riquet, habitait avec son mari à Paris. A la suite d'une perquisition infructueuse opérée dans leur domicile pour arrêter M. de Cambon, on voulut la forcer à divulguer la retraite de celui-ci; elle s'y refusa, fut arrêtée, conduite à la prison Saint-Lazare & traduite devant le tribunal révolutionnaire le 8 thermidor an II (26 juillet 1794), condamnée & décapitée le même jour. Le lendemain, 9 thermidor, voyait la chute de Robespierre.

au temple de la Liberté, & le 15 on célébrait au Grand-
Rond la fête de la Paix[1]. Elle ne pouvait se passer sans quelques mouvements ou disputes. Cette fois, c'étaient des enfants
qui s'étaient injuriés & frappés autour de l'autel de la Patrie.
A la suite de ces rixes, on chanta des chansons provocatrices[2].

Le 21 floréal (10 mai 1797), l'administration centrale du
Département prenait un arrêté contre la sonnerie des cloches
dans les campagnes. On se permettait de sonner sous divers
prétextes, entre autres celui d'indiquer les heures de travail,
mais dans le fait pour appeler les citoyens à l'exercice du
culte. Les cloches ne purent sonner que dans un danger
imminent où il y avait lieu de sonner le tocsin. Les puni-
tions étaient, pour les simples citoyens, un emprisonnement de
trois à six décades, &, en cas de récidive, un an. Les ministres du culte encouraient un an de prison à la première con-
travention & la déportation pour la récidive.

Les magistrats municipaux eurent connaissance, le 13 messidor (1er juillet 1797), d'une lettre trouvée sur la route
d'Auch, hors la porte Saint Cyprien. Elle était écrite par
Pressac d'Esclignac à l'émigré de Vic, & contenait un aperçu
des illusions dans lesquelles vivaient certains membres de la
noblesse, & aussi des projets monstrueux qu'ils prêtaient à
leurs adversaires. Le clergé y est blâmé pour n'avoir pas prêté
assez activement la main à la réaction. Pressac était probablement caché à Paris & devait être en relations suivies avec

1. « L'administration municipale, considérant, disait l'arrêté qui l'ordonnait, qu'après avoir constamment fêté les victoires glorieuses de
nos armées triomphantes, elle ne peut remplir d'une manière plus
satisfaisante le vœu de ses concitoyens qu'en les appelant autour de
l'autel de la patrie pour célébrer la paix continentale que le brave
Buonaparte a fait signer au roi des Romains sous les remparts même
de la capitale de son empire... »

2. Des meneurs faisaient manifester par des enfants des opinions
divergentes. Les instigateurs de ces troubles avaient aussi à leur disposition des hommes qui, pour avoir l'air de prendre part à la joie
générale, s'adressaient mutuellement les noms de terroristes, chouans,
feuillants, jacobins & mille autres qualifications; ils chantaient dans
les rues des couplets burlesques & souvent orduriers dont on cherchait
à faire des applications malignes.

quelques personnages politiques qui lui extorquaient de fortes sommes [1].

1. « P..., le 20 juin 1797. C'en est fait, mon cher de Vic, nous voilà entièrement déchus de nos projets. La coalition qui s'établit entre les acquéreurs ou plutôt les voleurs des biens qui nous ont été usurpés, va pour jamais ruiner nos espérances. Je vous l'avais toujours dit que cette lenteur, que mal à propos on nomme prudence, de la part du clergé nous serait fatale. Il n'est pas de doute que s'ils étaient rentrés au mois d'août & qu'ils eussent mis un peu de célérité dans l'exécution des moyens qu'on leur avait inspirés, nous serions chacun chez nous tranquilles possesseurs de la fortune que nos pères nous ont transmise, & les brigands qui nous en ont violemment expulsés auraient déjà expié leurs fautes. On s'est mal à propos apitoyé sur la violence des moyens proposés, & ne savaient-ils pas qu'aux grands maux il fallait des grands remèdes ?

« Tu n'ignores pas sans doute le plan de cet infernal projet. En tout événement, je vais t'en donner un aperçu & tu seras convaincu, si tu ne l'es déjà, que l'enfer seul pouvait enfanter un pareil complot. Les voleurs de nos biens se réunissent dans chaque département, sous la protection (dit-on) de cet infâme gouvernement, & vont former une corporation armée, dont une commission prise dans son sein dirigera en secret toutes les opérations de cette bande anthropophage, & au moyen d'une caisse immense mise à la disposition de cette commission, ils auront à leur solde une cohorte d'assassins qui ont déjà fait leurs preuves pour nous détruire partiellement au premier rencontre.

« Je ne vois dans cet infernal complot que la restauration de ces infâmes rassemblements qui ont mis ce royaume en pleine insurrection. Ce tableau hideux me présagereait de grands malheurs si je n'avais l'espoir que les pusillanismes des Cinq-Cents y mettront obstacle. Quelques-uns m'ont dit qu'ils attendaient le moment favorable pour faire usage de leurs moyens. Ils craignent une réunion générale des fédérés, & alors ils ne voient point de moyen de résister à cette masse innombrable d'assassins, surtout si, comme on l'assure, ces J... f.... de 5... la protège (sic). Le curé légitime de C..... m'écrivait, ces jours derniers, que leurs efforts deviennent impuissants, que le nombre de leurs prosélytes décroît tous les jours, que les paysans, malgré l'assurance qu'on leur donne de l'amélioration de leur sort, craignent la résurrection de la dîme & des lods & ventes. Que le nouvel ordre de choses, depuis six ans, a tellement perverti leurs cœurs qu'ils ne croient plus ni à Dieu ni à diable ; je lui ai répondu de ne pas perdre courage, qu'avec de la patience on vient à bout de tout.

« Je n'ai pas eu de nouvelles depuis quelque temps du marquis de Seurac. Quand tu le verras dis-lui que je me ruine pour obtenir ma radiation définitive. G... D... M... me promettent toujours le succès ;

La situation continuait à être critique à Paris & dans les départements. Les assassinats se multipliaient; les républicains étaient surtout frappés, & parmi eux spécialement les acquéreurs de biens nationaux. La majorité du Corps législatif était hostile au Directoire exécutif & le royalisme y avait d'audacieux représentants. Tout faisait prévoir un coup d'Etat du Corps législatif contre le Directoire. Le Directoire le prévint.

Sous prétexte d'une formation d'armée à Brest, des troupes, sous le commandement d'Augereau, étaient campées à quelques lieues de Paris. Dans la nuit du 17 au 18 fructidor, dix mille hommes, quarante pièces de canon entourèrent les lieux des séances des deux Conseils & occupèrent les principaux points de Paris. Des députés furent arrêtés & conduits au Temple en compagnie de quelques officiers compromis. Parmi ceux-ci, se trouvait le colonel Ramel, qui commandait alors les troupes préposées à la garde du Corps législatif[1]. Augereau demeura commandant de Paris.

Ces événements furent connus à Toulouse le 23 fructidor (9 sept.). L'administration centrale publia toutes les pièces relatives à la conspiration déjouée par le Directoire.

Tous les corps constitués, civils & militaires, furent déclarés personnellement responsables des assassinats & autres entreprises contre les citoyens. Un décret du Directoire ordonnait que

je ne sais si, après m'avoir entièrement ruiné, ils ne se foutront pas de moi; ils m'ont déjà attrapé près de quatre-vingt mille livres.

« *N. B.* — Je pense qu'il serait très urgent de répandre de nouveau, à tous les curés, la circulaire en question. Elle pourrait, sinon balancer, du moins atténuer les plans de ces infâmes voleurs; mais surtout de la célérité, de la célérité, & mille fois de la célérité. Ne m'oublie pas auprès du comte de la Hitte; dis-lui que je ne l'oublie pas; mais que sans argent, les portes de ces fameux voleurs sont toujours fermées. J'ai l'honneur d'être, mon cher cousin, votre très humble & très affectionné ami, Pressac d'Esclignac. — Il faut m'adresser mes lettres à l'adresse que je vous ai donnée au mois de janvier dernier ». (Archives municipales, registre des délibérations, du 11 au 14 messidor an V; f⁰ˢ 98 v⁰, 99 r⁰)

1. Ce colonel, devenu général, fut assassiné à Toulouse par les verdets, après les Cent jours. (Voir *Revue des Pyrénees*, t. X. *La réaction royaliste à Toulouse.*)

tout individu se permettant de rappeler la royauté, la Constitution de 1793 ou d'Orléans fût fusillé. Tout pillard devait aussi être fusillé à l'instant. L'administration municipale de Toulouse vota une adresse au Directoire exécutif.

Le 27, l'administration centrale du Département appliquait les mesures de salut public. La loi du 7 vendémiaire sur la police des cultes fut exécutée dans toute sa rigueur.

Les communes de Castres & de Montauban étaient en insurrection le 10 vendémiaire an VI (1er octobre 1797). Les royalistes, maîtres de ces deux villes, les avaient mises en révolte ouverte contre le gouvernement. Toutes les troupes disponibles furent envoyées sur les limites du département pour empêcher les royalistes de la Haute-Garonne de se joindre aux révoltés. Tous les individus arrivant de Castres étaient arrêtés. On recherchait surtout les administrateurs rebelles.

Le 11 brumaire (1er nov. 1797), le canon annonçait officiellement aux Toulousains la conclusion de la paix continentale. Des lettres de Portes & de Pérès excitèrent l'enthousiasme de la foule qui criait : « Gloire à l'armée d'Italie! Vive la République! » Le traité de paix fut lu par le maire Desbarreaux, & le commissaire du pouvoir exécutif donna connaissance au peuple de la proclamation du Directoire aux Français & de l'arrêté qui nommait Bonaparte général en chef de l'armée d'Angleterre. La foule poussa les cris de : « Vive Bonaparte! »

Le 1er frimaire an VI (21 nov. 1797), l'École centrale, organisée le 19 nivôse an IV, fut ouverte dans la salle des Droits de l'homme.

Desbarreaux crut devoir, le 14 frimaire (4 déc. 1797), réchauffer le zèle des Toulousains en faveur de l'observation du jour de décadi. Sa proclamation rappelle bien le style de cette époque dont le comédien forçait encore la note : « ..... A la honte d'un peuple philosophiquement régénéré, les sectateurs fanatiques du royalisme ont trop longtemps cherché à anéantir le calendrier républicain & à faire perdre de vue la décadaire division du temps qu'ordonna le génie de la liberté... Le jour de décadi est le jour de repos dont jouit tout homme libre qui s'honore de partager les sentiments de nos législateurs, brûlant du saint amour de la patrie & qui professe les principes d'un sincère républicain... »

Les marchés ne pouvaient avoir lieu que les jours impairs. Les décadi & les jours de fêtes nationales on ne pouvait vendre que des comestibles dans les rues, halles & marchés. Les boutiquiers ne pouvaient, les jours désignés plus haut, étaler ou faire montre au dehors, ni appeler les acheteurs comme les jours ordinaires ; les maçons, charpentiers, marbriers & autres ouvriers ne pouvaient, les mêmes jours, travailler sur les places ou autres voies publiques.

Pons-Devier & Sartor, membres du directoire, furent destitués sous le prétexte de « s'être constamment montrés, par leurs principes, leurs discours, leur conduite, les partisans & les protecteurs des prêtres fanatiques & des royalistes ». Le 15 frimaire (5 déc. 1797), l'administration centrale enregistrait plusieurs arrêtés du Directoire exécutif portant destitution & remplacement de commissaires du directoire près les communes. On exécuta à nouveau la loi du 4 germinal an IV, punissant d'un emprisonnement la sonnerie des cloches. Une instruction du ministre de la police astreignait tout individu voulant exercer les fonctions d'un culte quelconque au serment prescrit. Celui qui s'y serait refusé devait être considéré & puni comme ministre du culte[1].

Un arrêté du 12 frimaire ordonnait aux administrations municipales de faire surveiller les instituteurs primaires & les établissements particuliers d'instruction & d'éducation. Des commissaires devaient visiter l'école une fois par décade & examiner quelle morale on y professait, quels étaient les livres qu'on mettait entre les mains des enfants, si on y enseignait la constitution de l'an III, si on ne leur enseignait rien de contraire aux institutions républicaines.

Vers la fin de nivôse, qui correspondait au 19 janvier 1798, & comme l'année précédente à la même date, des actes de brigandage & des assassinats se commettaient sur les grandes routes. Des hommes sans aveu s'étaient introduits dans Tou-

---

1. Dans quelques communes, divers particuliers, afin de suppléer les prêtres absents, exerçaient une partie des fonctions du ministère.

louse, obéissant peut-être à un mot d'ordre politique, mais certainement à leurs mauvais instincts. Des suggestions perfides ou des provocations réitérées avaient fait s'organiser en quelque sorte des compagnies de perturbateurs qui se livraient aux voies de fait les plus coupables sur des citoyens paisibles & empêchaient la confiance de renaître. Il n'y avait à Toulouse d'autre troupe qu'une compagnie de canonniers, la colonne mobile de la garde nationale & la garde sédentaire dont le service n'était pas des plus réguliers. Les maisons de jeu, les tripots & les tabagies servaient de refuge aux bandits. La police ne pouvait, vu leur grand nombre, les surveiller attentivement.

La situation financière de Toulouse était dans un état déplorable; les bruits les plus sinistres circulaient. On était au moment de voir mourir de misère les infortunés recueillis dans les hôpitaux, de fermer les portes de la Maison commune faute de fonds pour salarier les employés & de pouvoir continuer d'éclairer les rues. Destrem, commissaire du directoire près la municipalité, fut envoyé à Paris pour essayer d'obtenir des secours; il demandait aussi la concession de l'édifice des Grands-Carmes pour le convertir en une halle au blé spacieuse, & l'autorisation d'acquérir la maison des dames de Saint-Sernin pour élargir la rue du Petit-Versailles[1].

Une nouvelle administration municipale était installée le 1er floréal (20 avril 1798). Vaysse en fut élu président. Desbarreaux abandonna l'écharpe de maire pour devenir administrateur du Département.

Dès ses débuts, cette municipalité eut à lutter contre la malveillance des ennemis de la Révolution & la négligence de ses adeptes. Les arbres de la liberté étaient dégradés d'une manière systématique.

Le 10 prairial (29 mai 1798), la fête de la Reconnaissance fut célébrée avec la pompe accoutumée. Desbarreaux prononça le discours d'usage dans le temple décadaire. L'orchestre accompagna l'hymne à la Reconnaissance dont les paroles

---

1. Les frais du voyage de Destrem restèrent à sa charge, sur sa demande. Il fut quelques mois après élu représentant du peuple.

avaient été écrites par le citoyen Carré, professeur de belles-lettres à l'École centrale. Durant cette fête, il fut donné lecture des dépêches télégraphiques annonçant la victoire d'Ostende.

Les applaudissements réitérés & les marques de l'allégresse républicaine donnaient bien la conviction la plus intime que « la haine des tyrans de Westminster est indélébile dans le cœur de tous les Français... » On entendait de tous côtés les citoyens se dire entre eux : « Buonaparte & la flotte républicaine nous feront applaudir à bien d'autres[1]. »

Les fêtes n'inspiraient pas un profond respect au peuple, car le 22 prairial (10 juin 1798) l'administration municipale dut prendre un arrêté pour assurer la tranquilité & le respect qui devaient régner dans le temple de la Liberté les jours de décadi. La jeunesse surtout s'y montrait tapageuse ; les maîtres y envoyaient leurs élèves, mais ne les conduisaient pas toujours, les citoyens causaient à haute voix dans les galeries formant le pourtour du temple[2].

La tranquillité était loin de régner dans les villes. Les vols & les assassinats se multipliaient. Pour essayer de rétablir la sécurité, les autorités employaient des mesures de rigueur. On ne pouvait circuler dans le département sans être muni d'un passeport qui devait être visé dans toutes les communes, même pour un séjour d'une nuit. Non seulement les aubergistes & les logeurs devaient inscrire & déclarer les étrangers, mais aussi les simples particuliers avaient la même obligation. Une couronne civique était promise à celui qui procurerait l'arrestation d'un ou plusieurs brigands.

L'administration centrale du Département prit le 8 thermidor un arrêté concernant la fondation à Toulouse d'une Société d'agriculture. Le 20 thermidor (7 août 1798) furent convoqués les citoyens destinés à former cette Société. On

---

1. Procès-verbal de la fête, rédigé à la Maison commune le 13 prairial an VI.

2. Le temple de la Liberté était à ce moment dans la chapelle des ci-devant Penitents-Bleus, aujourd'hui l'église paroissiale Saint-Jérôme.

mettait à sa disposition une partie des terrains du Jardin des Plantes & le bâtiment y attenant[1].

Une loi du 4 frimaire an II portait, à l'article 11, que le jour de minuit à minuit était divisé en dix parties ou heures, chaque partie en dix autres, ainsi de suite jusqu'à la plus petite portion commensurable de la durée. La centième partie de l'heure était appelée minute décimale. L'administration municipale de Toulouse, empressée d'exécuter cette loi, s'était hâtée de faire diviser l'horloge de la Maison commune en décimales du jour & de ses parties. Cette horloge ne put fonctionner, même irrégulièrement, que pendant trois mois. La Convention elle-même, sur le rapport d'une Commission chargée de cette division du jour, y trouva de telles difficultés, qu'elle inséra dans une loi du 18 germinal an III un article 22 ainsi conçu : « La disposition de la loi du 4 frimaire an II qui rend obligatoire l'usage de la division décimale du jour & de ses parties est suspendue indéfiniment. » On tenta de réparer & de rétablir dans son état primitif l'horloge de la façade de la Maison commune en essayant de conserver sur la montre l'indication des heures décimales avec les duodécimales ; la réparation devant coûter 800 francs, on demanda la cession de l'horloge qui était aux Grands-Carmes pour la placer sur la façade de la Maison commune.

A l'occasion de l'anniversaire de la fondation de la République, fêtée le 1er vendémiaire an VII, une expérience aérostatique fut faite dans la prairie, au bas du quai Saint-Cyprien. Il s'agissait de l'ascension d'un ballon de cinq mètres de diamètre & orné d'inscriptions républicaines. C'était le premier aérostat que l'on voyait à Toulouse.

Le troisième jour complémentaire de l'an VI on appliqua, dans les campagnes, les lois des 17 thermidor & 13 fructidor précédents relatives à la célébration des décadi. Des fêtes furent ordonnées pour chacun de ces jours dans les chefs-lieux de canton. On devait y organiser des jeux, des danses & des

---

1. Cette Société existe encore sous le titre de Société d'agriculture de la Haute-Garonne ; son siège actuel est rue Saint-Antoine-du-T, 20. Elle a célébré solennellement le centenaire de sa fondation en 1898.

exercices gymniques. Dans chaque commune, on devait désigner un lieu pour les réunions décadaires. A Toulouse, l'administration centrale mit de nouveau la nef de l'église Saint-Etienne à la disposition de la commune pour la célébration des fêtes nationales & du décadi. Le chœur & les chapelles latérales restaient à la disposition des ministres du culte catholique[1]. Un arrêté du 18 vendémiaire réglait les cérémonies & le projet d'ornementation de la nef. Un orgue devait être placé à la tribune au-dessus de la porte d'entrée & la Déclaration des droits de l'homme exposée de façon à pouvoir être lue par tous les citoyens ; un autel de la Patrie, à l'ornementation duquel tous les artistes de la ville étaient conviés, devait avoir sa place au milieu du temple. Les mariages se célébraient au temple le jour de décadi. Les séances dans lesquelles les administrateurs devaient *apostoliser* se tenaient le matin. Dans l'après-midi, le temple devait être libre pour l'exécution des jeux & exercices gymniques.

A Toulouse, comme à Paris & dans toutes les grandes villes, les mœurs s'étaient corrompues. Des Toulousains, appartenant à toutes les classes de la société, se rendaient quotidiennement dans les tripots. L'administration centrale, voulant essayer d'enrayer le débordement de cette fatale passion, rendit, le 17 brumaire, un arrêté qui interdisait les jeux de hasard ; on y lit le triste tableau de l'état moral des habitants de Toulouse[2].

1. Le local des Pénitents-Bleus dont l'exiguïté fut reconnue dut être conservé pour y exécuter partie des jeux ou des danses dans les fêtes d'hiver.

2. « L'administration ayant reçu diverses plaintes sur l'existence de tripots ou maisons de jeu, qui, notamment dans la commune de Toulouse se multiplient d'une manière effrayante, & sur les effets qui en résultent ; instruite que... ces lieux infâmes sont le rendez-vous ordinaire des filous & des escrocs, des prostituées & des gens sans aveu... Que des pères de famille ne rougissent pas de s'amalgamer avec de tels brigands pour déposer sur une carte & livrer au sort d'un brelan leurs bourses, leurs propriétés & jusqu'à leurs derniers vêtements... que la contagion s'étend jusque dans les places & autres promenades publiques où d'autres escrocs subalternes rançonnent aussi les classes du peuple les moins fortunées... »

A l'approche de l'anniversaire de la mort de Louis XVI, des placards menaçants furent affichés sur les murs de Toulouse. On envoyait aussi par la poste des emblêmes séditieux. Paul Vaysse en reçut un. C'était un carré de papier de 0,22 centimètres de long sur 0,17 centimètres de large ; sur la droite du carré était une potence de couleur rouge, au-dessous de laquelle on lisait : *Avis aux administrateurs & aux généraux républicains ;* à la gauche, trois fleurs de lys de couleur rouge, surmontées de ces mots : *C'est pour lui que nous voulons vivre & mourir.* Au milieu, la lettre L, & au desssous XVIII, puis onze lettres, R. D. F. E. D. N. P. L. G. D. D. (Louis XVIII, roi de France & de Navarre par la grâce de Dieu.) Au-dessous : *Il sera sous peu le juge & le maître des scélérats,* 21 janvier 1799 [1].

La fête du 2 pluviôse (21 janvier 1799) fut célébrée en l'an VII avec plus d'apparat que les années précédentes. Le cortège partit du siège de l'administration du Département, aujourd'hui l'Archevêché, suivit la place Rouaix, la rue de la Trinité, partie de celle de la Liberté [2], la place du Salin, la rue Nazareth, la place Perchepinte, la place Saintes-Scarbes & arriva au temple décadaire (Saint-Étienne).

Les bustes de J.-J. Rousseau, de Voltaire, de Brutus, de Guillaume Tell, portés en tête du cortège, furent déposés auprès de la statue de la Liberté, sur l'autel de la Patrie élevé au milieu du temple. L'administrateur Desbarreaux prononça un discours qui rappelait les principales phases de la Révolution. Parlant de Louis XVI dont on fêtait la mort, il dit : « ... L'anniversaire du 10 août vous a retracé tous ses crimes & vous entretient tous les ans de l'heureux effet du canon du peuple qui renversa les trônes des vampires couronnés qui,

1. Des excitations au meurtre couraient aussi dans la campagne. La commune d'Escalquens fut souillée par l'assassinat de gendarmes ; elle dut payer 42,200 francs, plus les frais de justice. Les vingt plus forts contribuables de la commune furent déclarés responsables de ce payement.

2. La rue de la Liberté allait de la place de la Maison commune à la place du Salin. La partie dont il est ici question, de la Trinité au Salin, porte aujourd'hui les noms des Filatiers & Pharaon.

pendant quatorze siècles, s'étaient abreuvés du sang de leurs sujets[1]. » Le président de l'administration prononça aussi un discours de circonstance & dit à haute voix la formule du serment : « Haine à la royauté & fidélité à la République. » Les fonctionnaires publics & six mille citoyens répondirent : « Nous le jurons. »

La première partie de la cérémonie s'acheva par la remise à la municipalité des vieux drapeaux de la 80e demi-brigade d'infanterie. Le président de l'administration municipale donna l'accolade au commandant.

On continua par l'exécution des imprécations contre les parjures & l'invocation à l'Être suprême pour la prospérité de la République[2]. Après ce chant, le jeune Desbarreaux, élève de l'Ecole centrale, fils aîné de l'administrateur[3], prononçait un discours & concluait ainsi : « Non, nous ne laisserons pas votre ouvrage imparfait; nous ne trahirons pas la sainteté de vos serments; nous jurons tous haine à la royauté & à l'anarchie, attachement & fidélité à la République & à la Constitution de l'an III. » Cinq élèves des écoles primaires, *après avoir retracé les crimes des rois*, prêtèrent le même serment & vouèrent des imprécations aux parjures. On exécuta de nouveau le chant des imprécations & l'invocation à l'Être suprême[4].

Quelques jours après, le 13 pluviôse, le Directoire exécutif prenait un arrêt révoquant trois administrateurs du départetement accusés de connivence avec une troupe d'individus qui se faisaient une habitude & un métier d'exercer des violences & des voies de fait sur les citoyens paisibles. Les trois admi-

---

1. Ce même Desbarreaux, redevenu directeur de théâtre, adressait, après les Cent jours, une supplique au préfet de la Haute-Garonne afin d'être indemnisé des pertes que lui avait fait subir *Buonaparte* & appuyait sa demande d'une pièce de vers adulatrice des Bourbons. (Archives de la Haute-Garonne, carton théâtres.)

2. Les imprécations & l'invocation avaient été rédigées par les professeurs de l'Ecole centrale.

3. Ce fils aîné de Desbarreaux servit plus tard dans la marine. Ne pas le confondre avec le Dr Desbarreaux-Bernard.

4. Le soir, on représenta au théâtre *Brutus* & *l'Offrande à la liberté*.

nistrateurs destitués éraient Desbarreaux, Caissel & Barrau ; on nomma à leur place Lacroix, de Muret, Sabathier cadet & Lanneluc ; ces derniers n'acceptèrent pas & Delpont & Saubat redevinrent administrateurs. Quatre mois après, le 13 prairial, les trois administrateurs disgraciés redevinrent membres de l'administration centrale du Département.

L'église des Bénédictins de la Daurade, ouverte pour l'exer- cice du culte catholique, attirait, dans les premiers jours de prairial, une grande affluence de peuple. On s'en émut à la municipalité & on apprit que la statue de Notre-Dame la Noire, rapportée dans l'église, y attirait une foule de fidèles. La statue avait été retirée du dépôt du Musée, au cloître des Augustins, avec l'autorisation de l'administration centrale du Département ; l'administration municipale fit rapporter l'arrêté d'autorisation & en provoqua un second qui ordonna l'enlè- vement de la statue de l'église durant la nuit & son transport à la Maison commune [1]. L'arrêté fut exécuté, la statue fut

---

1. « Séance du 5 prairial, 7ᵉ année républicaine. L'administration municipale assemblée, informée que depuis quelques jours il y a cons- tamment dans le local de la Daurade où s'exerce le culte catholique une très grande affluence de peuple, & craignant que ce trop nom- breux rassemblement ne compromît la tranquillité publique, en a cher- ché la cause & a reconnu que les motifs de ces rassemblements prove- naient de ce qu'il avait été placé dans ce local une statue en bois de couleur noire, représentent une Vierge, la même qui, avant la Révo- lution, servait d'instrument au cruel empire du fanatisme dans le même local. Etonnée de revoir entre les mains des fanatiques cet objet fait pour détruire en un instant les prosélytes qu'a faits la philosophie & pour semer même le brandon de la guerre civile, d'après les renseigne- ments pris, elle a encore découvert que cette statue, qui était en dépôt au ci-devant cloître Saint-Augustin, avait été mise à la disposition de quelques fanatiques, en exécution d'un arrêté de l'administration cen- trale. Et comme cette statue est de tous les attributs du fanatisme celui que ses sectateurs forcenés ont le plus mis en avant pour se faire des partisans, & que la meilleure preuve de ce fait est le concours prodi- gieux de citoyens qui se rendaient en foule dans ce local, même des communes voisines, pour l'adorer ; que ces rassemblements extraordi- naires pourraient bien servir de prétexte aux ennemis de la chose publique pour y comploter contre la tranquillité. L'administration a délibéré que trois de ses membres se transporteraient de suite auprès de l'administration centrale pour lui faire le tableau de tout ce qui se

portée à la Maison commune. Les gardes nationaux la brisè-rent à coups de hache & ses débris furent brûlés dans le corps de garde.

On célébra, le 20 prairial, une fête funèbre en mémoire des plénipotentiaires français Bonnier, Roberjat & Jean de Bry, assassinés par les Autrichiens le 9 floréal. On voua les gouvernements coupables de cet assassinat à la vengeance des peuples & à l'exécration de la postérité. Tous les spectacles, jeux & bals publics, furent fermés.

L'anarchie régnait au sein du gouvernement. Le Directoire, les Anciens, les Cinq-Cents se faisaient une opposition mu-tuelle; c'était coup d'Etat sur coup d'Etat. Sur les frontières, la guerre & la menace d'une invasion par le Nord. Dans tous les départements, une grande surexcitation entre les divers partis, & dans la Haute-Garonne la guerre civile.

passe & des sollicitudes de l'administration relatives aux rassemble-ments extraordinaires qui se font dans ledit local, & qu'ils inviteraient l'administration centrale de prendre des mesures pour faire disparaître de ce lieu la cause de ces rassemblements. » — « Dudit jour, l'administra-tion municipale, vu l'arrêté de l'administration centrale de ce jour qui porte que son arrêté du 25 floréal dernier, qui accorde à plusieurs citoyens de cette commune, d'après la demande qui lui avait été faite, une des trois statues qui étaient dans le cloître des ci-devant Augustins, a été surpris à sa religion, puisque par cette demande vague, ils se sont fait délivrer une statue unanimement connue sous le nom de Notre-Dame la Noire, le plus puissant levier dont puisse se servir le fana-tisme, & qui, en rapportant son dernier arrêté, charge notre adminis-tration de procéder au déplacement de ladite statue, de la déposer dans la Maison commune & d'en rendre compte dans les vingt-quatre heures, l'administration municipale considérant qu'il est essentiel de se conduire dans une pareille mission de manière à ne pas compromettre la tran-quillité publique en leur arrachant trop brusquement le joujou dont s'était servi l'armée meurtrière du fanatisme pour égarer le cœur des âmes trop crédules. Ouï le commissaire du Directoire exécutif, a déli-béré que l'exécution du susdit arrêté est confiée au citoyen Paul Vaysse, & que, pour éviter toute commotion, il voudra bien ne faire cette expé-dition que la nuit, s'en remettant d'ailleurs à sa prudence pour les moyens à prendre pour l'entière exécution du susdit arrêté. Signé : Paul Vaysse, président. Bellan cadet, m^al ; Saint-Jean, m^al ; Deville, m^al ; César-Marie, m^al ; Corbert, m^al ; Piquepé, m^al. » (Archives municipales. Délibérations an VII.)

Le 24 messidor an VII (12 juillet 1799) « la situation critique » de plusieurs cantons du département amena l'administration à préparer la mise en marche des colonnes mobiles des
cantons où les troubles avaient éclaté. Vingt-cinq jours après
les deux administrations, centrale & municipale, se déclaraient en permanence. Les caisses publiques devaient être
transportées dans la Maison commune; les citoyens devaient
rentrer chez eux à la retraite, & les fenêtres être éclairées à
l'intérieur des habitations.

Les conspirations ourdies depuis plusieurs mois avaient
porté leurs fruits : les mouvements contre-révolutionnaires
éclatèrent avec une extrême violence dans les cantons de Muret, Montgiscard, Saint-Lys, Caraman. On avait coupé ou
arraché les arbres de la liberté, emprisonné ou assassiné des
républicains, notamment des fonctionnaires publics. Des bandes royalistes armées parcouraient les communes, se livrant
au pillage & à des attentats contre les personnes & les propriétés.

Les paysans soulevés étaient conduits sans organisation
aucune. Dès les premiers jours, on les vit s'avancer vers Toulouse, où, disaient les chefs, devait éclater une émeute qui
permettrait de s'emparer des armes déposées à l'arsenal.
L'émeute n'éclata pas. Quelques centaines de cavaliers furent
envoyés pour combattre les insurgés, dont un grand nombre
fut tué près du château de Niquet. Ceux qui échappèrent
durent leur salut à l'idée qu'avaient eue quelques-uns d'entre
eux d'abattre plusieurs arbres qui obstruèrent la route & em-
pêchèrent les cavaliers de les poursuivre.

Le 21 thermidor, la municipalité ordonnait la formation
d'une liste d'otages & décidait que la maison Sainte-Catherine servirait de lieu de détention aux suspects, &, réunie
aux autres autorités, elle adressa une proclamation aux habitants. Le 22, fut établi un conseil militaire. Le 25, l'administration centrale ordonnait la formation d'une colonne mobile
de deux mille hommes, &, le 27, on décidait la formation &
l'organisation de compagnies de cavalerie & de canonniers[1].

---

1. Ces troupes furent licenciées quinze jours après, le 12 fructidor.

Les portes de Montoulieu & de Montgaillard furent fermées dès les premiers jours de l'insurrection. On ne pouvait entrer ou sortir que par les portes Cyprien, Michel, Etienne, Villeneuve, Matabiau, Arnaud-Bernard & Pierre. La commune paya un franc par jour à la femme de chaque garde national parti pour combattre « les brigands royaux »; il était donné un supplément de o fr. 25 c. pour chaque enfant.

Le 21 thermidor (9 août 1799), les insurgés s'étaient concentrés près de Carbonne où des troupes républicaines se trouvaient campées; ils les attaquèrent avec vigueur & se crurent un moment victorieux. La lutte fut terrible au pont d'Ercus; on ne s'y faisait pas de quartier. Les royalistes tombaient au cri de : Vive le roi & la religion! les soldats & les gardes nationaux aux cris de : Vive la République! Cette rencontre prit le nom de combat de la Terrasse.

Douze jours après, le 3 fructidor (20 août 1799), fut livré le combat de Montréjeau où les royalistes furent complètement battus[1].

Le combat, commencé à cinq heures du matin, dura jusqu'à huit heures du soir. Beaucoup d'insurgés, culbutés vers la rivière, s'y noyèrent. L'armée royaliste fut anéantie & aussi les espérances de ceux qui voulaient faire de la Haute-Garonne une nouvelle Vendée.

Les troupes républicaines firent un grand nombre de prisonniers; on les amena à Toulouse. Placés d'abord dans la chapelle de Périgord & ses dépendances, ils furent ensuite enfermés dans la grande église des Cordeliers.

La loi du 24 messidor an VII (12 juillet 1799) sur le brigandage fut appliquée dans la Haute-Garonne le 14 fructidor (31 août 1799). Cette loi autorisait pendant un mois des visites domiciliaires « pour l'arrestation des embaucheurs, des émigrés rentrés, des égorgeurs & des brigands ». Pour exécuter ces visites, on nomma, comme adjoints aux commissaires de

1. Ils avaient tenu la veille un conseil de guerre chez M. Camon, maire de Montréjeau. Y assistèrent le comte de Paulo, le comté de Rougé & M. de La Tour. L'armée républicaine était sous les ordres de Viçoze; parmi les officiers étaient Berthier, Barbot, Latour, Pégot (de Saint-Gaudens).

police, cent quarante citoyens « éclairés, instruits & d'un patriotisme reconnu ». Chacun des citoyens ainsi désignés procéda à cette opération dans les maisons du moulon qui lui était désigné.

Le rapport de Viçoze sur les opérations de l'armée républicaine fut lu par Pérès au Conseil des Anciens[1]. Une loi du 19 fructidor, déclarant que les autorités civiles, militaires & les citoyens qui avaient concouru à étouffer la conspiration royale dans la Haute-Garonne avaient bien mérité de la patrie, fut transcrite au long sur les registres de l'administration municipale.

Un octroi municipal de bienfaisance, spécialement destiné *à l'acquit de ses dépenses locales & notamment & de préférence à celles des hospices civils & des secours à domicile*, fut établi à Toulouse par une loi du 2 vendémiaire an VIII.

Le 10 brumaire, on inaugura dans le temple décadaire le tableau représentant Guillaume Tell, renversant la barque du tyran Gessler. Ce tableau venait d'être donné à la ville de Toulouse par le gouvernement[2].

1. *Moniteur universel* du 13 fructidor an VII.

2. Le ministre de l'intérieur, François de Neufchâteau, avait écrit à ce sujet à l'administration centrale du Département, le 5 messidor an VII : « Citoyens, depuis le commencement de la Révolution, la commune de Toulouse s'est distinguée par son patriotisme & son zèle pour l'affermissement des institutions républicaines. Les fêtes nationales, par exemple, y sont toujours célébrées avec autant de goût que d'intérêt. Le Directoire, à qui j'ai rendu compte du bon esprit qui anime la commune de Toulouse, m'a chargé de lui en témoigner sa satisfaction & sa reconnaissance. J'ai cru que je ne pouvais mieux remplir ses intentions qu'en vous envoyant, pour l'ornement du temple décadaire de cette commune, un tableau de l'un de nos meilleurs artistes, le citoyen Vincent, de l'Institut national. Le sujet en est patriotique. Vous recevrez incessamment cette estimable production qui était au nombre de celles que renferme le musée spécial de l'Ecole française. » — Ce tableau est aujourd'hui au Musée établi dans l'ancien couvent des Augustins.

IV.

LE DIX-HUIT BRUMAIRE.

A Toulouse, dès le 23 brumaire (14 nov. 1799) on eut tous les détails sur les événements de Paris. On publia ce même jour la loi relative à la translation du Corps législatif à Saint-Cloud, les adresses du Conseil des Anciens & du général Bonaparte, une lettre des Ministres de la Justice & de l'Intérieur.

Le général Lannes vint commander la 10e division militaire. Il demanda aux administrateurs du Département & aux autres autorités un serment écrit ainsi conçu : « Je jure fidélité à la République fondée sur les trois grandes bases de la liberté, de l'égalité & du système représentatif. »

Le 9 frimaire, les officiers municipaux qui, quelques jours auparavant étaient enthousiastes de la Constitution de l'an III, firent dans une proclamation l'éloge de la Révolution du 18 brumaire qui promet « le triomphe de la République par la victoire, la prospérité par la justice, & le bonheur du peuple par la paix ».

La Constitution du 23 frimaire an VIII fut promulguée le 29 du même mois. Deux registres, l'un d'acceptation & l'autre de non-acceptation durent rester ouverts dans toutes les communes pendant trois jours. Un nouveau serment fut prêté après l'acceptation de cette nouvelle Constitution : « Je jure fidélité à la Constitution du peuple français. »

L'administration centrale était réunie le 7 germinal (28 mars 1800). Richard (de la Sarthe), ex-conventionnel, nommé *préfet général du département*, remit sur le bureau : 1º L'arrêté du premier consul en date du 12 ventôse qui le nommait aux susdites fonctions; 2º une lettre du Ministre de l'Intérieur à l'administration centrale & au commissaire du gouvernement[1]

---

1. La Madeleine était commissaire du gouvernement; il fut nommé préfet de l'Orne.

leur signifiant la cessation de leurs fonctions; 3° un arrêté du premier consul, aussi en date du 12 ventôse, relatif à la nomination de secrétaires généraux de préfecture.

Aux termes de l'article 3 de l'arrêté des consuls de la République relatif à l'établissement des préfectures, les fonctions du commissaire & des administrateurs cessèrent à l'instant.

Le régime nouveau avait la prétention de clore l'ère de la Révolution.

Le sujet de ce travail avait été choisi par l'Académie des Sciences, Inscriptions & Belles-Lettres de Toulouse pour le concours de 1884. L'Académie voulut bien honorer mon modeste travail du prix de l'année (divisé en deux parts en 1884 & 1885).

M. Gatien-Arnoult m'adressa à cette occasion les lettres suivantes :

« *Le Secrétaire perpétuel de l'Académie à M. Emile Connac.*

« Monsieur, j'ai l'honneur de vous informer que, dans sa séance d'hier, l'Académie a entendu le rapport sur le Mémoire que vous lui avez adressé pour le concours du prix de cette année dont le sujet était l'*Histoire de Toulouse pendant la Révolution.*

« Conformément aux conclusions de ce rapport, considérant le mérite incontestable de votre travail, l'Académie l'a jugé digne d'une haute récompense. Mais, considérant aussi que ce travail n'est pas complet, comme vous le dites vous-même, il a besoin d'être revu & augmenté, l'Académie n'a voulu vous accorder que la moitié du prix.

« Elle vous engage, d'ailleurs, à exécuter le projet que vous annoncez de donner à ce travail toute la perfection qu'il peut recevoir, & au point où vous pourrez demander que l'on complète aussi votre récompense.

« Recevez, Monsieur, avec mes encouragements à l'exécution de ce projet & mes félicitations pour ce que vous avez déjà fait, l'assurance de mes sentiments très distingués.

« GATIEN-ARNOULT.

« 30 mai 1884. »

Le précieux encouragement du vénéré M. Gatien-Arnoult me fit persévérer, & le 24 mai 1885, je reçus la lettre suivante :

« Monsieur, j'ai l'honneur de vous prévenir que l'Académie des Sciences, Inscriptions & Belles-Lettres de Toulouse vous a accordé un prix extraordinaire consistant en une médaille d'or de 250 francs, pour le complément de votre travail sur l'*Histoire de la Révolution à Toulouse.*

« Tout à vous, & mes vifs compliments.

« GATIEN-ARNOULT. »

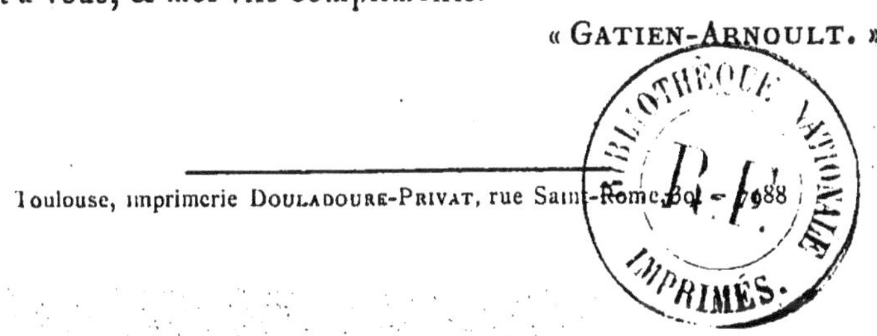

Toulouse, imprimerie Douladoure-Privat, rue Saint-Rome, 39.

8 Janvier 13

www.ingramcontent.com/pod-product-compliance
Ingram Content Group UK Ltd.
Pitfield, Milton Keynes, MK11 3LW, UK
UKHW021514090726
13657UKWH00001B/225